998
68

I0001493

FACULTÉ DE DROIT DE TOULOUSE.

ÉTUDE SUR LES LATINS JUNIENS

EN DROIT ROMAIN.

DE LA NATURALISATION

EN DROIT FRANÇAIS

THESE POUR LE DOCTORAT

PAR

Paul-Joseph NICOLAS

Avocat.

TOULOUSE

TYPOGRAPHIE DE BONNAL ET GIBRAC,
RUE SAINT-ROME, 44.

1868.

FACULTÉ DE DROIT DE TOULOUSE.

—

ÉTUDE SUR LES LATINS JUNIENS

EN DROIT ROMAIN.

—

DE LA NATURALISATION

EN DROIT FRANÇAIS

—

THESE POUR LE DOCTORAT

SOUTENUE LE   JUILLET 1868

PAR PAUL-JOSEPH NICOLAS

Avocat.

———

TOULOUSE

TYPOGRAPHIE DE BONNAL ET GIBRAC,

RUE SAINT-ROME, 44.

--

1868.

A MON PÈRE

—

A MA MÈRE

Témoignage d'affection et de reconnaissance.

PAUL NICOLAS.

FACULTÉ DE DROIT DE TOULOUSE.

MM. CHAUVEAU ADOLPHE ✱, doyen, *professeur de Droit administratif.*

DELPECH ✱, doyen honoraire, *professeur de Code Napoléon, en congé.*

RODIÈRE ✱, *professeur de Procédure civile.*

DUFOUR ✱, *professeur de Droit commercial.*

MOLINIER ✱, *professeur de Droit criminel.*

BRESSOLLES, *professeur de Code Napoléon.*

MASSOL ✱, *professeur de Droit romain.*

GINOULHIAC, *professeur de Droit français, étudié dans ses origines féodales et coutumières.*

HUC, *professeur de Code Napoléon.*

HUMBERT, *professeur de Droit romain.*

ROZY, agrégé, *chargé du cours d'Économie politique.*

POUBELLE, agrégé, *chargé d'un cours de Code Napoléon.*

BONFILS, agrégé.

ARNAULT, agrégé.

M. DARRENOUGUÉ, Officier de l'Instruction publique, Secrétaire Agent-comptable.

Président de la thèse : M. BRESSOLLES,

Suffragants	MM. MOLINIER, HUMBERT,	Professeurs.
	ROZY, BONFILS,	Agrégés.

DROIT ROMAIN.

ÉTUDE SUR LES LATINS JUNIENS.

CHAPITRE PREMIER.

SECTION Ire.

APERÇUS GÉNÉRAUX.

1. L'ancien droit avait nettement indiqué le caractère auquel on pouvait reconnaître un affranchi. Gaïus en a donné une définition, dont les termes précis ne permettent aucun doute. « *Libertini sunt qui ex justa servitute manumissi sunt.* » (Gaïus I, § 11. — *Instit.* I, tit. 5, *Princ.*). Cette manumission conférait non-seulement l'entière liberté, mais encore le droit de citoyen; une seule condition était exigée : le patron affranchissant devait avoir sur l'esclave le *dominium ex jure Quiritium.*

2. La manumission est un acte solennel, c'est-à-dire revêtu, à peine de nullité, de certaines formes extérieures. Trois modes solennels d'affranchissement sont employés : le cens, la vindicte et le testament ; et l'on doit remarquer qu'ils produisent identiquement le même effet, ainsi que cela ressort du passage suivant de Dosithée :

1

« Antea una libertas erat, et libertas fiebat ex vindicta,
» vel ex testamento, vel in censu, et civitas Romana
» competebat manumissis, quæ appellatur legitima liber-
» tas. (*Disputatio de manumissionibus*, § 5). » Justinien établit le même principe (*Instit.* 1, tit. 5, § 3).

3. L'affranchissement solennel fait par le propriétaire
donnait donc de plein droit à l'affranchi les droits civils;
mais si le maître avait volontairement employé un autre
mode, il en résultait que l'esclave n'acquérait, sa vie
durant, qu'une liberté de fait, dont la durée aurait primitivement dépendu du bon vouloir du patron; il ne
pouvait rien acquérir pour lui-même (1); l'affranchissement ne lui donnait que l'avantage de n'être pas tenu
de remplir les services exigés des esclaves; enfin, les
enfants, qui naissaient d'un pareil affranchi, étaient esclaves. Ce dernier point, bien qu'on n'en ait aucun témoignage particulier, est admis aujourd'hui à peu près par
toute la doctrine. Cela dura jusqu'à ce que le préteur
intervint en accordant sa protection à l'esclave qui se
trouvait dans une telle condition. On ignore à quelle
époque le préteur introduisit cette innovation, mais il est
de principe certain que, si le patron violant sa parole

---

(1) Disput. de manumiss. § 5 : « Omnia tamen tanquàm
» servus adquirebat manumissori, vel si quid stipulabatur,
» vel mancipatione accipiebat, vel ex quacumque causa alia
» adquisierat, domini hoc faciebat, id est, manumissi omnia
» bona ad patronum pertinebant. » — Gaïus, III, § 56 : « Ad-
» monendi sumus, eos qui nunc Latini Juniani dicuntur, olim
» ex jure Quiritium servos fuisse, sed auxilio prætoris in liber-
» tatis forma servari solitos : unde etiam res eorum peculii
» jure ad patronos pertinere solita est. »

réclamait les services attachés à l'état de servitude, le préteur intervenait pour défendre l'esclave (*Disput. de manumiss.*, § 5 *in fine* ; Gaïus III, § 56) (1).

Un pareil état de choses persista jusqu'au règne de Tibère, époque jusqu'à laquelle le patron faisait de vains efforts pour obtenir à ceux qui se trouvaient dans cette situation pénible une liberté véritable, et le droit civil romain, ainsi qu'on peut le voir dans le passage suivant de Cicéron : « Clodius constituerat ut servis qui privata » dominorum voluntate manumissi, in libertate moraban- » tur, justa libertas ac civitas Romana cum suffragio in » rusticis tribubus ipso jure daretur. » (Cicéron, *pro Milone*, c. 12). La loi Junia, la première, décida que de pareils affranchissements pouvaient faire obtenir une véritable liberté ; les affranchis ne devenaient pas à la vérité citoyens romains, mais leur état juridique était le même que celui des latins coloniaires. Dosithée (§ 6 et 7) nous apprend, en effet, que les affranchis *inter amicos* acquièrent une liberté qui leur est propre, ils deviennent *latins juniens*, parce que la loi Junia, qui leur confère la liberté, les a assimilés aux latins coloniaires (2). Pour acquérir la liberté, il n'est donc plus besoin d'employer un des modes solennels, l'affranchissement *inter amicos* suffit ; mais par ce nouveau mode l'affranchi n'obtient que la liberté et non la cité.

4. Une grave controverse s'est élevée à propos de la date de la loi Junia. On l'a tantôt placée au temps de la

---

(1) Walter, *Geschichte des Römischen Rechts bis auf Justinian*, t. II, § 182.

(2) Gaïus, III, § 56. — Ulpien, I, § 10.

République. Cujas croyait qu'elle était du règne d'Auguste. (Paratitl. ad tit. Cod. *de Lat. libert. toll.*). Nous pensons qu'elle fut promulguée sous Tibère en 772; cette dernière opinion, grâce aux travaux des jurisconsultes allemands est aujourd'hui prédominante (1). Dans tous les cas, on peut du moins affirmer qu'elle est postérieure à la loi Ælia Sentia. En effet, il est certain que ce fut cette dernière loi qui introduisit la *causæ probatio* en faveur des esclaves, qui ayant été affranchis avant leur trentième année n'avaient pu acquérir le droit de cité (2); cette disposition s'appliqua plus tard aux latins en vertu d'une prescription de la loi Junia, naturellement avec certaines modifications exigées par les changements intervenus dans la condition juridique de ceux-ci. Il résulte de là que la loi Ælia Sentia a précédé la loi Junia; et c'est dans ce sens que l'on doit expliquer le § 18 du Comment. I de Gaïus. — On peut encore présenter d'autres preuves de texte en faveur de cette opinion. Ainsi, d'après le § 8, *disput. de manumiss*, la loi Junia déclarait expressément ne pas vouloir détruire les limites étroites dans lesquelles était enfermée la manumission. Mais il n'y a de lois limitant l'affranchissement que la loi Ælia Sentia et la loi Furia Caninia, qui lui est contemporaine; dès lors, ce ne peut être que de ces deux lois qu'il a été parlé dans la loi Junia,

----

(1) De Vangerow, *über die Latini Juniani*, § 2. — F. Walter, *Geschichte des Römischen Rechts bis auf Justinian.* t. I, § 354. — Zimmern, *Geschichte des Römischen Privatrechts*, t. I, § 21, note 27.

(2) Gaïus, I. §§ 29, 31. — Ulpien, III, §§ 3 et suiv.

et en conséquence, celle-ci a dû suivre les deux autres.
— On doit donc admettre que la loi Junia a été promulguée avant la fin du huitième siècle de Rome; nous
pensons que ce fut en l'an 772, parce que l'on trouve,
pour cette année là, deux noms de consuls concordant
avec le nom de la loi, M. Junius Silanus et Junius
Norbanus; il est plus que vraisemblable que c'est sous
leur consulat qu'elle fut mise en vigueur.

SECTION II.

DES CAS, DANS LESQUELS L'ESCLAVE AFFRANCHI NE DEVIENT PAS CITOYEN ROMAIN, MAIS SIMPLEMENT LATIN.

5. Il peut se faire, dans certains cas, que l'affranchissement ne produise pas d'effets : ainsi, lorsque cet
acte n'est pas conforme aux dispositions des lois Ælia
Sentia, Furia Caninia, Julia *de adulteriis*, applicables en
notre matière, ou bien encore s'il est fait par une personne qui ne soit pas propriétaire de l'esclave, ou, enfin,
s'il est défendu par un pacte ou un testament. Dans tous
ces cas, dis-je, il est indubitable que la latinité ne sera
pas accordée à l'esclave.

6. Que deviendra l'esclave affranchi par un pérégrin?
Il est évident qu'il reste en état d'esclavage; le préteur,
à la vérité, poussé par un sentiment d'humanité, viendra
le tirer de cette misérable condition; mais comme la loi
Junia ne le protégeait pas, il ne pouvait devenir latin.
(*Disput. de manumiss.*, § 12). « *Est enim*, nous dit Pline,
peregrinæ conditionis manumissus a peregrino (1). » Ce

(1) Pline. lib. X, epist. 4.

résultat n'a rien qui nous étonne; il serait étrange, en effet, et contraire à toute conséquence juridique, que l'affranchissement pût placer l'affranchi dans une condition sociale plus élevée que celle à laquelle il appartient lui-même. — Par application de ce principe, et bien qu'aucun témoignage précis ne vienne l'affirmer, nous admettrons que l'esclave affranchi par un latin devient latin; l'affranchi par un latin coloniaire deviendra lui-même latin coloniaire, si les trois conditions exigées par Gaïus (I, § 17) concourent, car si l'une vient à défaillir, l'affranchi deviendra Latin Junien. De même, sera Latin Junien, dans tous les cas, l'affranchi par un Latin Junien.

7. La latinité ne sera pas acquise à l'affranchi, s'il se trouve être parmi les malheureux que la loi Ælia Sentia condamne à partager le sort des dédilices, car, d'après le témoignage des auteurs, un tel homme ne peut échapper à sa destinée, alors même qu'il serait affranchi par un mode qui ne confère que la latinité (1). Telle est l'opinion de Gaïus (I, § 13), de Théophile (lib. I, tit. 5, § 3), et d'Ulpien qui s'exprime en ces termes : « Dedi- » tiorum numero sunt qui pœnæ causa vincti sunt a » domino, quibusve stigmata inscripta fuerunt, quive » propter noxam torti nocentesque inventi sunt, quive » traditi sunt ut ferro aut cum bestiis depugnarent, » inve ludum vel custodiam conjecti fuerunt, deinde » quoquo modo manumissi sint : idque lex Ælia Sentia » facit » (I, § 11). Mais est-ce bien la loi Ælia Sentia

---

(1) Walter, *Geschichte des Römischen Rechts bis auf Justinian*, t. II, § 485.

qui a réglé ce point, n'est-ce pas plus tard qu'on l'a réglementé ainsi ? Cette question se rattache à la question de date de la loi Junia, et se résout de la même manière. Pour ceux qui pensent que cette loi est antérieure à la loi Ælia Sentia, ils doivent sans scrupule attribuer à cette dernière la règle que l'esclave affranchi avant sa trentième année, ou par un possesseur simplement bonitaire, ou au moyen d'un mode non solennel, devient déditice (1). Mais ceux qui adoptent l'opinion contraire arrivent à un autre résultat ; ils se trouvent, ainsi que le fait remarquer M. de Vangerow, en présence d'une alternative (2) : ou bien ils doivent admettre que la loi Ælia Sentia ne s'appliquait qu'aux esclaves affranchis solennellement, ce qui ne permet d'établir aucune différence à l'égard de l'esclave *inter amicos manumissus*, qu'il eût mené une vie *turpis* ou non (sous cette réserve cependant que, dans le premier cas, l'affranchi ne devait jamais espérer d'obtenir le droit de cité. — Arg. tiré de Gaïus, 1, §§ 15 et 26) ; — ou bien que cette loi avait déclaré en principe que, dans aucun cas, le préteur n'accorderait à l'esclave qui, affranchi solennellement, était devenu déditice, la protection qu'il donnait en général à l'esclave dans les cas d'affranchissement par un mode non solennel, parce qu'il pouvait s'être volontairement remis en état de servitude.

Je n'hésite pas à me ranger à cette dernière opinion, car nous trouvons un témoignage positif que cette pro-

(1) Demangeat, *Cours élément. de droit romain*, t. 1, p. 199.
(2) *Ueber die Latini Juniani*, ch. 1, § 3.

tection était refusée à certaines personnes dans le § 8,
Disput. de manumiss., qui dit : « Sunt autem plures
» causæ in quibus proconsul libertatem non tuebitur. »
Et quels hommes pouvaient être considérés, à plus juste
raison, en être indignes, que ceux mentionnés par la loi
Ælia Sentia ?

D'un autre côté, il résulte du témoignage de Gaïus
(III, § 56), et de Dosithée (*Disput. de manumiss.*, § 8,
in princ.), que l'on trouvait dans la loi Junia la règle
expresse que tous ceux auxquels le préteur accordait le
bienfait de sa protection, devenaient latins. Mais si l'on
se range à l'opinion qui considère la loi Junia comme
postérieure à la loi Ælia Sentia, on doit, par voie de
conséquence, admettre que ces personnes n'étaient pas
protégées dans leur possession de liberté, puisqu'elles
étaient devenues latines d'après la loi Junia. A cet
égard, je crois que la disposition de la loi Ælia Sentia
relative aux esclaves indignes était applicable, d'après la
loi Junia, à savoir que l'affranchissement, par suite
duquel la latinité leur était seule dévolue, ne produisait
pas d'effets juridiques. Plus tard, cela avait été modifié
par un sénatusconsulte sans doute, en ce sens qu'une
manumissio non solennelle avait pour résultat de conférer la liberté, mais naturellement ici la seule liberté
des déditices, et par suite elle devait produire les mêmes
effets qu'un affranchissement solennel.

Mais une difficulté se soulève en présence de l'opinion
d'Ulpien (I, § 11), qui attribue à la loi Ælia Sentia la
distinction entre l'affranchissement solennel et l'affranchissement non solennel, et de la décision de Gaïus dans

le § 76 de son *Comment. III*, dans lequel il s'occupe de la succession aux biens du déditice. Après avoir, dans le paragraphe précédent, montré comment elle est dévolue, si le déditice a été solennellement affranchi, il continue ainsi : « Eorum vero bona, qui, si non in aliquo vitio » essent, manumissi Latini futuri essent, proinde tri- » buuntur patronis, ac si Latini decessissent. *Nec me* » *præterit, non satis in ea re legislatorem voluntatem* » *suam verbis expressisse.* » — Si le reproche que Gaïus fait à cette loi est fondé (et il ressort des §§ 74 et 75 qu'il l'avait sous les yeux), la conjecture soulevée plus haut est évidemment erronée ; la loi Ælia Sentia, dans un semblable cas, refusant de protéger la liberté de l'affranchi, consacrait par là même la continuation de l'état d'esclavage, et il n'était pas besoin dès lors de s'oc- cuper d'une manière spéciale de la succession de cette personne. Par cette critique, Gaïus combattait l'opinion de ceux qui soutenaient que la *turpitudo* n'entrainait pas, en cas d'affranchissement non solennel, les mêmes résultats que dans le cas d'un affranchissement solennel ; car alors l'esclave *in libertate morabatur*, et, par suite, il ne pouvait s'élever aucun doute quant à sa succession ; il ne reste donc plus qu'à admettre que, d'après la loi Ælia Sentia, l'affranchi par un mode non solennel de- venait déditice.

Cependant ces passages peuvent parfaitement se con- cilier avec l'opinion ci-dessus émise, si l'on considère que souvent dans les sources juridiques on attribue à une loi des dispositions qui, à proprement parler, ne cons- tituent qu'un supplément postérieur à celles-ci. Que

Gaïus et Ulpien aient suivi cette habitude des auteurs anciens et aient considéré comme faisant partie de la loi Ælia Sentia, le sénatusconsulte, qui plus tard étendit la règle édictée par cette loi relative aux dédilices à ceux qui, en l'absence de *turpitudo*, étaient devenus latins, nous sommes contraints de l'admettre à cause de l'exacte vérité des principes exposés plus haut sur l'origine et la date de la loi Junia.

8. Il résulte de ce qui précède que l'esclave devient citoyen romain toutes les fois que les trois conditions énumérées par Gaïus (I, § 17) concourent, mais qu'il ne devient que latin, si l'une d'elles vient à défaillir. Ces trois conditions sont : 1º la nécessité pour l'esclave d'être âgé de trente ans; 2º la nécessité pour l'affranchissant d'être *dominus ex jure Quiritium*; 3º enfin, la nécessité d'employer un mode solennel d'affranchissement (1).

Nous allons successivement étudier ces trois conditions :

9. 1ʳᵉ Condition. — L'esclave affranchi avant sa trentième année ne peut obtenir la qualité de citoyen romain; cette règle de la loi Ælia Sentia ne peut, en thèse générale, être révoquée en doute, mais nous verrons plus tard qu'elle est soumise à quelques exceptions (Gaïus I, § 18. — Ulpien I, § 12). On a beaucoup discuté sur le point de savoir quel était l'état d'un pareil affranchi d'après la loi Ælia Sentia. Je crois que, sur ce point, l'on doit admettre qu'il deviendra Latin Junien,

(1) Voir dans ce sens la paraphrase de Théophile, lib. I, tit. V, § 4.

sans avoir aucune différence à faire, qu'il ait été affranchi
par testament ou par quelque autre mode. Nous pouvons,
dans ce sens, invoquer le témoignage de Gaïus (I, § 17).
Après avoir énuméré toutes les conditions nécessaires à
l'acquisition du droit de cité, il ajoute que si l'une d'elles
vient à défaillir, l'esclave deviendra latin ; il ne fait pas
de restriction pour la condition d'âge exigée chez l'esclave. Il ne dit pas même un seul mot de la restriction
que l'on a voulu faire relativement à l'affranchi par testa
ment, et il se décide même d'une manière formelle contre
elle (Gaïus I, § 31 *in fine*). Justinien lui-même nous
fournit un argument dans le même sens, dans la Constitution 2 C. *Commun. de manumiss.* 7, 15, par laquelle
il abroge l'ancien droit par rapport à l'âge de trente ans
(*sic*, Théophile, lib. I, tit. 5, § 4 ; *Disput. de manumiss..*
§ 14).

10. Cependant, on soutient encore que l'affranchi,
âgé de moins de trente ans, reste, en règle générale,
esclave, et l'on se base, pour le prouver, sur un passage
d'Ulpien, évidemment corrompu, qu'il me paraît bon de
rapporter ici, à cause de son importance : « Eadem lege
» (*Ælia Sentia*), cautum est, ut minor **XXX** annorum
» servus vindicta manumissus civis Romanus non fiat,
» nisi apud consilium causa probata fuerit. Ideo sive
» consilio manumissum Cæsaris servum manere putat.
» Testamento vero manumissum·proinde haberi jubet,
» atque si domini voluntate in libertate esset, ideoque
» Latinus fit » (Ulpien I, § 12). Il est évident que ce
passage ne peut rester ainsi ; il n'a pas de sens raisonnable, car on ne peut pas, comme on l'a fait remarquer,

se demander si la loi Ælia Sentia voulait attribuer cet esclave à l'empereur. On a fait d'innombrables tentatives de corrections. Les anciens jurisconsultes, et parmi eux Cujas, se contentent d'effacer le mot *Cæsaris*. Hugo propose de le remplacer par le nom d'un juriste, et, d'accord avec Puchta, il lit *Cassius* au lieu de *Cæsaris* (1). D'autres auteurs veulent remplacer *Cæsaris* par *senatus* (2), d'autres enfin par *censuve* (3). Je pense, en me rangeant à l'opinion de M. de Vangerow, que l'on doit faire une correction plus radicale et rejeter tout le membre de phrase suivant : « *Ideo sine consilio manu-missum Cæsaris servum manere putat,* » comme une glose insérée dans le texte (4). — Remarquons tout d'abord que le passage d'Ulpien est inexplicable dans tous les cas, qu'on laisse le mot *Cæsaris*, qu'on le rejette ou qu'on le remplace par tout autre. De plus, l'expression *sine consilio manumissum,* employée pour : *causa apud consilium non probata manumissum* est choquante au dernier point et suffirait pour prouver la corruption du passage. Or, si l'on se range à l'opinion que nous avons adoptée, toute difficulté disparait. En effet, dans le

(1) Puchta, *Civilistische Abhandlungen*, p. 167, note 1. — Hugo, *Histoire du droit*, p. 751, 11ᵉ édition.

(2) Zimmern, *Geschichte des Römischen Privatrechts*, t. 1, sect. 2, p. 763, note 15.

(3) Schilling, *Animadversionum criticarum ad Ulpiani fragmenta*, t. 1 et II, p. 43 et suiv.

(4) De Wangerow, *Ueber die Latini Juniani*, §, 7, p. 32. — Walter, *Geschichte des Römischen bis auf Justinian*, t. II, § 485, note 11. Pour la glose contenue dans ce passage d'Ulpien, M. de Savigny a, le premier, expliqué comment elle s'était formée.

titre I, Ulpien s'occupe des conséquences de l'affranchis·
sement d'un esclave qui n'a pas encore atteint l'âge de
trente ans. Il devait, dès lors, examiner les divers genres de manumissions. Il ne parle ni de la *manumissio
censu*, que l'on n'employait plus, ni de la *manumissio
inter amicos*, car ce mode ne présente aucune particu-
larité, puisqu'il est indifférent que l'esclave ait atteint
ou non sa trentième année. Toute son attention se porte
dès lors sur les deux autres. Or, dans le cas de la *manumissio vindicta*, l'esclave affranchi n'acquerra le droit de
citoyen romain que par suite de la *causæ probatio apud
consilium*. Dans le cas d'affranchissement *testamento*,
l'esclave ne pourra jamais devenir que latin. L'opinion
d'Ulpien se dégage très clairement de ce qui précède;
il résulte de ... en effet, que puisque l'esclave devenait
en général libre alors même qu'il n'intervenait pas de
causæ probatio, l'affranchi dans un testament, en faveur
duquel la *causæ probatio* n'était pas faite, le devenait
aussi. (Comp. C. 4 C. *de testam. militis.* 6, 21). Reste à
savoir maintenant s'il devenait latin ou citoyen romain.
Il découle du texte même d'Ulpien qu'il devenait latin.
Si Ulpien avait cru que l'esclave *vindicta manumissus
sine causæ probatione* restait esclave, il n'aurait pas dit :
« *civis romanus non fit;* » il se serait dans le § 12, expri·
mé comme il le fait dans le suivant, en parlant d'un
affranchissement fait par un maître mineur de vingt ans,
il dit : « *D. minus manumittere prohibetur.* » (Comp.
Ulpien 1, § 12 et § 13).

14. En règle générale donc, l'esclave affranchi avant
sa trentième année devenait latin; mais les auteurs men-

tionnent deux exceptions à ce principe, que nous allons exposer :

12. 1° L'affranchi avant l'âge de trente ans dans le cas de l'affranchissement *vindicta*, deviendra citoyen romain, si l'on présente au conseil une *justa causa manumissionis* et qu'il l'approuve (Gaïus I, § 18; Ulpien I, § 12; Théophile lib. I, tit. 5, § 4). L'on s'est demandé quelles étaient les justes causes que le conseil pouvait considérer comme suffisantes; il est évident que si l'affranchissement était l'œuvre d'un maître âgé de moins de vingt ans, elles étaient laissées à l'appréciation du juge (F. 15, § 1 et 16. D. *de manum. vind.* 40, 2), bien que quelques cas eussent cependant été spécialement réglementés (1). — Les auteurs nous citent quelques exemples de *justæ causæ manumissionis;* elles se basent pour le plus grand nombre sur l'affection du maître pour l'esclave; ainsi, ils mentionnent l'affranchissement des parents, de l'esclave qui a sauvé l'affranchissant d'un danger imminent, l'affranchissement en vue d'un mariage, etc. (2). Le motif une fois admis par le conseil, l'esclave était irrévocablement libre, ainsi que cela résulte d'un rescrit d'Antonin le Pieux (F. 9, § 1, D. *de manum. vind.* 40, 2). — L'approbation du conseil était irrévocable, lors même qu'elle eût été basée sur un faux motif. Ainsi, pour empêcher l'affranchissement, il faut contredire le motif allégué et s'opposer à son admission;

---

(1) F. 13 et suiv. D. *de manum vind.* 40, 2. — Instit. I, tit. VI, § 5.

(2) Gaïus, I, § 19 et 39. — F. 9 et suiv. D. *de manum vind.* 40, 2. — Instit. 1, tit. 6, § 5. — Théophile, lib. I, tit. 6, § 5.

car il est impossible de revenir sur une décision prise ou *à fortiori* sur l'affranchissement consommé (1).

Le conseil devant lequel devait se faire la *causæ probatio* et qui devait juger de la valeur de la *justa causa manumissionis* se composait à Rome de cinq sénateurs et de cinq chevaliers, dans les provinces de vingt *recuperatores* (Gaïus I, § 20 ; Ulpien I, § 13 ; Théophile, lib. I, tit. 6, § 4).

13. 2o De même, l'esclave deviendra citoyen romain, si son maître mourant en état d'insolvabilité, déclare dans son testament qu'il est, libre et l'institue son héritier (2). Dans cette hypothèse la loi Ælia Sentia privait de ce privilége tous ceux qui se trouvaient dans un cas empêchant l'affranchissement, ainsi, l'esclave dont le maître était mineur de vingt ans, ou bien encore celui qui, ayant été condamné à une peine infâmante, serait devenu déditice. Mais l'exception de la loi Ælia Sentia ne s'appliquait pas à l'esclave âgé de moins de trente ans (3). Cela se basait sur ce que la *bonorum venditio* ne se faisant pas au nom du maître, mais au nom de l'héritier, l'*ignominia* qui en résultait retombait sur celui-ci (4). Du reste, tout en concédant ce privilége, le législateur avait sauvegardé l'intérêt des créanciers du défunt, en ne permettant au testateur insolvable de

----

(1) Ducaurroy, *Institutes de Justinien*, liv. I, tit VI, §§ 5 et 6.

(2) Ducaurroy, *Institutes de Justinien*, liv. I, tit. VI, § 1.

(3) Gaïus, I, § 21. — Ulpien, I, § 14. — F. 27. D. *de manum. testam.* 40, 4.

(4) Gaïus, II, § 154. — Instit. I, tit. VI, § 1. — Instit. II, tit. 19, § 1.

n'instituer qu'un seul de ses esclaves (1), et en réduisant l'institution au premier inscrit dans le testament, s'il en était désigné plusieurs (2).

Remarquons en terminant que l'affranchissement fait par testament conférait le droit de cité à l'esclave âgé de moins de trente ans, si à l'ouverture du testament l'esclave avait atteint l'âge légal (3). Mais on doit considérer cela plutôt comme une conséquence des principes généraux que comme une exception à notre règle.

14. 2º CONDITION. — L'esclave devient latin si l'affranchissant n'a pas sur lui le *nudum jus Quiritium*. La situation dans laquelle se trouve l'esclave par rapport au droit de propriété de l'affranchissant, a une influence très grande sur le résultat de l'affranchissement. Il est, en règle générale, certain que le propriétaire peut faire un affranchissement produisant tous ses effets (voir au code le titre : *De his qui a non domino manumissi sunt,* 7, 10); mais ce droit de propriété peut être limité de plusieurs manières. L'esclave peut appartenir en copropriété à deux personnes, de sorte que l'une ait l'esclave *in bonis,* que l'autre ait sur lui le *nudum jus Quiritium,* ou bien encore que l'une des deux ait seulement sur l'esclave un droit d'usufruit, un droit de gage, etc.

---

(1) Ulpien, I, § 14. — Instit. I, tit. 6, § 1. — F. 42, 57, 60. D. *de hered. instit.* 28, 5.

(2) Ulpien, I, § 14. — F. 6. D. *de hered. instit.* 28, 5. — F. 55. D. *cod. tit.* — F. 24. D. *qui et a quibus,* 40, 9.

(3) Gaïus, II, § 276. — F. 39, § 2. D. *famil. ercisc.* 10, 2. — F. 38, 46. D. *de manum. test.* 40, 4. — F. 13, § 5. D. *de statu liberis,* 40, 7. — F. 29. D. *de rebus dubiis,* 34, 5.

15. A. — Si la propriété sur l'esclave est divisée, on en arrive aux conséquences suivantes :

1° L'affranchissement est fait par le propriétaire ayant l'*in bonis*. Il résulte des textes les plus précis que, par cet affranchissement, l'esclave deviendra latin, mais qu'il ne pourra obtenir le droit de cité (Ulpien I, § 16 ; XXII, § 8 ; Gaïus I, § 167) (1).

On rencontre un texte cependant qui semble déclarer que, pour que l'esclave affranchi puisse devenir latin, il faille que l'affranchissant ait la pleine propriété (*Disput. de manumiss.*, § 9). Ce résultat provient, à mon sens, d'une fausse interprétation du texte ; le juriste a prévu deux cas bien distincts ; d'abord, il reconnaissait que l'esclave deviendrait latin par suite de l'affranchissement si l'affranchissant était son propriétaire *in bonis* ; mais il ajoutait que, si l'affranchissement provenait du fait du propriétaire simplement quiritaire, il ne produirait aucun effet.

2° Si l'affranchissant a seulement le pouvoir quiritaire sur l'esclave (2), l'affranchi ne deviendra ni citoyen romain, ni latin, en d'autres termes l'affranchissement ne produira pas d'effets. — Nous en avons une preuve irrécusable dans le § 9, *Disput. de manumiss.* D'un autre côté, le doute ne peut s'élever, car le propriétaire qui-

---

(1) Walter. *Geschichte des Römischen Rechts bis auf Justinian.*, t. II, § 184.

(2) Je dis sur l'esclave, car le pouvoir quiritaire s'étendait, comme nous le verrons plus loin, sur le latin, et, dans ce cas, l'affranchissement fait par le propriétaire quiritaire produisait des effets importants.

ritaire n'a pas la *potestas* (1) et son *dominium* est très limité. Quoiqu'on ne doive pas prendre à la lettre les paroles de Justinien, qui, au moment où il voulait l'abolir, le traitait de *nudum nomen, vacuum et superfluum verbum* (2), il est cependant vrai qu'il produisait peu de droits réels. Mais l'on ne peut pas dire d'une manière générale qu'un tel affranchissement ne produit pas d'effets ; cela n'est exact que dans le cas de *manumissio inter amicos*, car l'affranchissement solennel produit tous ses effets, puisque le propriétaire *in bonis* acquiert alors la pleine propriété.

16. B. — Voyons maintenant ce qui arrive si le droit de propriété du *manumissor* est limité par des droits de gage, d'usufruit ou d'*operæ*. Nous ne nous occuperons que des deux premiers, car, en notre matière, le droit d'*operæ* est régi par les mêmes principes que l'usufruit.

1° Il est certain que si l'usufruitier consent à l'affranchissement, celui-ci produit tous ses effets, alors même que l'usufruitier consentant n'aurait pas encore vingt ans (3). — Mais qu'arrive-t-il si la manumission est faite sans le consentement de l'usufruitier ? Deux opinions très divergentes se sont élevées sur ce point. Le droit de l'usufruitier, a-t-on dit, ne peut être anéanti par la volonté du propriétaire ; ce droit continue donc d'exister, malgré l'affranchissement. Celui-ci, dès lors, ne confère

(1) Gaïus, I, § 54 ; II, § 88 ; III, § 166. —Ulpien, XIX, § 20.

(2) C. un. C. *de nudo jure Quirit. toll.* 7, 25.

(3) F. 2. D. *de manum. vind.* 40, 2. — F. 27, § 1. D. *qui et a quibus,* 40, 9. — C. 1 pr. C. *comm. de manum.* 7, 15.

pas la liberté à l'affranchi, qui demeure esclave. Mais
dans la volonté d'affranchir rentre évidemment la volonté
de placer l'esclave hors de la puissance du maître ;
dès lors, comme l'usufruit ne s'oppose pas à cela, l'affranchissant perd son droit de propriété. L'affranchissement constitue une espèce de *derelictio*, c'est-à-
dire que l'esclave devient une *res nullius*, qui pourra
être occupée par un tiers, car ici le droit d'accroissement ne prend point naissance, comme dans le cas de
copropriété, parce que ce droit suppose dans la personne
de celui qui en profite, l'existence de la *potestas*.
(Ulpien, I, § 19, — C. 1, *pr. C. comm. de manum.*
7, 15).

Dans une seconde opinion, on a soutenu que, comme
le droit d'usufruit était un droit purement passager, l'affranchissement ne devait pas être entravé ; que, par
suite, il produisait tous les effets possibles, c'est-à-dire
l'abolition du droit de propriété du maître sur l'esclave,
sous la réserve de l'usufruit. A la vérité, l'affranchi restera en état d'esclavage, mais à l'extinction de l'usufruit
disparaîtra la dernière entrave qui retenait l'esclave.
L'effet de la manumission ne sera pas détruit, mais seulement suspendu, et, à la fin de l'usufruit, l'esclave
deviendra citoyen romain ou latin. Cette opinion se base
sur des textes formels (f. 9, § 20, D. *de hæred. instit.*,
28, 5) ; on peut en outre invoquer en sa faveur l'analogie
du cas d'un propriétaire affranchissant son esclave sans
le consentement du créancier gagiste. Enfin la C. 1,
pr. C. comm. de manum., 7, 15, caractérise ainsi qu'il
suit la condition d'un tel affranchi ; il ne reconnaît pas

de maître, il n'acquiert pour personne (1). Si le premier système était vrai, le point essentiel de cette condition n'existerait pas ; en effet, on devrait reconnaître que cet affranchi acquiert pour autrui, puisqu'il doit reconnaître comme son maître la première personne qui se saisit de lui.

2º Supposons que la propriété du maître soit limitée par un droit de gage. Si le créancier gagiste donne son consentement à l'affranchissement, celui-ci produit tous ses effets, alors même que le créancier gagiste n'aurait pas vingt ans (2). Mais le consentement du créancier gagiste n'était pas nécessaire, si l'esclave faisait partie d'un gage général, pourvu que l'on ne contrevint pas à la disposition de la loi Ælia Sentia, qui défendait la *manumissio in fraudem creditorum* (3).

On ne pouvait affranchir sans le consentement du créancier gagiste l'esclave spécialement engagé ; l'affranchissement ne pouvait du moins produire aucun effet avant la libération (4). Un tel affranchi ne pouvait jamais

<hr>

(1) C. 1 pr. C. *comm de manum.* 7, 15. — Pour ce qui est des acquisitions de l'esclave, tout ce qu'il acquérait *ex operis suis* ou *ex re fructuarii* revenait à l'usufruitier. — Gaïus, II, §§ 91, 92 ; III, § 163, comp. à § 164. — Ulpien, XIX, § 21. — Pauli, *Sentent.* lib. V, tit. VII, § 3. — Vatic. fragm. § 71.

(2) F. 4, § 2. D. *de manum. vind.* 40, 2. — F. 27, § 1. D. *qui et a quibus,* 40, 9. — C. 1 et 4. C. *de serv. pig. dat. manum.* 7, 8.

(3) F. 29 pr. D. *qui et a quib.* 40, 9. — C. 2 et 3. C. *de serv. pig. dat.* 7, 8.

(4) F. 3. D. *de manum.* 40, 1. — F. 4, 5, 26 et 27, § 1. D. *qui et a quibus,* 40, 9. — Tit. C. *de serv. pig. dat. manum,* 7, 8.

devenir *servus sine domino*, car sa condition ne consistait
pas en ce qu'il n'était plus sous le pouvoir de son ancien
maître, mais en ce qu'il ne pouvait plus être l'objet d'un
droit de propriété; il est certain que cette condition ne
peut surgir dans le cas qui nous occupe, car ce serait
agir à l'encontre des droits du créancier gagiste. En
effet, si comme dans le cas d'usufruit, la manumission
produisait son plein effet, le lien du gage serait rompu,
l'esclave serait libre et deviendrait, suivant le cas,
citoyen romain ou latin, ce que l'on peut admettre dans
notre hypothèse.

17. 3e CONDITION. — L'esclave affranchi par un
mode non solennel ne devient pas citoyen romain, mais
latin. — Jusqu'ici nous nous sommes occupés des cas
d'affranchissements par suite desquels l'esclave devient
latin en quelque sorte malgré la volonté du maître, qui
en général veut, par cet acte, faire acquérir le droit de
cité à son esclave, mais qui ne peut arriver à ce résultat
à raison d'un fait indépendant de sa volonté, soit que
l'esclave n'ait pas trente ans, soit que lui-même ne soit
que simple propriétaire *in bonis*. Mais la loi Junia lui a
donné le moyen de ne rendre son esclave que latin, alors
même qu'en la personne de ce dernier comme en lui-
même fussent réunies les conditions nécessaires à l'acquisition du droit de cité; ce moyen est l'affranchissement par un mode autre que ceux indiqués par les
légistes romains.

18. Nous savons que la condition de latin se base sur
une possession de liberté protégée par le préteur. Le nom
technique de cet état était : *voluntate domini in libertate*

esse, ou *morari* (1). Cet état était généralement le partage
de ceux qui fondaient leurs prétentions à la liberté sur la
simple volonté de leur maître, c'est-à-dire sur une
volonté qui ne s'était pas manifestée dans une des trois
formes légales (*Disput. de manumiss.* § 5) (2).

La loi Junia n'a pas modifié ce point, puisqu'elle pose
la règle suivante : « *Qui voluntate domini in libertate
fuerit, liber sit.* » Par là, comme autrefois, cette espèce
de possession de liberté protégée par le préteur se basait
sur la volonté d'affranchir qu'avait le maître, mais qui ne
s'exprimait pas par un mode solennel ; de même la latinité se basa sur la même supposition (*Disput. de manumiss.* § 7). Par suite, tous les esclaves, que le maître
déclare libres expressément, mais sans se servir d'une
forme solennelle, ceux auxquels il laisse faire des actes
qu'un homme libre seul peut faire, ou ceux avec lesquels il fait un acte qu'il ne pourrait faire qu'avec des
hommes libres, tous ces esclaves d'après la loi Junia
étaient libres et latins (3). Ce principe s'appliquait dans
toute son étendue ; une restriction mentale du maître ne
pouvait rien changer à cela, et si dans cette hypothèse
le maître qui laisse son esclave diriger ses propres affaires ou passer des contrats n'agit pas dans l'intention de

(1) *Disput de manumiss.* § 5. — Ulpien, I, § 12. — Quinti-
lien, *Declam.* n°s 340 et 342.

(2) Ducaurroy, *Institutes de Justinien*, lib. I, tit. V, § 3,
n°s 81 et 82.

(3) Puisqu'ici tout dépend de la volonté du maître, il en
résulte que si celui-ci est obligé par violence d'affranchir son
esclave, celui-ci n'acquiert pas la liberté, parce que la volonté
du maître n'a pas été libre (*Disput. de manumiss.* § 7).

les rendre libre, mais dans un autre but, l'esclave n'en deviendra pas moins libre et latin. Mais, l'acte dont il s'agit ici est tel qu'un homme libre puisse seul l'effectuer.

19. A Rome, il n'existait pas de terme particulier pour désigner l'affranchissement non solennel, et l'on considérait comme type le mode le plus habituellement employé, la *manumissio inter amicos* (1). Mais le mot *amici* ne doit pas être pris dans un sens étroit, comme on l'entend par exemple en matière de tutelle (F. 223, § 1, D. *de verb. sig.*). On doit avoir seulement en vue un affranchissement devant témoins, ainsi que l'a prouvé Cujas avec la plus grande évidence (*Observ.*, lib. VII, chap. 8). Dans notre hypothèse donc, le mot *amici* signifie simplement témoins (2).

Cette forme de manumission ne pouvait s'employer qu'entre personnes présentes ; cependant si l'esclave était absent, on le déclarait libre *per epistolam* (3). De nombreux textes présentent ces deux modes comme les types de l'affranchissement non solennel (4). Cependant,

---

(1) Gaius, I, §§ 41, 44. — *Disput. de manumiss.* § 4, *in fine*, §§ 6, 7, 10, 14. — Sénèque, *de rita beata.* C. 24.

(2) Térence, *Phormio*, act. II, scène I, vers 4. — Note de Donatus (P. Terentii, comedicæ VI, cum indice locupletissimo. Amst. et Lugd. Batav. 1686). « Amicos et *pro testibus* et pro advocatis veteres posuerunt. » — Gaius, II, § 25, où l'expression *amici* est employée pour désigner les témoins de la manumission. — C. un. § 2. C. *de lat. libert. toll.* 7, 6 ; de ce passage de Justinien résulte sûrement la signification du mot *amici* en notre matière.

(3) *Disput. de manumiss.* § 15. — F. 38. D. *de possess.* 41, 2.

(4) Pauli, *Sentent.* lib. IV, tit. XII, § 2. — Instit. I, tit. 5, § 1.

il ne faudrait pas croire de ce qui précède qu'il fût absolument nécessaire d'une déclaration expresse de la volonté du maître ; un acte concluant suffisait, et l'on considérait comme tel, *l'admission de l'esclave à la table du maître.* Ce mode étant le plus habituel des affranchissements non solennels et tacites, on le plaçait à côté de la *manumissio inter amicos* et de la *manumissio per epistolam* (1).

20. De ce que les auteurs, et Gaïus en particulier, n'ont mentionné que ces trois modes, on en a été amené à conclure, que ces trois seules formes de manumissions non solennelles produisaient effet. Nous croyons que cette déduction n'est pas exacte, et qu'il y avait, au contraire, à Rome, une foule d'autres manumissions solennelles ; je n'en veux d'autre preuve que le témoignage précis de Justinien (C. 1 *pr. C. de lat. lib. toll.* 7, 6).

21. On a soulevé la question de savoir quel effet produisait *l'adoptio servi.* Il est certain qu'elle ne peut pas faire acquérir le droit de cité à l'esclave, puisque la *manumissio vindicta, censu* et *testamento* peuvent seules produire cet effet (2). Aussi, je pense que, bien que

____

(1) Gaïus, *epist.* lib I, tit. 1, § 2. — Théophile, lib. I, tit. 5, § 4. — Walter, *Geschichte des Römischen Rechts bis auf Justinian.* t. II, § 182.

(2) Tous les auteurs qui ont traité des formes d'affranchissements solennels, n'en ont compté que trois. — Cicéron, *Top.* ch. II. — Gaïus, I, §§ 17, 138. — Ulpien, I, § 6. — *Disput. de manumiss.* § 5. — On retrouve les *tres libertates* dans Plaute, *Casina,* acte II, scène VIII, v. 68. — Après que la *manumissio censu* eut été abrogée, il n'y eut plus que les affranchissements

dans un pareil acte la volonté du maître se montre
expressément, et que l'esclave par suite doive être libre,
il ne deviendra que latin. Du reste, ce résultat se
présentera aussi bien dans le cas où une personne
adopterait son propre esclave, que dans le cas où elle
adopterait l'esclave d'autrui, car dans la *datio in adop-*
tionem, la volonté d'affranchir s'exprime tout aussi
clairement (1). Justinien, du reste, nous apprend que
cela s'accorde entièrement avec l'opinion de Caton et des
anciens jurisconsultes (Instit. I, tit. 11, § 12).

22. Tels sont les trois cas dans lesquels l'esclave
affranchi devenait simplement latin. Or, si l'on considère
le résultat de ce qui précède, il se présente une comparaison qui est d'un intérêt pratique incontestable, je
veux parler de l'analogie de la transmission des choses
mancipi. Cette transmission conférait l'entière propriété
romaine, si elle était faite au moyen d'un mode civil,
par le plein propriétaire à une personne ayant le *com-*
mercium; mais si l'une de ces conditions venait à
défaillir, soit que l'acquéreur n'eût pas le *commercium*,
soit que la chose n'appartînt pas en pleine propriété au
transmettant, soit enfin que la transmission eût été faite
par simple tradition, la propriété bonitaire prenait naissance. Suppose-t-on, au lieu d'une personne n'ayant pas

testamento et vindicta; plus tard lorsque la *manumissio in*
ecclesia eut été établie, on la mit au rang des manumissions
solennelles. — Gaïus. *Epist.* lib. I, tit. I, § 1. — Instit. I, tit. 5,
§ 1. — Sozomen, *Histoire ecclésiastique*, lib. I, ch. IX. — Nulle
part on ne mentionne l'*adoptio* comme produisant ce résultat.

(1) Voir à ce sujet Zimmern. *Rechtsgeschichte*, t I, p. 739.

le *commercium*, un esclave qui n'ait pas encore atteint sa
trentième année, comme les principes qui régissent le
transfert des choses *mancipi* s'appliquent à la matière de
la manumission, il en résulte que l'affranchi ne sera pas
libre et citoyen romain, parce qu'une des conditions
requises vient à manquer; il ne sera, dès lors, que
latin. La cité correspond donc à la propriété quiritaire,
la latinité à l'*in bonis*.

23. Ceci nous conduit à nous demander si l'esclave
qui est devenu latin continue à demeurer sous la puissance quiritaire de celui qui, avant l'affranchissement,
avait ce pouvoir sur lui. Au premier coup d'œil, il peut
paraître étonnant qu'un homme libre se trouvât sous la
puissance d'autrui. Cependant, cet étonnement cesse si
l'on se rappelle qu'à Rome il était naturel qu'une chose
se trouvât en même temps l'objet de la propriété quiritaire d'une personne et l'objet de la propriété bonitaire
d'une autre personne; on ne peut pas s'étonner, dès
lors, que l'affranchi possédât l'*in bonis* sur lui-même et
fût soumis à la puissance quiritaire d'autrui. Puisqu'il
est de principe certain qu'une *res mancipi*, dans le cas
où le propriétaire en fait simple tradition à autrui,
demeure sous la propriété quiritaire du *tradens* (1), on
doit, à cause de l'identité de l'aliénation d'une *res mancipi* et de la manumission, admettre la même conséquence.

24. Nous pouvons résumer de la manière suivante
tout ce qui précède : la liberté est, a proprement parler,

(1) Gaïus, II, § 41. — Ulpien, I, § 16.

la propriété que chacun a sur soi-même. D'où il résulte que l'esclave doit, pour devenir libre, acquérir cette propriété sur lui-même. Pour cela, trois conditions devaient concourir : 1º que l'esclave fût âgé de trente ans, et qu'aux termes de la loi Ælia Sentia, il n'eût pas encouru de peine infamante ; 2º que le *manumissor* eût la pleine propriété sur lui ; 3º qu'on eût employé un mode d'affranchissement solennel. — Si l'une de ces conditions venait à manquer, il n'acquérait pas la propriété quiritaire sur lui-même, mais seulement l'*in bonis*, et, par suite, il ne pouvait pas devenir citoyen romain, mais seulement latin.

Il y avait encore au temps des jurisconsultes classiques d'autres cas, dans lesquels l'esclave ne devenait que latin ; mais il me paraît convenable de les omettre ici et de les joindre aux règles qui prirent naissance pendant la période impériale. (Voir plus loin le chap. III).

SECTION III.

DE LA CONDITION JURIDIQUE DES LATINS JUNIENS EN GÉNÉRAL.

25. La condition juridique des Latins Juniens nous présente un triste tableau ; les auteurs nous la montrent comme peu digne d'envie ; Justinien la nomme *libertas latinorum imperfecta* (1), Salvien la désigne par ces termes : *jugum latinæ libertatis, latinæ libertatis vinculum* (2). Du reste, le fait bien connu que, durant leur

(1) C. un pr. C. de lat. lib. toll. 7, 6.
(2) Salvien, *Contra avaritiam*, lib. III, cap. VII.

vie, les latins agissaient comme des hommes libres, mais qu'à leur mort leur capacité était assimilée à celle de l'esclave (1), nous offre un exemple frappant de cette misérable condition. Le seul motif qui pouvait faire désirer à l'esclave de devenir latin, c'est que cet état était le point intermédiaire et transitoire entre la liberté pleine et entière et l'esclavage.

26. Pour faciliter l'étude de ce point, dans un premier paragraphe, je traiterai de la condition juridique des Latins Juniens pendant leur vie, à l'exception cependant des modes par suite desquels ils pouvaient acquérir le droit de cité, matière dont l'étude approfondie fera le sujet du chapitre suivant ; dans un second paragraphe, je traiterai de la succession à leurs biens après leur mort.

§ 1.

Condition juridique des Latins Juniens pendant leur vie.

27. 1º Les latins, en général, avaient le *commercium* avec les citoyens romains : c'est ce qui les distinguait des pérégrins ; les Latins Juniens le possédaient aussi (Ulpien, XIX, § 4) (2). Cela est très important pour eux, car ils jouissaient de l'entière disposition de leur fortune, à l'égal des citoyens romains ; de plus, ils pouvaient valablement acquérir pour eux par un mode civil

(1) Gaïus, III, § 56.— Instit. III, tit. VII, § 4. — C. un. pr. C. de lat. lib. toll. 7, 6.

(2) Walter, *Geschichte des Römischen Rechts bis auf Justinian.* t. I, § 354.

d'acquisition de la propriété (1) ; enfin, ils pouvaient contracter des obligations civiles, et ils avaient toutes les
actions qui y étaient jointes. Tout cela résulte de l'idée
de *commercium ;* mais cette idée a une portée plus générale, car elle s'applique aux dispositions de dernière
volonté. Dès lors la *factio testamenti* appartiendra au
Latin Junien, qui, par suite, pourra être *familiæ emptor,*
testis et *libripens* (Ulpien, XI, § 16 ; XX, § 8).

28. Mais la loi Junia a apporté des restrictions à sa
capacité, et l'une des plus importantes consiste à lui enlever le droit de faire, lui-même, son testament (Ulpien XX, § 14 ; Gaïus I, § 23). Cela provient du point
fondamental de cette loi, à savoir qu'au moment de sa
mort le latin est assimilé à un esclave ; son patrimoine
revient donc à l'affranchissant *jure peculi,* ainsi que cela
se passait avant cette loi pour l'esclave devenu libre par
suite de la protection prétorienne (2).

29. En second lieu, cette loi lui défend *ex alieno testamento capere* (3) ; mais, lui a-t-elle enlevé la *factio testamenti passiva?* Les nombreux textes que nous rencon-
trons en cette matière, nous portent à croire que la
règle de la loi Junia ne s'appliquait qu'au *non capere
posse.* Cela était d'une grande importance dans les deux
cas suivants :

(1) Par rapport à la mancipation, voir Ulpien XIX, § 4 ;
pour l'usucapion, voir *Vatic. fragm.* § 259.

(2) Walter, *Geschichte des Römischen Rechts bis auf Justinian,*
t. II, § 661.

(3) Gaïus, I, §§ 23, 24 ; II, §§ 110, 275. —Ulpien, XXII,
§ 3 ; XXV, § 7.

30. A. Si une personne institue comme son héritier un tiers avec lequel elle n'a pas la *factio testamenti passiva*, cette disposition sera nulle (1). La *factio testamenti* doit, en effet, exister au moment de la confection du testament ; et si l'institué vient à l'acquérir plus tard, cette acquisition ne produit aucun effet. Mais il en est tout autrement si c'est l'*ex alieno testamenti capere* qui est interdit à quelqu'un. Cette capacité n'est pas nécessaire au moment de la confection du testament, car il n'est pas défendu d'instituer une personne n'ayant pas cette capacité ; seulement elle ne pourra pas acquérir sur-le-champ. Les sources nous indiquent, d'une manière formelle, et nous trouvons le f. 62, D. *de hered. instit.*, 28, 5, qui nous dit expressément qu'il est permis d'instituer quelqu'un pour le temps, *cùm potuerit capere*. Cette loi nous donne un argument très fort, car si la capacité était exigée au moment de la confection du testament comme la *factio testamenti passiva*, celui qui *capere non potest*, ne pourrait pas être institué héritier sous condition, et surtout sous la condition d'acquérir plus tard la capacité nécessaire (2).

Si l'on applique ces principes aux Latins Juniens, il en résulte que la disposition, par suite de laquelle une chose serait donnée à l'un d'eux, n'est pas nulle, comme cela aurait lieu, si on lui refusait la *factio testamenti passiva*. En effet, le Latin Junien devient-il plus tard

(1) F. 49, § 1. D. *de hered. instit.* 28, 5. — Instit. II, tit. 19, § 4.

(2) Ce point ressort du f. 11. D. *de vulg. et pupill. substit.* 28, 6, et du f. 25. D. *de legat.* III.

citoyen romain, la disposition sera valable ; et il résulte
d'un grand nombre de textes qu'il en sera ainsi, non-
seulement si le latin était déjà citoyen romain à la mort
du *de cujus*, mais même s'il acquiert le droit de cité
dans les cent jours (Ulpien XXII, § 3; XVII, § 1). De là
nous sommes conduits à conclure que, dans le cas d'institution conditionnelle, on ne doit pas considérer le moment de la mort du testateur, mais celui de l'événement
de la condition, et l'on ne peut révoquer en doute que
l'effet ne se produise pas pour le latin au moment où il
deviendra citoyen romain (F. 62, D. *de hered. instit.*,
28, 5).

31. B. — La loi Julia et Papia Poppœa reconnaissait une différence très importante entre ce qui était
considéré *pro non scripto* et le *caducum*. Pour le premier,
elle n'a pas modifié l'ancien droit (1), et dès lors la portion défaillante revenait aux cohéritiers en vertu du droit
d'accroissement. Pour la portion caduque, ce droit d'accroissement n'a été conservé qu'en faveur de quelques
personnes privilégiées (2). On tenait, en général, *pro
non scripto*, tout ce qui était nul par suite de l'institution, et en particulier tout ce qui était donné à une personne avec laquelle le testateur n'avait pas la *testamenti
factio* (3). Etait *caducum* tout ce dont le testateur avait
valablement disposé, mais que l'institué ne pouvait acquérir ; ainsi, l'institution était caduque si, au moment
voulu, la capacité manquait à l'institué (Ulpien XVII,

(1) C. *un.* § 3. C. *de caduc. toll.* 6, 51.
(2) Ulpien, XVIII. — C. *un. pr.* C. *de caduc. toll.* 6, 51.
(3) F. 3, *pr.* D. *de his quæ pro non script. habentur*, 34, 8.

§ 1). Si l'on applique ce qui précède à une disposition dans laquelle un Latin Junien est institué, il s'ensuit que si le principe que nous avons établi, à savoir que le Latin Junien n'était pas privé de la *factio testamenti*, mais seulement de la capacité, est exact, cette disposition devra être considérée non pas comme *pro non scripto*, mais comme caduque, et nous en trouvons un témoignage formel dans Ulpien (XVII, § 1). Dès lors, cette disposition faite en faveur d'une telle personne n'était pas nulle *a principio*, et demeurait valable si, plus tard, l'institué devenait citoyen romain, ou devenait caduque dans l'hypothèse contraire.

Cette incapacité était primitivement limitée à l'institution d'héritier et aux legs, de sorte que les Latins Juniens pouvaient valablement acquérir par donation à cause de mort. Mais plus tard, un sénatusconsulte étendit à la donation à cause de mort les principes relatifs à l'incapacité qui s'appliquaient aux legs (fr. 9 et 35, D. *de mort. causa donat.*, 39, 6). Dès lors, on ne pouvait plus mettre en doute que le Latin ne pouvait plus acquérir par suite d'une *mortis causa donatio*, si à la mort du *de cujus* il n'était pas devenu encore citoyen romain (1). Cela résulte formellement du § 259, Vatic. fragm.

Mais l'incapacité du latin s'arrêtait là, et l'on devait

---

(1) Pour la *donatio mortis causa*, la capacité n'était pas exigée au moment de la donation, mais seulement au moment de la mort du donateur ; cela résulte du f. 22, D. *de mat. caus. don.* 39, 6.

lui reconnaître la faculté d'acquérir par fidéicommis. (Gaïus, I, § 24; II, § 275. — Ulpien, XXV, § 7).

32. Comme conséquence de la *testamenti factio* et du *commercium*, se présente encore le droit d'être nommé tuteur par testament (1); d'après les principes généraux, on devrait accorder ce droit aux Latins Juniens; mais la loi Junia, qui restreignit beaucoup leurs rapports testamentaires, le leur enleva formellement. (Gaïus, I, § 23. — Ulpien, XI, § 16).

33. 2o Les Latins Juniens n'avaient pas le *connubium* avec les citoyens romains; cela ressort de textes nombreux. (Gaïus, I, §§ 56, 57, 67. — Ulpien, V, §§ 4, 9). Dès lors, si l'on suppose un mariage entre un Latin Junien et une citoyenne romaine, la puissance paternelle et l'agnation ne pourront exister, car les enfants nés d'une telle union suivent la condition de la mère (2), et ne peuvent être placés sous la puissance du père. Mais il ne résulte pas de là qu'à l'inverse la puissance paternelle et l'agnation proviennent d'un mariage entre personnes ayant le *connubium*. Du reste, le *connubium* ne produira d'autres effets que de donner naissance à un *justum matrimonium*, et de rendre les enfants *justi patris filii* (3). Si donc le *connubium* était accordé aux latins avec les citoyens romains, cela n'aurait pour effet que de rendre l'enfant né d'une telle union latin. (Gaïus, I,

---

(1) Ulpien, XI, § 16 : « *Testamento tutores dari possunt hi, cum quibus testamenti faciendi jus est.* » — F. 21. D. *de testam. tut.* 26, 2.

(2) Gaïus, I, § 87.

(3) Gaïus, I, §§ 56, 67.

§ 80). Mais on ne peut pas admettre que, dans ce cas, le père eût eu la *patria potestas* sur ses enfants et qu'il eût existé entre eux des liens d'agnation. Quant à ces rapports, on ne faisait aucune différence, que le Latin eût ou non le *jus connubii ;* et l'absence de ce droit ne constituait pas un signe essentiel de la condition de latin.

On pouvait, du reste, donner d'autres raisons de ce que les latins étaient dépouillés de la puissance paternelle sur leurs enfants. Ce droit, en effet, est un droit propre aux citoyens romains (1), inhérent à la qualité même de citoyen. De même pour les latins, il ne peut être question d'agnation ni des droits qui en résultent, car la notion de l'agnation se base précisément sur la puissance paternelle ; qui ne sait, en effet, que ceux-là seuls sont agnats, qui sont soumis à la *patria potestas,* ou qui le seraient si le *paterfamilias* vivait encore.

34. 3º Pour ce qui est de la tutelle des latins impubères et des latines, on pouvait, d'après les principes de l'ancien droit, s'attendre à ce qu'elle appartiendrait à celui qui avant l'affranchissement les avait *in bonis.* Par une disposition particulière, la loi Junia a déclaré au contraire que la tutelle appartiendrait à l'ancien propriétaire quiritaire (Gaïus I, § 167; Ulpien XI, § 19). — Cette décision se base sans doute sur ce que le *jus Quiritium* persistait après l'affranchissement.

---

(1) Gaïus, I, §§ 55, 189. — Instit. I, tit. IX, § 2. — F. 3. D. *de his qui sui vel alieni juris,* 1, 6.

35. 4º Le Latin Junien peut-il être tuteur? Bien que la possibilité de la gestion d'une tutelle se rattache au *commercium*, le manque de témoignages précis pourrait nous faire douter. Cependant on lui accorde ce droit en se basant sur le § 193, Vatic. fragm. : « *Exemplo civium romanorum Latinos Junianos excusari oportet.* » Dès lors, si les Latins Juniens peuvent comme les citoyens romains se faire dispenser de la tutelle, ils sont capables de la gérer. Mais ce droit souffrait de grandes restrictions. Nous savons que la tutelle testamentaire leur était formellement refusée; il en est de même de la tutelle légitime et en particulier de la *tutela legitima agnatorum* et de la *tutela fiduciaria*. Il ne peut pas être non plus question de la *tutela patroni*, s'il est vrai que le latin ne puisse par l'affranchissement rendre son esclave citoyen romain. Il ne reste donc plus que la *tutela ex lege Junia Norbana* et la *tutela dativa*.

36. 5º Voyons, enfin, quelle sera la condition des enfants du Latin Junien. Il est bien certain qu'ils naissaient libres, si leur naissance était postérieure à l'affranchissement. Cependant on doit faire, à leur égard, les distinctions suivantes :

Supposons que leur père soit latin, les enfants suivent la condition de leur mère. Par conséquent, celle-ci est-elle citoyenne romaine, bien qu'il n'y ait pas *connubium* entre elle et son mari, les enfants seront citoyens romains (1). Le latin a-t-il épousé une femme de même condition que lui, les enfants naîtront latins et libres (2);

---

(1) Gaïus, I, §§ 30, 66, 80. — Ulpien, III, § 3.
(2) Gaïus, I, § 66. — Ulpien, III. § 3.

mais cette condition n'est que transitoire, car par la *causæ probatio*, ils pourront acquérir le droit de cité. Enfin, les enfants étaient-ils issus de l'union d'un latin et d'une pérégrine, ils devenaient pérégrins.

Supposons, au contraire, que ce soit la mère qui soit latine; dans ce cas, les enfants seront toujours latins, quelle que soit la condition du père. En effet, si la latine a épousé un latin, les enfants suivant la condition de leur père seront latins; a-t-elle épousé un citoyen romain ou un pérégrin, les enfants seront toujours latins parce qu'ils suivent la condition de leur mère (1). Cependant, on doit faire une exception dans le cas où le *connubium* existerait entre un citoyen romain et une latine, car alors les enfants deviendraient citoyens romains (Gaïus I, § 57).

§ 2.

Dévolution du patrimoine des Latins Juniens après leur mort.

37. Le Latin Junien, ainsi que nous l'avons vu dans le paragraphe précédent, ne pouvait pas faire de testament; c'était donc la loi qui devait régler le mode de dévolution de son patrimoine, puisqu'il ne pouvait en disposer lui-même. Néanmoins, dans ce cas, il ne pouvait pas être, à proprement parler, question d'une succession *ab intestat*, puisque le latin n'a pas d'agnats, et d'un autre côté, le patron ne pouvait pas succéder *ab intestato*,

---

(1) Gaïus, I, § 67. — Ulpien, V, § 9.

car ce droit de succession du patron n'aurait pu se baser
que sur une cognation feinte ; or, ici, une pareille fiction
ne pourrait s'appliquer. Dès lors, personne n'aurait eu
de droit sur les biens du latin, pas même le patron, si la
loi Junia n'avait eu soin de déclarer que dans ce cas on
devrait appliquer les principes de l'ancien droit (Gaïus III,
§ 56)

38. Nous savons qu'avant la promulgation de cette
loi, l'affranchi était toujours considéré juridiquement
comme esclave ; cette fiction s'appliquait aussi bien à
sa personne qu'à ses biens. Tout ce qu'il acquérait,
appartenait à l'affranchissant, comme à son véritable
maitre (*Disput. de manumiss.*, ¾ 5 *in fine*), et celui-ci le
recueillait à la mort de l'affranchi *jure peculii* (Gaïus III,
§ 56). Cela continua d'exister, bien que la loi Junia eût
donné à l'affranchi une véritable liberté ; aussi l'affranchissant continua-t-il à prendre le patrimoine du latin
après sa mort à titre de pécule (1), comme s'il n'était
pas intervenu de manumission en vertu du principe :
Libertinus liber vivit, servus moritur (2).

Il est donc évident qu'il ne s'agissait pas, par rapport
au patrimoine du latin, d'une véritable succession ; mais
on admettait qu'au moment de sa mort, ses biens faisaient déjà partie de la fortune du patron. C'était donc
celui-ci qui était appelé à la succession de l'affranchi,
s'il ne laissait pas d'*heredes sui* (3). Le patron et ses

(1) Gaïus, III, §§ 56, 58. — Instit. III, tit, VII, § 1.
(2) Instit. III, tit. VII. § 1. — C. un. pr. C. de lat. lib. toll.
7, 6. — Salvien, *Contra avaritiam*, lib. III, ch. VII.
(3) Gaïus, III, § 40. — Ulpien, XXVII, § 1 ; XXIX, § 1. —
Instit. III. tit VII. pr.

agnats étaient seuls appelés, mais ceux-ci ne l'étaient pas comme héritiers du père. Des textes formels nous apprennent que leur droit n'était pas perdu, s'ils refusaient la succession paternelle, mais il n'en était pas de même s'ils avaient été exhérédés (1). S'il s'agissait d'une *liberta*, il est certain que c'était le patron ou ses fils qui étaient les plus proches héritiers, car elle ne pouvait avoir d'*heredes sui*, ni faire de testament sans l'autorisation de son tuteur (Gaïus III, § 51 ; Ulpien XXIX, § 2 et 3).

39. Dans l'hypothèse qui nous occupe, on doit tenir un grand compte du rapprochement du degré, car c'est l'héritier le plus proche qui succède seul. Ainsi, supposons un esclave appartenant en copropriété à deux maîtres qui l'affranchissent ; à sa mort l'un des patrons vit encore, l'autre est décédé laissant des enfants ; toute la succession reviendra au patron survivant. Sont-ils morts tous deux laissant l'un un fils, l'autre un petit-fils, celui-ci sera entièrement exclu par le premier (2). Si plusieurs héritiers du même degré viennent à la succession, le partage se fait par têtes. Supposons encore un esclave appartenant en copropriété à deux maîtres qui l'affranchissent. A sa mort, les deux manumisseurs existant encore, chacun d'eux prendra une moitié ; mais s'ils sont morts tous deux laissant le premier un fils, et le

---

(1) Pour la première hypothèse, voir f. 9, D. *de jure patronat.* 37, 14 ; pour la seconde, Gaïus, III, §§ 58, 64.

(2) Gaïus, III, § 60. — Ulpien, XXVII, § 2, 3. — *Pauli. Sentent.* lib. III, tit. II, § 1. — F. 2, § 7. D. *de legitim. tutor.* 26, 4. — F. 32, § 1. D. *de bonis libert.* 38, 2.

second en laissant deux, chacun des enfants prendra un
tiers de la succession (1).

40. En cette matière, on trouve comme conséquences
des principes précédents les résultats suivants :

41. 1° Le patron et ses descendants, avons-nous dit,
étaient privilégiés, et aucun héritier testamentaire, aucun
parent du défunt ne pouvait avoir aucun droit sur son
patrimoine. Mais de ce que au-dessous du patron, on ne
doit considérer que celui qui, avant la manumission,
possédait l'esclave *in bonis*, il s'ensuit que son patrimoine
doit revenir à celui qui l'aurait acquis, s'il n'y avait pas
eu d'affranchissement, en d'autres termes au propriétaire
in bonis (Gaïus I, § 167).

42. 2° Le *manumissor* est appelé en première ligne à
la succession du latin ; s'il est mort, ce sont ses héritiers, que ce soient ses enfants ou non, qu'ils soient
héritiers légitimes ou testamentaires (Gaïus III, § 58).
Mais comme c'est seulement sur la qualité d'héritier que
se fonde leur privilège, les enfants seront exclus et per-
dront leur droit à la succession du latin, s'ils ont renoncé
à l'hérédité de leur père, s'ils n'ont pas exercé la *bonorum possessio contra tabulas,* qui leur appartient, etc.

43. 3° S'il y a plusieurs affranchissants, le partage
se fait proportionnellement à leur part de propriété sur
le latin ; les héritiers de chacun d'eux prennent ce que
leur auteur aurait recueilli lui-même. (Gaïus, III,
§§ 56 61).

44. 4° Qu'arrive-t-il lorsque l'un des manumisseurs

(1) Gaïus, III, §§ 59. 61. — Ulpien, XXVII. § 4. — Pauli,
Sentent. lib. III, tit. II, § 3.

renonce à sa part ? Il ne peut évidemment pas être question ici du droit d'accroissement. La partie défaillante sera caduque et reviendra à l'*œrarium*. Cela ne pouvait faire de difficulté en présence de l'affirmation de Gaïus (III, § 62). Mais il se présente une question qui n'est résolue par aucun texte, à savoir, si dans le cas où c'est un héritier de l'affranchissant qui refuse d'user de son droit sur les biens du latin, la portion défaillante reviendra à ses cohéritiers, ou s'il n'y aura pas lieu au droit d'accroissement. Je crois que l'on ne peut adopter aucune de ces deux solutions. En effet, le patrimoine du latin étant considéré comme faisant partie de la fortune du *manumissor*, il ne peut pas se produire ici, en général, un refus de la part de l'un des héritiers de l'affranchissant, car c'est un principe certain en droit romain que l'on ne peut accepter ni refuser une hérédité pour partie (1).

45. 5° L'affranchissant peut disposer des biens du latin pendant sa vie, comme d'une partie de son propre patrimoine; mais ces dispositions n'auront d'effet qu'à la mort de l'affranchi (Pline, *Epist.*, lib. X, *epist.* 105).

46. Telle était la législation qu'avait innovée en cette matière la loi Junia, et l'on doit reconnaître que les principes qu'elle avait établis étaient à la fois simples et juridiques. Mais peu de temps après ils furent modifiés d'une manière importante par le sénatusconsulte Largien. Gaïus nous fait connaître ces modifications : « Postea

(1) F. 1, 2, 10, 35, 36, 80, § 1. D. *de adquir. vel omitt. hered.* 29, 2.

» Lupo et Largo consulibus senatus censuit, ut bona
» Latinorum primum ad eos pertinerent qui eos libe-
» rassent, deinde ad liberos eorum non nominatim ex-
» heredatos, utique quisque proximus esset ; tunc
» antiquo jure ad heredes eorum qui liberassent, per·
» tinerent. » (Gaïus, III, § 63). D'après ce sénatusconsulte, les enfants qui n'ont pas été nominativement
exhérédés par le patron ont un droit en quelque sorte
successoral sur les biens du Latin Junien, encore qu'ils
ne soient pas héritiers de leur père.

47. Telle était la condition juridique des Latins
Juniens ; mais cet état, avons-nous dit, n'était qu'un
point de transition entre l'esclavage et la liberté ; aussi
allons-nous dans le chapitre suivant étudier dans quels
cas ils pouvaient acquérir le droit de cité et quelles
formes ils devaient employer.

CHAPITRE II.

DES DIFFÉRENTS MODES, AU MOYEN DESQUELS LES LATINS JUNIENS PEUVENT ACQUÉRIR LE DROIT DE CITÉ ROMAINE.

48. D'après les notions générales qui ont fait la matière du chapitre précédent, il est facile de voir que l'état
des Latins Juniens était peu enviable ; on ne peut révo·
quer en doute les tableaux défavorables qui en ont été
faits par les divers jurisconsultes romains. Mais ce qui
tendait à le rendre supportable, à faire désirer même de
l'obtenir, c'est qu'il n'était qu'un point de transition pour

arriver à une meilleure condition, . l'acquisition en un mot du droit de cité.

Les moyens par lesquels le Latin Junien pouvait obtenir le droit de cité étaient nombreux. Ulpien en énumère huit : « Latini jure Quiritium consequuntur » his modis : beneficio principali, liberis, iteratione, » militia, nave, ædificio, pistrino ; præterea ex senatus- » consulto, vulgo quæ sit ter enixa » (Ulpien, III, § 1).

Nous allons étudier successivement ces divers modes, sans nous attacher cependant à l'ordre suivi par Ulpien ; nous parlerons en premier lieu de l'*iteratio*, qui se fonde sur l'existence même de la latinité ; nous traiterons ensuite des divers autres modes, suivant leur plus ou moins d'importance.

SECTION PREMIÈRE.

DE L'ITERATIO.

49. Afin de pouvoir se faire une notion certaine du véritable caractère de l'*iteratio*, il faut rappeler ici quelques-uns des principes fondamentaux dont nous avons déjà parlé. — La liberté consiste en ce que l'homme libre a un droit de propriété complet sur sa personne ; il y a affranchissement, lorsque l'esclave reçoit de son patron la propriété sur lui-même. Dans ce cas, l'esclave deviendra citoyen romain, si son maître lui transfère la propriété quiritaire ; n'obtient-il au contraire que la propriété bonitaire, il devient simplement latin. De ce principe ressort nécessairement la conséquence suivante : le latin ayant sur lui la propriété bonitaire, verra, s'il

reçoit en outre la propriété quiritaire sur sa personne, son droit de latinité se convertir en droit de cité ; comme un individu ayant reçu une *res mancipi* par simple tradition et n'en étant dès lors que propriétaire bonitaire, en deviendra propriétaire quiritaire si plus tard il acquiert par *mancipatio* ou *in jure cessio* le *nudum jus Quiritium* sur cette chose (Ulpien, I, § 16). D'après cela, nous pouvons dire que l'*iteratio* nous apparaît comme un acte qui, passé en forme de manumission solennelle, conférera le *nudum jus Quiritium* sur sa personne au latin, qui n'avait sur lui-même que la propriété *in bonis*.

Ce mode ne pourra donc être employé que par la personne qui aura la propriété quiritaire sur le latin. Dès lors, ainsi que je l'ai déjà dit, si l'affranchi devient latin, soit parce que l'affranchissement n'aura pas été fait dans un mode solennel, soit parce qu'il aura été fait par le propriétaire ayant simplement l'*in bonis*, il demeurera sous le pouvoir quiritaire de celui qui, avant l'affranchissement, jouissait de ce droit. On doit seulement observer que cette propriété quiritaire n'est pas, à proprement parler, un droit personnel à celui qui en jouissait au moment de l'affranchissement, mais qu'elle peut être valablement transmise à un tiers soit par acte entre-vifs, soit à cause de mort. Mais il peut se faire que l'esclave ne devienne que latin, alors même qu'il eût été affranchi par son propriétaire *ex jure Quiritium* ; dans ce cas, je pense que ce latin ne reste sous le pouvoir quiritaire de personne. Un acte de droit doit toujours produire tous ses effets, même ceux que l'on n'a pas eu directement en vue ; ainsi, par exemple, une personne aliène une *res mancipi* au moyen d'un transfert solennel en faveur d'une autre personne avec laquelle elle n'a pas le *commercium ;* il est évident que le cédant perd non seulement l'*in bonis* qui passe à l'acquéreur, mais encore la propriété quiritaire, bien que celui-ci ne puisse en bénéficier. Il en est de même dans notre hypothèse ; le maître affranchissant un esclave *minor triginta annis,* sans faire précéder la manumission d'une *causæ probatio* solennelle, perd son *jus Quiritium,* bien que cela ne profite nullement à l'affranchi.

50. De ces principes, résultent en matière d'*iteratio,* les trois points suivants :

1° Si un esclave est affranchi par son patron et qu'on n'ait pas employé un mode solennel, il deviendra simplement latin ; mais alors il pourra toujours obtenir l'*iteratio* de la personne qui aura sur lui le *jus Quiritium,* soit du *manumissor* lui-même, soit du tiers auquel celui-ci aurait transmis ce droit ;

2° De même, si un esclave est devenu latin parce qu'il a été affranchi par son propriétaire bonitaire seul, il pourra demander l'*iteratio* au propriétaire quiritaire, ou à la personne à laquelle le *nudum jus Quiritium* aura été conféré ;

3° L'affranchi est devenu latin, parce qu'au moment de l'affranchissement, il n'avait pas trente ans ; pourra-t-il obtenir l'*iteratio ?* Il faut distinguer ici selon qu'il a été affranchi par *manumissio inter amicos,* ou par un mode solennel. Dans le premier cas, il est incontestable qu'il peut l'obtenir dès qu'il atteindra l'âge requis. Il en est de même lorsqu'un pérégrin reçoit d'un citoyen romain une *res mancipi* par simple tradition ; si plus tard il acquiert le droit de cité, ou seulement le *commercium*, il pourra en devenir propriétaire *ex jure Quiritium* au moyen d'une *mancipatio* ou d'une *in jure cessio* Mais le résultat n'est pas le même dans le second cas. Nous avons vu que l'affranchissant perdait son *jus Quiritium*, et que l'esclave n'en bénéficiait pas. Or, si le latin arrive à l'âge de trente ans, il ne pourra plus être question d'*iteratio* ; celle-ci n'étant, en effet, que la transmission postérieure du *jus Quiritium*, il s'adresserait en vain au *manumissor*, car ce dernier ne pourrait lui transmettre un droit qu'il n'a plus.

51. Telle est la nature de l'*iteratio*, tels sont ses résultats, ainsi qu'ils se présentent à l'esprit au premier abord. Toutefois, si nous comparons aux solutions que nous avons données, les idées des divers auteurs qui ont écrit sur cette matière, nous en trouvons qui en ont admis de totalement différentes. Nous allons donc reprendre les diverses parties de notre sujet sur lesquelles se sont élevées des controverses, et étudier les systèmes émis par les différents écrivains.

52. Nous avons vu que l'esclave affranchi *inter amicos* par son véritable propriétaire et étant devenu latin par suite de cette manumission, l'*iteratio* pouvait être faite par l'affranchissant. Personne ne conteste ce point, qui, du reste, est confirmé par des témoignages certains (1).

_____

(1) Tacite, *Annal.* lib. XIII, cap. XXVI, XXVII. — Pline, *Epistolæ*, lib. VII, *epist.* 16. — Gaïus, I, § 35 : « si quis alicujus et in bonis et ex jure Quiritium sit, manumissus ab eo-

Mais l'accord s'arrête là, et il est deux points sur lesquels les auteurs sont d'un sentiment différent.

53. 1º D'après certains jurisconsultes (1), l'*iteratio* est un droit entièrement personnel au *manumissor*, qui de son esclave a fait un latin. — Cette opinion provient de ce que l'on a méconnu, à mon sens, la nature de l'*iteratio*. C'est sur le pouvoir quiritaire qui continue d'exister sur l'esclave après l'affranchissement qu'on doit la baser; or, l'on n'a pensé qu'à la réparation d'un oubli, et l'on dit que naturellement c'est celui qui l'a commis, à savoir le *manumissor* seul, qui doit la réparer.

Les défenseurs de ce système reconnaissent que le latin reste soumis au *jus Quiritium* et établissent le principe suivant : l'*iteratio* peut être faite par celui qui avait l'esclave en pleine propriété au moment du premier affranchissement, mais lui seul peut la faire, et cette faculté ne passe pas à ses héritiers. Il est facile de déduire de là les conséquences suivantes :

a). — Supposons qu'au moment de l'affranchissement l'esclave soit sous la puissance bonitaire d'une personne et sous le pouvoir quiritaire d'une autre, celle-ci ne pourra faire l'*iteratio*.

b). — Si dans cette hypothèse, après la manumission faite par le propriétaire bonitaire, le propriétaire quiritaire transmet le *nudum jus Quiritium* au *manumissor*,

---

» dem scilicet, et latinus fieri potest, et jus Quiritium conse-
» qui. »

(1) Bethmann-Hollweg, *De causa probatione*, p. 88 et suiv. —Zimmern, *Geschichte des Römischen Privatrechts*, lib. I, § 213.

celui-ci ne pourra pas faire l'*iteratio*, car au moment du premier affranchissement, il n'avait pas le *jus Quiritium*.

c). — Après la mort du *manumissor*, l'*iteratio* ne peut jamais avoir lieu.

54. Voyons si ces conclusions sont bien exactes, et réfutons, tour-à-tour, les arguments que l'on présente dans cette opinion.

A. — Pour prouver l'exactitude de la première, on produit deux arguments. En premier lieu, dit-on, si un propriétaire quiritaire, mais n'ayant pas l'*in bonis* sur l'esclave, vient à l'affranchir, cette manumission ne produit pas d'effets; il en serait, du reste, de même si l'affranchissement était fait par le propriétaire bonitaire seul. — Secondement, la manumission subséquente du chef du propriétaire simplement quiritaire ne peut donner naissance au droit de cité, parce que le droit du premier *manumissor* serait lésé à son détriment.

Il est facile de réfuter le premier argument. L'affranchissement fait par le propriétaire quiritaire, dit-on, ne produit pas d'effets, tant qu'une autre personne a l'esclave *in bonis*. On ne peut pas admettre ce manque d'effets. A la vérité, l'esclave ne sera pas libre, mais il est tout aussi vrai que, par suite de cet affranchissement, le propriétaire quiritaire perd son droit, qui passe au propriétaire bonitaire. On ne peut nier que cette manumission ne soit l'aliénation du *jus Quiritium* à l'esclave lui-même. Or, comme il se trouve *in potestate* du propriétaire bonitaire, ses acquisitions profitent à ce dernier. Donc, dans notre hypothèse, le *nudum jus Quiritium* concédé à l'esclave doit passer à la personne sous la *potestas* de laquelle il se trouve, c'est-à-dire au propriétaire bonitaire qui devient, dès-lors, plein propriétaire. A plus forte raison, l'affranchissement du propriétaire quiritaire produira plus d'effets, si le propriétaire ayant l'*in bonis* a fait la première manumission, car alors le latin, acquérant le *jus Quiritium* pour lui-même, deviendra citoyen romain.

Le second argument n'est pas plus solide. On ne peut nier, il est vrai, que les droits du premier affranchissant seraient considérablement restreints si le latin obtient le droit de cité, car alors il pourra, par testament, exclure le patron de sa succession, et ses descendants agnats passeront avant la famille du patron. Mais de ce qu'un acte restreint la sphère des droits d'une personne, peut-il s'ensuivre que cet acte soit illégal et ne doive produire aucun effet? S'il repose sur une base juridique, il n'y a pas à considérer s'il nuit ou non à quelqu'un ; le simple dommage qui découle de cet acte pour autrui ne peut pas être allégué comme un argument tendant à prouver son illégalité.

Mais, en outre, les principes généraux se prononcent formellement dans le sens contraire ; deux textes, que nous allons rapporter à cause de leur importance, le prouvent. Gaïus nous dit, en effet : « Unde si ancilla ex » jure Quiritium tua sit, in bonis mea, a me quidem » solo, *non etiam a te manumissa*, latina fieri potest » (I, § 167). Ce passage ne confirme-t-il pas d'une manière positive l'avis que j'émettais, à savoir, la possibilité de l'affranchissement par le seul propriétaire quiritaire et par suite de l'*iteratio*. Nous en trouvons une seconde

preuve dans le § 221. Vatic. fragm. : « *Si alius eum*
» *latinum fecerit alius iteraverit*, an utriusque liberorum
» tutelam suscipiat videndum, quasi utriusque meritum
» habeat. Nisi forte exemplo munerum, ut divus Marcus
» rescripsit apud originem ejus qui latinum fecit debere
» eum fungi, solius ejus liberorum tutelam suscepturum
» dicemus. » — Certains auteurs ont un tel penchant
vers l'opinion généralement admise qu'ils se sont efforcés
de tirer de ce passage un argument en leur faveur.
M. Zimmern (1), en particulier, a tenté de l'appliquer à
la défense de cette cause ; nous ne rapporterons pas ici
sa discussion, cela nous entraînerait trop loin ; nous nous
bornerons seulement à rejeter l'opinion qu'il professe avec
la majorité de la doctrine, pour nous rattacher en cette
matière à l'opinion si savamment défendue par M. de
Vangerow (2).

B. — Passons à la seconde conclusion qui découle du
système que nous combattons. Les défenseurs de cette
opinion ne se contentent pas de déclarer que le propriétaire *ex jure Quiritium* ne peut pas seul faire l'*iteratio*,
ils posent le principe suivant : le *manumissor*, acquérant
après l'affranchissement le *jus Quiritium* sur le latin, ne
pourra faire l'*iteratio* en sa faveur. — Nous avons établi
l'inexactitude de la première conséquence, la nouvelle
conclusion ne nous paraît pas plus solide. En effet, si
celui qui a la propriété quiritaire au moment de la première manumission peut faire l'*iteratio*, il en sera de

(1) Zimmern, *Geschichte des Römischen Privatrechts*, tom. I,
§ 213.
(2) De Vangerow, *über die Latini Juniani*, § 29.

même de celui auquel le *jus Quiritium* aura été transmis.
On présente, néanmoins, un texte formel en faveur de
l'autre système : « Iteratione fit civis romanus, qui,
» post latinitatem quam acceperat major triginta anno-
» rum, iterum juste manumissus est ab eo cujus ex jure
» Quiritium servus fuit » (Ulpien III, § 4). On argumente du mot *fuit*, et l'on soutient qu'on doit l'entendre
dans ce sens, à savoir, que pour que l'*iteratio* pût se faire,
le *manumissor* devait avoir le *jus Quiritium* sur l'esclave
au moment du premier affranchissement. A cela on peut
répondre simplement qu'Ulpien ne pouvait pas se servir
d'un autre temps pour dire que le *jus Quiritium* devait
exister au moment des deux manumissions ; or, comme
on l'a fait observer, il ne pouvait pas en parlant de celui
« *qui iterum juste manumissus est*, » dire « *servus
est.* »

C. — De ce qui précède, il résulte, sans aucun doute,
que l'on acceptait à Rome comme certain le principe
suivant : l'*iteratio* peut être faite, dans tous les cas, par
celui qui a le *jus Quiritium* sur le latin. Il serait, dès
lors, étonnant que celui qui aurait acquis ce droit par
succession ne pût s'en prévaloir. On l'a soutenu cependant en se basant sur une lettre de Pline le Jeune (1).
Cet auteur avait reçu de l'un de ses amis le « *jus latinorum suorum*, » et dans la lettre dont on argumente, il
s'adresse à l'empereur Trajan pour le prier d'accorder le
droit de cité à ces latins. Or, fait-on remarquer, si les
successeurs avaient pu remplir les formalités de l'*iteratio*,

(1) Pline, *Epistolæ*, lib. X, epist. 105.

Pline, qui était alors propréteur, aurait pu les affranchir par la vindicte devant lui-même, et il n'aurait pas eu besoin de s'adresser à l'Empereur. — Mais les défenseurs de ce système commettent une méprise facile à relever. Certes, si l'on avait légué à Pline la propriété quiritaire sur ces latins, l'argumentation que je viens de reproduire serait fondée; mais il est évident que le legs ne portait que sur les biens et non sur la personne de ces latins, et dès lors Pline n'était nullement autorisé à faire l'*iteratio*.

Enfin, pour résumer en quelques mots cette discussion, nous dirons que l'opinion généralement admise par la doctrine, prétendant que le droit de rendre le latin citoyen romain par une seconde manumission solennelle, ne doit être accordé qu'à celui qui avait l'esclave en pleine propriété au moment de la première manumission, est erronée; et l'on doit admettre, en se conformant, du reste, à de nombreux textes et aux principes généraux sur la matière, que ce droit appartient à toute personne ayant le *jus Quiritium* sur l'esclave, qu'elle fût ou non le premier *manumissor*, que ce droit lui appartint déjà au moment de la première manumission, ou qu'il l'eût acquis plus tard.

55. 2° La controverse s'engage encore relativement au latin affranchi avant sa trentième année. J'ai fait à ce sujet une distinction, en me rapportant toujours aux principes généraux, selon qu'il s'agissait d'un affranchissement solennel ou d'un affranchissement non solennel. Nous avons vu que, dans le premier cas, l'*iteratio* ne pouvait jamais se faire, qu'elle pouvait au contraire être

toujours accomplie dans le second, en admettant évidemment qu'à ce moment l'esclave eût atteint sa trentième année. — La doctrine repousse cette distinction, et l'on soutient que l'*iteratio* ne prend naissance que lorsque l'esclave est âgé de trente ans au moment du premier affranchissement.

Cette opinion se fonde sur un texte d'Ulpien qui semble la confirmer : « Iteratione fit civis Romanus, qui, post » latinitatem quam acceperat major triginta annorum, » iterum juste manumissus ab eo cujus ex jure Quiritium » servus fuit. Sed huic concessum est ut ex senatus- » consulto etiam liberis jus Quiritium consequi possit » (Ulpien, III, § 4). On raisonne ainsi : l'affranchi, avant sa trentième année, reste esclave et ne peut devenir latin que par un affranchissement testamentaire ; or, comme cela suppose que l'affranchissant est déjà mort, et que ses héritiers, ainsi qu'on le prétend dans ce système, ne peuvent faire l'*iteratio*, il est évident qu'en règle générale elle ne peut être accomplie qu'en faveur du *major triginta annorum*.

L'insuffisance de cette argumentation tombe sous les sens ; d'abord, il est entièrement faux que toute manumission testamentaire suppose la mort de l'affranchissant ; par la *libertas fideicommissaria* en particulier, l'esclave devient héritier de l'affranchissant. Et sur quelle raison plausible s'appuiera-t-on pour refuser le droit à l'*iteratio*, si, affranchi par une disposition testamentaire, il n'a pas atteint sa trentième année ? De même le mineur de trente ans devenait latin, si l'affranchissement *inter amicos* avait été précédé d'une *causæ probatio* (1); pourquoi donc ne permettrait-on pas au maître, dans cette hypothèse, de faire obtenir plus tard à l'affranchi la qualité de citoyen romain? On voit combien ce système est défectueux; du reste, il tombe de lui-même si l'on se rappelle, ainsi que je l'ai démontré, que l'affranchi par testament, mineur de trente ans, devient latin, et que le droit à l'*iteratio* n'est pas personnel au *manumissor*, mais qu'il passe à ses héritiers.

Nous trouvons un témoignage positif en faveur de notre opinion dans le § 14, *Disput. de manumiss.* — Dosithée nous apprend que l'affranchi *inter amicos*, quel que soit son âge, deviendra latin, et que le moyen d'arriver au droit de cité par l'*iteratio* ne sera ouvert que pour lui, et non pour celui qui aurait été solennellement affranchi, qui dès lors resterait latin. Par là il consacre la distinction que j'ai faite entre l'affranchissement solennel et l'affranchissement non solennel, et, rejetant l'*iteratio* dans le premier cas, il l'admet dans le second sans avoir égard à l'âge qu'avait l'esclave au moment de la manumission.

Quant au passage d'Ulpien, sur lequel on base le système que je combats, il me paraît susceptible d'une interprétation autre que celle qu'on lui donne; de ce que ce juriste n'a parlé que des *majores triginta annorum*, il ne s'ensuit pas à mon sens qu'il ait voulu refuser l'*iteratio* aux *minores triginta annorum*. Or, pour les premiers,

(1) La *causæ probatio apud consilium* pouvait être jointe à la *manumissio inter amicos*. Gaïus nous le dit expressément (I, § 41).

elle est possible dans tous les cas sans exception, car ils deviennent toujours latins. Pour les seconds, il faut faire des distinctions, ce qui était entièrement étranger au plan d'Ulpien, qui ne voulait présenter que des principes généraux. Je n'hésite pas à penser qu'Ulpien a eu seulement l'intention de dire que jamais l'*iteratio* ne pouvait intervenir à l'égard de latins, qui, à cause de leur jeunesse, n'avaient obtenu que le droit de latinité. Cette exception n'existait certainement pas à l'égard de tout affranchi *minor triginta annorum*, mais à l'égard de ceux-là seulement qui, à cause de leur jeune âge, n'avaient pu acquérir le droit de cité, quoiqu'ils eussent été affranchis solennellement par leur propriétaire quiritaire. L'âge n'est pris en considération que pour de tels affranchis ; car s'il s'agissait d'esclaves affranchis par le propriétaire bonitaire ou même *inter amicos*, ils deviendraient latins, quel que fût leur âge.

SECTION II.

DE LA CAUSÆ PROBATIO.

56. Après avoir parlé de ce mode d'acquérir le droit de cité qui se fonde sur l'essence du droit de latinité lui-même, et qui n'a pas besoin d'une loi positive pour base, je dois, en second lieu, m'occuper de certains modes qui tirent leur origine de la sanction expresse du législateur. Parmi ces derniers, celui qui doit nous arrêter le premier, est connu sous le nom de *causæ probatio;* il va faire l'objet de cette section.

57. A Rome, on en reconnaissait deux sortes, qui se

distinguaient par leur origine (Gaïus III, § 5 et 73). On
les désignait sous le nom de *causæ probatio ex lege Ælia
Sentia*, ou *anniculi probatio*, et de *causæ probatio ex
senatusconsulto*, ou *erroris probatio*. Je vais traiter de
chacune d'elles en particulier.

§ 1.

Causæ probatio ex lege Ælia Sentia, ou *anniculi probatio*.

58. Gaïus le premier nous a appris que la véritable
source de l'*anniculi probatio* était la loi *Ælia Sentia*.
Avant la découverte de ses écrits, aucun auteur ne par-
tageait cette opinion, car, dans le texte le plus important
en cette matière, Ulpien désignait la loi *Junia* comme sa
véritable source (Ulpien III, § 3). Cependant l'on ne s'en
était pas tenu à cette affirmation, et la doctrine, suivant
en cela l'opinion professée par Pithou (1), avait admis
que c'était la loi Julia et Papia Poppæa qui avait établi
cette *causæ probatio*. Aujourd'hui, il ne s'élève plus
aucun doute à cet égard. Quant à ce qui concerne le
fragment d'Ulpien, il est manifeste qu'il contient une
erreur provenant du copiste, et, ce qui le prouve, c'est
que, plus loin, ce jurisconsulte parle d'une *civis romana*
mariée, par erreur, à un pérégrin *quasi latino ex lege
Ælia Sentia* (Ulpien VII, § 4). C'est donc à cette loi qu'on
doit en attribuer l'établissement en faveur de ceux qui,

(1) Pithou, *Ad collationem legum Romanarum et Mosaica-
rum*, XVI, 6. — Jacq. Godefroid, *ad legem Juliam et Papiam
Poppæam*, c. IX.

par suite d'une de ses dispositions, au lieu d'une entière
et véritable liberté, n'avaient obtenu, si je puis m'exprimer ainsi, qu'une simple possession de liberté protégée
par le préteur, afin qu'ils pussent arriver au but qu'ils
se proposaient ; mais on doit reconnaître que c'est la loi
Junia qui l'introduisit en faveur des Latins Juniens.

59. C'est encore Gaïus qui nous apprend dans quels
cas l'*anniculi probatio* pouvait intervenir, et dans quelles
formes elle devait être faite. Peut seul la demander
l'homme qui, affranchi avant sa trentième année et étant
devenu latin, a épousé une femme d'une condition plus
élevée ou égale à la sienne et en a eu un enfant. Pour
l'obtenir, l'affranchi se présentera devant le magistrat,
et il devra faire la preuve de son mariage conclu devant
sept témoins citoyens romains et pubères, et dans la
forme *quærendorum liberorum causa* ; il devra prouver
en outre qu'il est né un enfant et qu'il est âgé d'un an
(Gaïus I, § 29 ; Ulpien III, § 3) (1).

60. Autrefois, on pensait que ceux qui, ayant été
affranchis avant leur trentième année, étaient devenus
latins, étaient seuls autorisés à demander l'*anniculi probatio*. L'opinion maintenant la plus accréditée est qu'on
ne l'accordait qu'aux affranchis par testament, et cela
s'explique par la différence entre la *manumissio vindicta*

(1) M. de Vangerow a trouvé une singulière ressemblance
entre cette *causæ probatio* et l'usucapion. De même, dit-il,
qu'une possession de plus d'une année convertit en fait la propriété bonitaire en propriété quiritaire ; de même l'affranchi,
au moyen de cet enfant âgé de plus d'un an, devait acquérir à
la place de l'*in bonis* sur lui-même, le *jus Quiritium* (*über
die Latini Juniani*, § 32, note 2).

et la *manumissio testamento* d'un *minor triginta annorum*.
Par la première, l'affranchi peut acquérir la liberté et le
droit.de cité au moyen de la *causæ probatio apud con-*
silium ; mais, par rapport à la seconde, il n'en était pas
ainsi : la *manumissio testamento* conférait bien à l'esclave
la qualité d'affranchi, mais comme le *manumissor* n'existait plus, il ne pouvait plus arriver à l'acquisition du
droit de cité ; il y avait, pour arriver à ce but, des
modes déterminés plus à la portée des affranchis, à
savoir, le mariage et la procréation d'un enfant. Mais, à
partir de la loi Junia, l'affranchissement d'un esclave
âgé de moins de trente ans, lui conférait la qualité de
latin ; dès lors la *causæ probatio* intervenait non seulement à l'occasion de la *manumissio testamento,* mais
même à l'occasion de tout autre affranchissement. Je ne
partage pas cette dernière opinion, et je crois que l'application de cette *causæ probatio* devait se limiter aux
affranchis mineurs de trente ans. Je me fonde sur une
raison historique : au temps d'Auguste, un penchant
très frappant vers le célibat se produisit dans l'empire et
se répandit autant chez les affranchis que chez les
ingénus. On voulut obvier à cela, et pour prévenir cette
fatale tendance auprès de ceux chez qui elle pouvait se
produire le plus souvent, chez les affranchis, la loi Ælia
déclara que les jeunes gens qui avaient été affranchis
avant d'avoir atteint leur trentième année, ne pourraient
plus, comme autrefois, acquérir le droit de cité, à moins
qu'ils ne l'eussent mérité par un mariage régulier et la
naissance d'un enfant. Ce ne fut que plus tard que le
sénatusconsulte Pégasien abolit cette limitation (Gaïus,

I, § 31). Dès lors tout latin, de quelque manière qu'il eût été affranchi, pouvait acquérir le droit de cité par *causæ probatio*.

61. Un autre point important à observer ici, c'est que *l'anniculi probatio* n'était accordée qu'aux latins mâles et que la femme latine ne pouvait s'en prévaloir : ce qui prouve l'exactitude de cette assertion, c'est que Gaïus et Ulpien, dans leurs commentaires relatifs à cette matière, ne parlent jamais que du latin ayant épousé une latine ou une citoyenne romaine, tandis qu'ils ne parlent jamais de la latine qui s'est mariée avec un latin coloniaire ou avec un citoyen romain. On en a une autre preuve dans la manière dont ils ont développé les cas particuliers de l'*erroris probatio*. Celle-ci sera accordée à la citoyenne romaine qui aura épousé un pérégrin qu'elle croyait citoyen romain ou Latin Junien (Gaïus, I, § 68). Un citoyen romain ne pourra s'en prévaloir que s'il prend pour femme une pérégrine, qu'il croyait citoyenne ; mais elle ne lui sera pas accordée s'il croyait que la pérégrine, qu'il épouse, était latine, parce que, dans cette dernière hypothèse, son erreur ne lui cause pas un grand dommage (Gaïus, I, § 71). De là il résulte que le mariage d'un citoyen romain et d'une latine ne peut pas, par *l'anniculi probatio*, se convertir en *justæ nuptiæ*, et que les enfants nés de cette union ne seront jamais les *justi patris filii*. L'*erroris probatio* appartient encore au latin, qui, pensant se marier avec une pérégrine, épouse une latine ou une citoyenne romaine (Gaïus, I, § 70) ; elle ne peut jamais être accordée à une femme latine que dans le cas où elle aurait pris pour mari un pérégrin,

et non dans le cas où elle aurait pensé qu'il était citoyen romain (Gaïus, 1, § 69). Ce résultat s'explique par notre observation précédente.

Donc, en résumé, nous devons admettre que le droit à l'*anniculi probatio* n'appartenait qu'aux latins mâles, et même dans les premiers temps, ce n'était qu'autant qu'ils avaient été affranchis par testament, restriction qui fut, ainsi que nous l'avons vu, abolie par le sénatusconsulte Pégasien.

62. Pour que le latin pût jouir du droit que lui accordait la loi Ælia Sentia, il devait, avant tout, ainsi que je l'ai fait déjà remarquer, épouser une femme de condition plus élevée ou tout au moins de même condition que lui, soit par conséquent une citoyenne romaine, une latine coloniaire ou une Latine Junienne. Cette union devait être contractée devant sept témoins et dans la forme *liberororum quærendorum causa*. Il est incroyable que la loi Ælia Sentia ait parlé d'un véritable mariage, car on sait que ceux qui *in libertate morabantur*, étaient encore esclaves et ne pouvaient dès lors contracter une pareille union. Quelques auteurs ont prétendu, en suivant l'opinion d'Hollweg (1), qu'ils pouvaient contracter un *matrimonium juris gentium*, parce qu'ils étaient libres d'après le *jus gentium*. Je crois que la loi Ælia Sentia ne parlait que d'un *contubernium* et que ce fut la loi Junia, qui, la première, exigea le mariage comme une nécessité pour la *causæ probatio*. Les juristes romains admettaient, en se basant sur la loi Junia, que le connu-

_____

(1) Bethman-Hollweg. *de causæ probatione*, p. 91 et suiv

bium était accordé aux latins avec les citoyens romains ;
d'où il résultait que l'enfant, né d'un pareil mariage,
suivait la condition de son père, qu'il était latin comme
lui et qu'il ne devenait citoyen romain qu'après l'accomplissement de l'*anniculi probatio*. Un sénatusconsulte
d'Adrien abrogea plus tard cet état de choses (Gaïus I,
§ 80).

63. Pour qu'il y eût lieu à l'*anniculi probatio*, une
autre condition était nécessaire : il fallait que du mariage contracté dans les formes que nous avons énumérées, il fût né un enfant, fils ou fille, peu importait (1),
et qu'il fût âgé d'un an. — Pour le calcul de l'âge de
l'enfant, la règle admise se trouve dans le f. 134, D. *de
verb. signif.* 50, 16 : « *Anniculus* non statim ut natus
» est, sed trecentesimo sexagesimo quinto die dicitur,
» incipiente plane, non exacto die, quia annum civiliter,
» non ad momenta temporum, sed ad dies numera-
» mus (2). » Par conséquent, l'enfant né le premier
janvier mourant le trente et un décembre est, au moment
de son décès, *anniculus*, et ses parents seraient admis à
demander la *causæ probatio*. Cette manière de compter,
quoiqu'elle puisse paraître singulière, correspond à la
règle de la *computatio civilis*. En principe, l'on compte
ex die ad diem et non *a momento ad momentum*, et je
pense que pour le calcul de l'*anniculus* il faut appliquer
la règle : *Dies cæptus pro impleto habetur.*

64. Enfin, l'*anniculi probatio* devait se faire devant

---

(1) Gaïus, I, §§ 72, 73. — Ulpien, III, § 3.
(2) F. 132, D. *de Verb. signif.* 50, 16.

un magistrat, à Rome, devant le préteur, dans les provinces devant le président. Ici on n'exige pas de *consilium*, parce qu'il ne s'agissait que de la preuve de faits exactement déterminés (1). Il n'était pas besoin pour faire cette preuve que le latin fût encore vivant; elle pouvait être faite après sa mort, et, dans ce cas, sa femme et son enfant acquéraient le droit de cité (Gaïus I, § 32; II, § 142).

§ 2.

De la causæ probatio ex senatusconsulto, ou erroris probatio.

65. L'*erroris probatio* a une portée plus générale que l'*anniculi probatio;* celle-ci n'a pour but que d'ouvrir une voie à l'acquisition de la cité pour les latins ; par l'*erroris probatio* non seulement les latins, mais encore les pérégrins peuvent devenir citoyens romains.

66. La question de l'origine de cette *causæ probatio* ne soulève plus de doute; autrefois, on admettait que c'était la loi Ælia Sentia qui l'avait introduite dans la législation ; cette opinion se basait sur un passage d'Ulpien (VII, § 4). Depuis la découverte des manuscrits de Gaïus, on a dû, devant les textes formels de cet auteur, réformer cette croyance et admettre qu'elle tirait son origine d'un sénatusconsulte (Gaïus I, § 67; II, § 142, etc.). On ne connaît pas d'une manière certaine

(1) Zimmern, *Geschichte des Römischen Privatrechts*, t. I, p. 211, note 3.

la date de ce sénatusconsulte, cependant la doctrine s'accorde à le placer après la loi Ælia Sentia et avant le règne d'Adrien (1).

Avant qu'on eût retrouvé les ouvrages de Gaïus, l'*erroris probatio* n'était connue que par le § 4, tit. VII d'Ulpien, passage rempli d'interpolations. Aussi doit-on s'en rapporter entièrement à Gaïus, qui présente, du reste, des textes on ne peut plus précis (Gaïus I, § 67 et suiv.).

67. D'après ce jurisconsulte, il y a lieu à l'*erroris probatio* dans cinq cas :

1º Si un citoyen romain épouse une femme latine, pérégrine ou déditice, la croyant citoyenne romaine, l'enfant issu de cette union ne tombe pas sous la puissance de son père, parce qu'il n'est pas né citoyen romain. Dans ce cas, un sénatusconsulte lui permet de *causam erroris probare* ; par suite, sa femme et son enfant acquièrent le droit de cité, et à partir de ce moment l'enfant retombe sous sa puissance. C'est par exception que ce droit fut accordé à la femme déditice, car, en général, elle ne pouvait obtenir le droit de cité (Gaïus I, § 67).

2º De même, si une citoyenne romaine se marie avec un pérégrin ou un déditice qu'elle croyait romain ou latin, on lui permet, si elle se conforme aux dispositions de la loi Ælia Sentia de *causam erroris probare ;* son mari et son enfant deviendront citoyens romains, et l'enfant commencera, dès-lors, à être soumis à la puissance

_____

(1) Gaïus, I, § 73 ; II, § 143 ; III, § 73.

paternelle. Mais a-t-elle épousé un déditice, comme celui-ci ne devient pas citoyen romain, l'enfant, qui obtient le droit de cité, ne retombe pas *in potestatem patris* (Gaïus 1, § 68).

3° Il en est de même si une latine épouse un pérégrin, pensant se marier avec un latin (Gaïus 1, § 69).

4° Le latin, qui a épousé e *lege Ælia Sentia* une pérégrine qu'il croyait latine ou citoyenne romaine, peut également *causam erroris probare* (Gaïus 1, § 70).

5° Enfin, on arrive au même résultat dans le cas d'un citoyen romain, qui, se croyant latin, a épousé une latine, ou qui se croyant pérégrin a épousé une pérégrine (Gaïus 1, § 71).

68. Telles sont les décisions de Gaïus en cette matière; comparons-leur le passage d'Ulpien, que j'ai déjà mentionné, et qui doit, à cause de son importance, être cité en entier : « In potestate parentum sunt etiam hi » liberi, quorum causa probata est, per errorem con- » tracto matrimonio inter disparis conditionis personas : » nam seu civis Romanus latinam aut peregrinam vel » eam quæ dedititiorum numero est, quasi per ignoran- » tiam uxorem duxerit, sive civis Romana per errorem » peregrino vel ei qui dedititiorum numero est, aut etiam » quasi latino ex lege Ælia Sentia nupta fuerit, causa » probata civitas datur tam liberis quam parentibus, » præter eos qui dedititiorum numero sunt; et ex eo » fiunt in potestate parentum liberi (Ulpien VII, § 4). »

A la simple lecture de ce fragment, il tombe sous les sens qu'il a été corrompu. Il se présente une difficulté d'abord à l'occasion de la phrase : *quasi per ignoran-*

tiam uxorem duxerit. Pour que cela ait un sens précis, on est obligé d'effacer le mot : *quasi,* ou, si on le conserve de le faire suivre immédiatement des mots : *civem romanam.* Faber fut le premier qui émit cette opinion, dont on ne peut plus nier l'exactitude après la comparaison avec Gaïus I, § 67 (1) (Voir aussi Gaïus II, § 142).

Mais la difficulté augmente encore devant les mots : *aut etiam quasi latino ex lege Ælia Sentia nupta fuerit,* car elle n'est pas seulement soulevée par le mot *quasi,* mais aussi par l'expression *ex lege Ælia Sentia.* Autrefois, Pithou proposa une explication qui eut l'approbation de tous les meilleurs romanistes (2). D'après lui, ce passage devait se lire de la manière suivante : « *aut* » *etiam si latino nupta fuerit, ex lege Ælia Sentia causa* » *probata.* » Remarquons, en passant, que c'est de là que naquit l'opinion admise jusqu'à notre époque, que l'*erroris probatio* avait été innovée par la loi Ælia Sentia. Il est inutile de réfuter cette opinion, et Gaïus nous apprend formellement que c'est un sénatusconsulte et non cette loi qui introduisit l'*erroris probatio* dans la législation, et de plus, on connaît très bien aujourd'hui le sens de l'expression : *ex lege Ælia Sentia nubere,* puisque c'était cette loi et non la loi Junia qui avait joint l'*anniculi probatio* à une forme matrimoniale particulière. De plus, si l'on compare ce passage à Gaïus I, § 68, on

(1) Cujas, *Observat.* lib. VI, c. XXXVII. — Pithou, *ad collat. leg. Rom. et Mos.* tit. XVI.

(2) Cujas, *Observat.,* lib. XV, cap. XIII. — Pithou, *ad collat. leg. Rom et Mos.* tit. XVI.

acquiert la certitude qu'il doit être lu ainsi : « Sive civis
» romana per errorem peregrino, vel ei qui dedititiorum
» numero est, *quasi civi romano* aut etiam quasi latino
» ex lege Ælia Sentia nupta fuerit (1). »

69. Une question tout aussi importante nous reste à
résoudre : Gaïus (I, § 67 et suiv.) a-t-il présenté les
divers cas qu'il a énumérés à titre d'exemple, c'est-à-dire
comme des applications d'un principe général, ou a-t-il
donné une énumération complète, de sorte, qu'en matière
d'*erroris probatio*, on ne doive admettre que ceux qu'il a
mentionnés? Je crois que c'est la première opinion que
l'on doit adopter. La seconde se fonde sur ce que le
sénatusconsulte ayant énuméré ces divers cas, en a, par
suite, interdit l'extension par analogie. Une telle loi, ne
s'appliquant qu'à quelques cas limités, paraît tout-à-fait
extraordinaire à une époque où la législation romaine
était sur le point d'arriver à son apogée; et il semble
étonnant, sinon impossible que dans ce cas le Sénat ait
procédé au choix des cas avec des restrictions aussi
incroyables que nombreuses. Ainsi ce sénatusconsulte,
par exemple, accordait l'*erroris probatio* au citoyen
romain, qui, se trompant sur sa propre condition et se
croyant latin ou pérégrin, contractait un mariage désavantageux pour lui (Gaïus I, § 71); mais d'après les
défenseurs du système que nous combattons, il ne l'accordait ni à la citoyenne romaine, ni au latin, ni à la

(1) M. Pellat admet les deux corrections indiquées ici dans
son *Manuale juris synopticum*, p. 733, 3me édition. — Dans le
même sens, Zimmern, *Geschichte des Römischen Privatrechts*,
t. I p. 781, note 14.

5

latine, alors même qu'ils eussent été induits en erreur sur la condition de leur conjoint. Plutôt que d'admettre cette conséquence étrange, je préfère penser que Gaïus parlait à titre d'exemple ; telle était, du reste, l'opinion d'Ulpien, puisqu'il ne reproduit que quelques-uns des cas mentionnés par Gaïus.

On pourrait trouver un argument pour la défense de l'autre système dans Gaïus (I, § 87) ; il résulte de ce passage que l'*erroris probatio* ne devait pas être toujours admise, mais seulement dans certains cas, à la vérité fréquents, et dès lors on peut en conclure que ces cas sont ceux énumérés par le sénatusconsulte. A l'encontre de cet argument, je ferai remarquer que le Sénat n'avait pas prévu tous les cas d'erreur qui rendent un mariage désavantageux, qu'il n'avait eu égard qu'à l'erreur sur la condition, et même dans les cas seulement où le motif du mariage entraînait un préjudice évident. Aussi, est-ce avec juste raison que Gaïus pouvait dire que le sénatus-consulte n'avait consacré que pour quelques cas le pré-judice occasionné à l'un des conjoints par un mariage entaché d'erreur.

70. Cela posé, recherchons les caractères communs que paraissent revêtir les différents cas énumérés par Gaïus, pour qu'il pût y avoir lieu à l'*erroris probatio* :

1º Il devait d'abord y avoir un mariage contracté, par suite duquel le consentement de l'un des époux était entaché d'erreur sur la condition, soit sur la sienne pro-pre, soit sur celle de son conjoint.

2º Ce mariage devait entraîner un préjudice dans les rapports putatifs. De là la conséquence que l'*erroris*

probatio n'aurait pas été admise, si la personne coupable
de l'erreur, alors même qu'elle eût porté sur sa personne,
avait contracté un mariage avantageux avec un conjoint
par elle choisi. Ce serait, dès-lors, en vain qu'une erreur serait alléguée par une personne, qui, connaissant
son état juridique, contracterait un mariage en rapport
avec sa condition. C'est pour cela que l'on refuse l'*erroris
probatio*, lorsqu'un citoyen romain épouse une pérégrine
qu'il croyait latine, ou une latine qu'il croyait pérégrine (1), lorsqu'une citoyenne romaine épouse, sans se
conformer aux formalités de la loi Ælia Sentia, un pérégrin qu'elle croit latin (2), lorsqu'une latine épouse un
pérégrin qu'elle croyait latin (3), etc. Ce principe établi,
on doit l'appliquer même lorsqu'une personne se marie
avec un tiers, avec lequel elle eût pu contracter un mariage en rapport avec sa condition juridique si elle n'eût
pas été dans l'erreur, pourvu, toutefois, que ce mariage,
à raison de l'erreur, paraisse n'être pas en rapport avec
sa condition. Un exemple éclaircira ce point : une
citoyenne romaine peut contracter un véritable mariage
avec un latin, si *ex lege Ælia Sentia nupserit*. Mais si
elle n'a pas rempli cette condition, croyant que son

(1) D'après Gaïus (I, § 67 ; II, § 112), aussi bien que d'après
Ulpien (VII, § 4), il est nécessaire, si un citoyen romain
épouse une latine ou une pérégrine, qu'il la prenne pour une
citoyenne romaine.

(2) Gaïus, I, § 68.

(3) Gaïus, I, § 69, dit formellement : « Item si latina pere-
» grino quem *latinum* esse crederet nupserit. » Le cas où
elle aurait épousé un pérégrin le croyant citoyen romain a
été évidemment omis intentionnellement.

futur conjoint était pérégrin et non latin, elle ne sera pas admise à invoquer l'*erroris probatio*, parce que, par le fait seul qu'elle a épousé un homme qu'elle croyait pérégrin, elle a prouvé que la condition de cet homme ne détournait pas son consentement d'un pareil mariage.

3º Le mariage doit entraîner, pour celui de qui émane l'erreur, un préjudice caché par elle. Peu importe, du reste, en quoi consiste ce préjudice. Qu'un individu pense contracter un *justum matrimonium*, que, par suite de cette union, il espère acquérir la puissance paternelle sur l'enfant à naître du mariage, ou le droit de cité, etc., et que son espoir soit déçu à cause de son erreur, dans tous les cas, le bienfait du sénatusconsulte s'appliquera en sa faveur.

4º Un enfant, garçon ou fille, peu importe, doit être né de ce mariage (Gaïus I, § 72). Mais pour pouvoir invoquer l'*erroris probatio*, est-il nécessaire que cet enfant soit âgé d'un an ? Je crois qu'on doit répondre à cette question par une distinction. Le sénatusconsulte voulait certainement que les préjudices causés par l'erreur fussent seuls couverts, mais non que la personne, du chef de laquelle elle provenait, pût par suite de sa propre erreur être placée dans une condition meilleure que celle dans laquelle elle se fût trouvée sans son erreur. Celle-ci, à proprement parler, ne devait pas entraîner un avantage, elle devait se borner à ne pas nuire aux conjoints. Tel était, à mon avis, le sens du sénatusconsulte et le but qu'il se proposait. Cela admis, la réponse à notre question se présente naturellement. Si la personne de laquelle émane l'erreur est un latin ou une latine, l'enfant doit nécessairement être âgé d'un an, car ce n'est, dans notre hypothèse, qu'à cette condition que ces personnes peuvent acquérir le droit de cité ; s'il s'agit au contraire d'un citoyen romain ou d'une citoyenne romaine, dans le cas d'erreur le bénéfice du sénatusconsulte leur sera accordé, pourvu que l'enfant soit né. C'est, du reste, par cette distinction, que Gaïus résout cette question dans un texte malheureusement rempli de lacunes (Gaïus, 1, § 73) : cependant, des mots lisibles, il résulte d'une manière formelle qu'il existait certains cas dans lesquels l'*erroris probatio* ne pouvait être admise, qu'à la condition que l'enfant eût un an.

71. Le concours de ces quatre conditions était nécessaire pour que l'*erroris probatio* pût être accordée. Dès lors l'essence de cette *causæ probatio* consistait en cela que la personne, de laquelle provenait l'erreur, après en avoir fait la preuve devant le magistrat compétent, acquérait le droit de cité ainsi que son conjoint et son enfant.

72. Voyons maintenant dans quels cas un latin ou une latine peut, par l'*erroris probatio*, acquérir le droit de cité :

1° Pouvaient acquérir le droit de cité par l'*erroris probatio*, le latin et la latine qui se mariaient sans observer les prescriptions de la loi .Elia Sentia, parce que l'un d'eux se croyait, ainsi que son conjoint, citoyens romains, ou parce que l'un d'eux se croyait pérégrin. Gaïus et Ulpien n'ont pas parlé de ce cas ; cependant il résulte du § 4, tit. VII d'Ulpien, que le jurisconsulte ne l'admettait pas, parce qu'il n'accorde l'*erroris probatio* qu'entre *disparis conditionis personas*. Cela n'est pas une preuve suffisante pour rejeter notre hypothèse. En général, l'erreur devra être entourée de conditions précises, car si l'un des époux se croyait seul citoyen romain et ne pensait pas que l'autre le fût, le bénéfice du sénatusconsulte disparaissait, parce que le latin devait, en se mariant, observer nécessairement les formalités de la loi Ælia Sentia, et que la latine ne contractait pas une union qui lui fût préjudiciable. Dans cette hypothèse, pour pouvoir *causam erroris probare*, la présence d'un *anniculus* est de toute nécessité.

2° Il en est de même si un latin épouse une citoyenne romaine sans se conformer aux prescriptions de la loi Ælia Sentia, parce qu'il se croit par erreur citoyen romain ou pérégrin. Ce cas n'est pas mentionné par Gaïus et Ulpien ; cependant tous les principes relatifs à l'*erroris probatio* nous conduisent nécessairement à l'admettre. Un latin croit-il que sa femme est latine ou pérégrine, il ne peut réclamer le bénéfice du sénatusconsulte, parce que dans la première hypothèse il aurait dû se conformer à la loi Ælia Sentia, et que, dans la seconde, le fait seul de son union prouve qu'il n'a pas essayé de parvenir à une amélioration de sa condition. Dans ce cas, il ne suffit pas qu'il soit né un enfant, il devra de plus être âgé d'un an.

3° Si un latin épouse une pérégrine, dans la pensée qu'il est citoyen romain et que sa conjointe est citoyenne, ou parce qu'il se croit lui-même pérégrin, ou parce qu'il prend simplement la pérégrine pour une citoyenne romaine, il sera admis à *causam erroris probare*. Remar-

quons que, dans ces derniers cas, il est nécessaire de se
soumettre aux formalités de la loi Ælia Sentia. Gaïus
prévoit cette hypothèse ; cependant il ne mentionne ni le
cas dans lequel le latin se croit citoyen romain et pense
que sa conjointe jouit de la même condition, ni le cas
dans lequel il se croit pérégrin (Gaïus, I, § 70). S'il
s'imagine être seul citoyen romain, le sénatusconsulte ne
peut lui être appliqué par suite des principes déjà
exposés et sur lesquels je n'ai pas besoin de revenir. Du
reste, comme dans les deux premiers cas, la présence
d'un *anniculus* est nécessaire.

1° Le résultat est le même, si une latine épouse un
citoyen romain, se croyant elle-même citoyenne romaine,
ou pensant que son mari est latin : dans cette dernière
hypothèse, l'observation de la loi Ælia Sentia est absolument exigée. — Bien que Gaïus n'ait rien dit de ce cas,
on ne peut révoquer en doute son exactitude, qui résulte
clairement des principes généraux émis sur la matière.
L'*erroris probatio* ne sera pas accordée si la femme s'était
mariée avec un citoyen romain qu'elle avait pris pour un
latin ou un pérégrin sans s'être conformée aux prescriptions de la loi Ælia Sentia. — L'existence de l'*anniculus*
est encore requise dans ce cas.

3° L'*erroris probatio* pourra être invoquée par la latine, qui a épousé un pérégrin, se croyant citoyenne
romaine et pensant que le pérégrin est aussi citoyen
romain, ou bien si elle se croit pérégrine, ou encore lorsqu'elle croit que son conjoint est latin ; mais, dans cette
dernière hypothèse, le mariage doit être célébré conformément aux dispositions de la loi Ælia Sentia. Gaïus

mentionne ce cas, mais d'une manière incomplète, car il ne parle pas de l'erreur de la femme sur sa propre condition (Gaïus I, § 69) (1). L'erreur ne devra pas être prise en considération, si la femme latine, s'étant crue citoyenne romaine, ou ayant pris son mari pour un citoyen romain ou un latin, n'a pas observé les prescriptions de la loi Ælia Sentia. — Il faut encore dans cette hypothèse qu'il y ait un *anniculus*.

6° Le droit à l'*erroris probatio* est encore accordé au citoyen romain, qui a épousé une latine se croyant pérégrin ou latin et qui a accompli les formalités de la loi Ælia Sentia, ou parce qu'il a cru que la latine était citoyenne romaine. — Gaïus mentionne ce cas sur lequel il ne s'élève pas de difficultés (Gaïus I, § 67; voir aussi Gaïus II, § 142, et Ulpien VII, § 4). Dans cette hypothèse, il n'est pas nécessaire que l'enfant soit âgé d'un an, il suffit qu'il soit né.

7° Enfin, il en est de même si une citoyenne romaine épouse un latin, sans observer la loi Ælia Sentia, alors qu'elle se croit pérégrine, ou qu'elle croit son mari citoyen romain. Si la citoyenne romaine se prend pour une latine et qu'elle observe la loi Ælia Sentia, l'*erroris probatio* lui sera accordée de préférence à l'*anniculi probatio*, parce que pour la première, la naissance de l'enfant est seule exigée, tandis que, pour la seconde, il faut que l'enfant soit âgé d'un an.

(1) Dans ce passage Gaïus ne parle pas de la nécessité de l'observation de la loi *Ælia sentia*; cet oubli provient d'une simple négligence, car la nécessité de cette observation découle aussi bien des principes généraux que de la comparaison de ce texte avec le § 70.

§ 3.

Des effets de la causæ probatio.

73. Jusqu'ici, je n'ai parlé que des caractères généraux de l'*anniculi probatio* et de l'*erroris probatio*; je vais maintenant examiner quels sont les effets qu'elles produisent.

74. I. — Ces deux genres de *causæ probatio* confèrent au latin le droit de cité; par eux il est acquis, non seulement pour la personne en qui a pris naissance le droit à l'obtenir, mais aussi pour son conjoint et pour l'enfant né du mariage. Cependant, il faut remarquer, par rapport au conjoint, que cet effet ne peut se produire, s'il est déditice, car dans ce cas, l'acquisition du droit de cité lui est toujours de plein droit refusée. Nous ne nous arrêterons pas plus longtemps sur ce premier effet, qui a été prévu dans le paragraphe précédent, et qui a été suffisamment expliqué pour que nous n'ayons pas besoin d'y revenir.

75. II. — La *causæ probatio*, en général, produit un second effet tout aussi important que le premier : le mariage qui, jusqu'à ce moment, avait été considéré comme un *matrimonium juris gentium*, se change en *justæ nuptiæ*; dès-lors le père acquiert la *patria potestas* sur les enfants à naître du mariage. Mais ici se présente la question de savoir ce qui advient de l'enfant né auparavant; tombe-t-il sous la puissance paternelle, ou demeure-t-il *sui juris homo*? La question ne se pose que dans le cas de l'*anniculi probatio*, car, dans le cas de l'*erroris probatio*,

tous les textes relatifs à la matière déclarent expressément que la puissance paternelle prend naissance (1).
Bien que cette question s'écarte un peu du plan que je
me suis proposé, je vais examiner néanmoins les arguments qui ont été présentés pour la défense des deux
opinions, à cause de l'extrême intérêt qu'elle offre et des
vives controverses qu'elle a soulevées.

1er Système. — La *patria potestas* ne prend pas naissance, et par suite l'enfant demeure *sui juris*.

1° Ulpien garde le silence sur ce point, tandis qu'il
déclare formellement que le père obtient la puissance
paternelle par l'*erroris probatio*. Si l'*anniculi probatio*
avait produit le même effet, il l'aurait mentionné (Ulpien VII, § 4).

2° Gaïus, dans le passage où il traite particulièrement la matière de l'*anniculi probatio*, ne dit pas que
par elle le père puisse acquérir la *patria potestas;* il
n'observe pas le même silence à l'égard de l'*erroris probatio* à laquelle il attribue cet effet (Gaïus I, § 67).

3° Gaïus passe encore sous silence l'*anniculi probatio*
dans un paragraphe où il aurait dû en être fait mention,
si, à Rome, on lui avait attribué l'effet de faire obtenir
dans notre hypothèse la *patria potestas* au père (Gaïus I,
§ 87). Dans ce passage, en effet, ce jurisconsulte nous
apprend que, dans certains cas, la puissance paternelle
ne prend pas naissance par suite du mariage; là, il cite
la *causæ probatio ex senatusconsulto*, sans rien dire de la
causæ probatio ex lege Ælia Sentia.

(1) Ulpien. VII, § 4. — Gaïus, I, §§ 67 et suiv.; II, §§ 142,
143; III, § 5. — *Coll. leg. Rom. et Mos.* tit. XVI, § 2, 3, 6.

4º Enfin, on tire un dernier argument de ce que le sénatusconsulte promulgué sous Adrien, qui déclarait que l'enfant né du mariage d'un latin et d'une citoyenne romaine deviendrait *ipso jure* citoyen romain, serait inexplicable. Avant cette époque, en effet, le latin pouvait acquérir la puissance paternelle par la *causæ probatio;* il ne pouvait plus en être ainsi après la promulgation de ce sénatusconsulte, puisque l'enfant était devenu citoyen romain avant qu'on eût intenté la *causæ probatio,* et qu'il ne pouvait plus retomber sous cette puissance ; et cela par application du principe que l'enfant suit la condition de sa mère ; d'où il résultait, dans notre hypothèse, qu'il ne retombait plus, comme autrefois, sous la *patria potestas.* Il est à présumer que ce sénatusconsulte n'avait pas pour but de causer un tel préjudice au père latin, et s'il en était ainsi on aurait tout lieu de s'étonner que Gaïus n'en eût rien dit.

2º Système. — L'enfant tombe sous la puissance paternelle.

1º Les défenseurs de cette opinion invoquent, comme les défenseurs du système contrair·, le témoignage de Gaïus, car ce jurisconsulte a déclaré d'une manière irréfutable que la puissance paternelle était conférée par la loi Ælia Sentia : « Idem de juris est de his, quorum » nomine *ex lege Ælia Sentia,* vel ex senatusconsulto » post mortem patris causa probata *in potestate ejus* » *futuri essent (Coll. leg. et Rom. et Mos.,* tit. XVI, § 2 ; » Gaïus III, § 5). »

2º Ulpien désigne comme base de la *consanguinitas* la *causæ probatio* en général, et non pas seulement la *causæ probatio ex senatusconsulto* (*Coll. leg. Rom. et Mos.*, tit. XVI, § 6).

3° On tire un argument d'analogie du cas dans lequel un citoyen romain, se croyant latin, aurait épousé une latine ; dans cette hypothèse il peut valablement *erroris causam probare, tanquàm si ex lege Ælia Sentia uxorem duxerit* (Gaïus I, § 71). Dans ce cas, l'*erroris probatio* lui confère la puissance paternelle, il semble résulter, par analogie, que la loi Ælia Sentia pouvait également la conférer au latin.

Tels sont les arguments que l'on présente pour la défense des deux systèmes. Je n'hésite pas à me ranger à la dernière opinion et à déclarer que la puissance paternelle est positivement acquise au moyen de l'*anniculi probatio*. Du reste, n'aurions-nous à cet égard aucun témoignage précis, nous devrions en arriver à la même conclusion. On ne peut admettre, en effet, que celui de qui émane l'erreur pût acquérir par la *causæ probatio* un avantage plus grand que celui qu'il lui serait possible d'obtenir s'il ne s'était pas trompé. Que l'on considère, en outre, la décision de Gaïus, que si un latin a épousé *ex lege Ælia Sentia* une pérégrine qu'il croyait latine ou citoyenne romaine, il doit acquérir la puissance paternelle sur les enfants nés de ce mariage (Gaïus I, §§ 69 et 70). On ne peut plus, dès-lors, refuser d'admettre le même résultat à l'égard d'un latin qui a épousé une femme réellement latine ou citoyenne romaine.

De plus, nous avons dans ce sens le § 66 du commentaire I de Gaïus. Les adversaires de notre système ont bien prétendu qu'on ne devait pas argumenter de ce

passage, parce que les mots décisifs en notre matière
étaient illisibles dans le manuscrit ; mais le sens ressort
suffisamment des §§ 65 et 67, pour qu'on puisse affirmer
que Gaïus admettait que le latin acquérait la puissance
paternelle par l'*anniculi probatio*, non seulement sur les
enfants nés après l'exécution de cette formalité, mais
sur ceux aussi qui étaient nés avant.

Cela posé, il me reste à réfuter successivement les
arguments présentés par les défenseurs de l'opinion
contraire :

1° On ne peut pas argumenter du silence d'Ulpien,
car, alors même qu'on aurait son *Liber singularis regu-
larum* complet, les nombreuses lacunes qui se trouvent,
en général, dans tout l'ouvrage, et surtout dans le
titre VII, ne permettraient pas de connaître son opinion
d'une manière certaine.

2° Si Gaïus, à l'endroit où il a traité *ex professo* la
matière de l'*anniculi probatio*, ne l'a pas mentionnée
comme donnant naissance à la puissance paternelle, c'est
qu'il n'a voulu parler que de son principal effet : l'acquisition du droit de cité. Il traite, en effet, de cette matière
au titre qui a pour rubrique : *Quibus modis latini ad
civitatem romanam perveniant.* ·

3° On argumente encore de l'absence de mention de
l'*anniculi probatio* dans Gaïus (I, § 87), et l'on tire de
ce silence une preuve contre l'acquisition de la puissance
paternelle par la *causæ probatio ex lege Ælia Sentia*.
Pour moi, cela n'a rien d'extraordinaire, car l'*anniculi
probatio* ne vient jamais à l'aide du mariage d'un citoyen
romain, mais seulement d'un latin ; et des termes absolus

employés par Gaïus, il résulte que, dans le cas du mariage d'un latin, la *patria potestas* n'est pas accordée au père, non pas parce que l'enfant suit la condition de la mère, mais parce qu'il faut être citoyen romain pour se prévaloir de la puissance paternelle.

4º Le dernier argument repose sur la supposition que le sénatusconsulte d'Adrien avait l'intention de faire une innovation. Ce point de vue est erroné et doit être repoussé. Mais, même en admettant que depuis cette époque le fils d'une citoyenne romaine, mariée à un latin, devienne citoyen romain, je ne puis comprendre comment ce changement devait avoir pour conséquence que le père ne pût plus acquérir la puissance paternelle par la *causæ probatio*. L'on dit que l'*anniculi probatio* ne peut plus produire aucun effet à l'égard de l'enfant né de cette union, parce qu'il est citoyen romain ; cela est incontestable au point de vue de l'acquisition du droit de cité, mais ce n'est pas aussi évident quant à la puissance paternelle.

76. III. — Enfin, de ce que la *patria potestas* est conférée par l'*anniculi probatio*, il s'ensuit que l'enfant deviendra *heres suus ;* tel est le cas, en effet, lorsque la *causæ probatio* se fait après la mort du père (1). On se demande à ce sujet si le testament fait par le père avant l'accomplissement de la *causæ probatio* était *ruptum*.

_____

(1) Gaïus, III, § 5. — *Coll. leg. Rom. et Mos.* tit. XVI, §§ 2 et 3. — Le père est-il mort avant la *causæ probatio*, il sera considéré, après l'accomplissement de cette formalité, comme citoyen romain au moment de sa mort, alors qu'à ce moment il n'eût été, en fait, que latin ou pérégrin.

Autrefois, ainsi que nous l'apprend Gaïus, il en était ainsi dans tous les cas, que l'enfant eût été institué, exhérédé ou omis, que la *causæ probatio* eût été faite entre-vifs ou après la mort du père. Adrien modifia ce point ; il déclara dans un sénatusconsulte que le testament du père serait maintenu si l'enfant avait été institué ou exhérédé; ou si la *causæ probatio* avait été accomplie après la mort du testateur (Gaïus, II, § 142, 143).

SECTION III.

DES DIVERS AUTRES MODES D'ACQUISITION DE LA CITÉ.

77. En outre des deux modes, au moyen desquels les Latins Juniens pouvaient obtenir le droit de cité, qui ont fait l'objet des deux sections précédentes, il en est encore d'autres, moins importants à la vérité, que je dois examiner.

78. 1º Les femmes latines ne pouvaient se prévaloir de l'*anniculi probatio ;* un sénatusconsulte, dont la date nous est inconnue, a introduit en leur faveur une exception remarquable ; il décide que la femme pourra acquérir le droit de cité, pourvu qu'elle ait mis au monde trois enfants illégitimes (*Vulgo quæ ter enixa.* Ulpien, III, § 1). Le *triplex enixus* remplace donc pour les femmes latines la *causæ probatio*, ainsi que le fait remarquer à juste raison, du reste, M. de Vangerow (1).

(1) M. de Vangerow, *über die Latini Juniani*, § 36, A. — Ce savant auteur rapporte dans ce paragraphe (note 1) les diverses corrections qui ont été proposées sur ce fragment

79. 2° Le second mode, qui se présente à nous, est connu sous le nom de *Beneficium principale* (Ulpien, III, § 2). L'empereur pouvait donner la qualité de citoyen romain à un affranchi latin ; personne ne s'en étonnera en présence de la toute-puissance accordée au chef de l'État ; mais, par suite, le propriétaire quiritaire se trouvait dépouillé de son droit de propriété. Trajan, frappé de cette iniquité, voulut y remédier, et il fit promulguer une Constitution (1), dans laquelle il déclarait que, si le *beneficium principale* avait été accordé malgré la volonté du patron ou à son insu, celui-ci conserverait le droit de venir *jure peculii* à la succession de l'affranchi, que cet affranchi n'aurait la *factio testamenti* qu'afin de pouvoir instituer le patron comme héritier, ou un tiers, si le patron ne voulait pas accepter la succession (Gaïus, III, § 72) Mais on remarqua bientôt que, pour garantir les droits du propriétaire, on lésait les intérêts de l'affranchi, en ce sens que, bien qu'assimilé toute sa vie à un citoyen romain, il devait toujours, au moment de sa mort, retomber dans son ancienne condition. C'est pourquoi un

d'Ulpien. Les anciens commentateurs, nous dit-il, changeaient unanimement *vulgo* en *celuti*, ce qui est inadmissible. Hugo, dans ses derniers travaux sur Ulpien, propose de lire : *vulgo quaesitum ter enixa.* — M. de Savigny pense que sous le mot *vulgo* se cache le nom du sénatusconsulte mentionné ci-dessus, et il croit qu'il s'agit du sénatusconsulte *Volusianum.* Enfin, Schilling (*animadver. critic.* p. 55 et suiv.) propose au lieu de *vulgo*, de lire *vulgaris* ou *virgo.*

(1) Il est fait mention de cette constitution de Trajan aux Instituts de Justinien dans le paragraphe *ult. de success. libert.* (III, 7), et au *corpus juris*, dans la C. un. C. *de lat. lib. toll.* (7, 6).

sénatusconsulte fut rendu sous Adrien, qui décida que les latins qui auraient obtenu cette espèce de droit de cité incomplet de l'empereur, pourraient le compléter par l'*anniculi probatio* ou l'*erroris probatio* (Gaïus, III, § 73).

Il résulte de découvertes récentes que, dans les cas où l'empereur accordait le *beneficium principale* à des militaires, on leur remettait un diplôme constatant le fait. Les auteurs latins ont employé le mot *diploma* dans divers sens, mais jamais dans celui qui nous occupe. Pline le Jeune, parlant d'un courrier porteur de dépêches, désigne sous le nom de *diploma* le passeport que lui donna l'empereur (1). Cicéron (*ad div.* VI, 12) (2) emploie cette expression pour désigner le décret de César, qui accorda à Balbus le droit de rentrer dans Rome (3). On le trouve cependant employé dans le sens de diplôme dans Suétone (4). Cet auteur nous apprend qu'après une représentation, Néron offrit le brevet de

(1) Pline, *Epistolæ*, lib. X, epist. 14.

(2) Dans l'*Index latinitatis in opera Ciceronis* de J. A. Ernesti, on lit au mot *diploma* la note suivante : « *Diploma*, ad Div. VI, 12. — Att. X, 17. — Pis. 17. — Ita dicebant literas » publicas, quæ profecturis dabantur, ut in oppidis, per quæ » iter esset, magistratus operam darent, ut celeriter equos, et » quæ ad iter sunt necessaria, reperirent. Nomen ductum est » a duplici tabellarum forma. Vid. *Casaubon ad Suéton. Aug.* » c. 51, qui docet non solum de literis itineris causa datis » dici diplomata, sed etiam alia diplomatum genera esse. » Cf. *Budæus ad Pand.* p. m. 322, 323. — Add. *Masseius in Hist. diplom.* p. 17.

(3) Sénèque, *De clementia*, I, 10.

(4) Suétone, cap. XII.

citoyens romains à des danseurs de pyrrhique (*Diplomata civitatis Romanæ obtulit*).

Ces diplômes ne s'accordaient en général, comme nous l'avons déjà dit, qu'aux militaires, et parmi eux aux volontaires, car les soldats des légions étaient tous citoyens romains. Leur but était d'encourager les enrôlements ; mais cependant, pour les obtenir, il fallait compter vingt-deux ans de service ; après ce délai, ils conféraient le titre de citoyen romain et le *jus connubii* à l'étranger qui faisait partie des troupes auxiliaires. Dans le principe, ces concessions étaient personnelles ; plus tard, cela dégénéra, et il existe des diplômes constatant que les Empereurs donnaient quelquefois le droit de cité à des cohortes ou à des ailes de cavalerie entières (1).

Ces actes étaient de véritables monuments officiels, émanant de la chancellerie impériale, et n'étaient délivrés que sur la proposition du légat de l'Empereur ou

(1) Nous lisons dans un diplôme qui fut délivré par Vespasien à douze cohortes et à six ailes de cavalerie, en l'an 74 de notre ère, après les titres des empereurs qui permettent de connaître la date de ce monument : *equitibus et peditibus qui militant in alis sex et cohortibus duodecim, qui appellantur* (suivent les noms de ces divers corps), *qui quina et vicena* (25) *stipendia, aut plura meruerunt, quorum nomina subscripta sunt, ipsis, liberis, posterisque eorum* (Vespasianus) *dedit, et connubium cum uxoribus quas tunc habuissent, cum est civitas eis data, aut si qui cœlibes essent cum iis quas postea duxissent.* — Telle était, en général, la formule employée dans ces diplômes, soit, du reste, qu'ils n'eussent trait qu'à une seule personne, soit au contraire qu'ils se rapportassent à une masse. Le diplôme précédent a été reproduit par Henzen, Cardinah et Cavedans.

des généraux. Ceux à qui ils étaient accordés attachaient un tel prix à les obtenir, que nous savons qu'ils faisaient prendre, par reconnaissance, une copie du brevet à la chancellerie, afin de le faire reproduire dans leur patrie.

On ne peut plus douter de la nature et du but de ces diplômes. On en a retrouvés de nos jours un assez grand nombre, tous très explicites. A la fin de celui qui a fait l'objet de la note précédente, on lit : *Descriptum et recognitum ex tabula ænea quæ fixa est Romæ in Capitolio introeuntibus ad sinistram in muro inter duos arcus.* De l'autre côté du monument, on voit le nom des témoins.

80. 3° Ulpien nous apprend encore que le droit de cité était accordé à l'affranchi latin, qui avait servi *inter vigiles Romæ* pendant six ans. Ce privilége avait été établi par une certaine loi Visellia, attribuée généralement à *L. Visellius Varo*, qui était consul en l'an 777 de Rome (1). On pense que c'est la même loi que la loi

(1) Walter, *Geschichte des Römischen Rechts bis auf Justinian.* t. I. § 355 ; II, §§ 492, 812. — Voir C. un. C. *ad leg. Viselli.* 9, 21, et C. I. C. *si servus,* 10, 32. — Mommsen a émis une nouvelle opinion sur la loi Visellia *Bekker Iahrbuc.* 1858, p. 335-340) ; d'après lui cette loi devrait être de l'année 683. Le seul point sur lequel il se base est une inscription dans laquelle un tribun du peuple est nommé comme *curator viarum e lege Visellia,* avec ses neuf collègues, parmi lesquels se trouvent trois noms, qui se trouvent également dans la liste des *Rogatores* de la loi *de Thermensibus* (ann. 863). Mais cette raison bien faible en elle-même est renversée par les deux circonstances suivantes. Premièrement, le fait que le collège des tribuns s'occupa de *la cura viarum* tient évidemment à la nouvelle disposition prise par Octavien et dont Mommsen ne

Visellia dont il est parlé dans la C. un. C. *ad Viselliam
legem* (9-21). Plus tard, un sénatusconsulte modifia
cette disposition, et réduisit à trois ans le temps exigé
pour l'acquisition du droit de cité (Ulpien III, § 5).

81. 4° L'empereur Claude, par un de ses édits, déclara que le droit de cité serait encore accordé au latin,
qui après avoir construit un navire de dix mille *modii*
au moins, aurait pendant un an transporté du blé à
Rome (Ulpien III, § 6 ; Gaïus I, § 34 ; Suétone *in Claud.*
cap. 18 et 19) (1).

82. 5° Un latin dépense-t-il une partie de sa fortune
pour construire une maison à Rome, il acquiert le droit
de cité. On ignore quelle était la somme que l'on devait
employer à l'édification de la maison. Ulpien ne fait que
mentionner ce mode (Ulpien III, § 1). Gaïus devait réglementer ce point ; malheureusement, le passage, où il en
est question, est rempli de lacunes (Gaïus I, § 33)(2).

83. 6° Enfin, le latin pouvait obtenir le droit de cité
par la construction d'un *pistrinum*, c'est à-dire, sans
doute d'un moulin ou d'une boulangerie. On ne sait rien
sur ce point, Ulpien et Gaïus n'ayant donné aucun détail
à ce sujet (Ulpien III, § 1).

fait pas mention ; et, secondement la loi Visellia suppose l'établissement des *vigiles*, qui ne furent fondés que par Octavien,
et que Mommsen veut déjà retrouver pendant la république.

(1) Suétone, *in Claud.*, C. 19 : « — Et naves mercaturæ
» causa fabricantibus magna commoda constituit : pro condi-
» tione cujusque, civibus vacationem legis Papiæ Poppææ :
» latinis jus Quiritium : feminis jus quatuor liberorum : quæ
» constituta hodiè servantur. »

(2) Voir F. 139, D. *de verb. signif.*, 50, 16.

CHAPITRE II.

DES CHANGEMENTS SURVENUS RELATIVEMENT AUX DROITS DES LATINS JUNIENS AVANT LE RÈGNE DE JUSTINIEN ET DE CEUX QU'INTRODUISIT CET EMPEREUR.

84. Après avoir recherché quelle était la capacité des Latins Juniens, leur condition juridique et les modes par suite desquels les esclaves devenaient latins, après avoir étudié dans le chapitre précédent les modes par suite desquels ces latins pouvaient acquérir le droit de cité, il est intéressant de considérer les changements qui s'opérèrent en notre matière, à raison du développement de la législation romaine. Cette étude demanderait des développements qui dépasseraient les limites de ce travail ; c'est pourquoi je me bornerai à présenter les modifications les plus importantes, aussi succinctement que possible.

Déjà, avant Justinien, on en rencontre un certain nombre ; cependant, ce fut cet empereur qui innova le plus en notre matière ; aussi étudierons-nous successivement les changements qui survinrent dans la période antérieure au règne de Justinien et ceux que cet empereur introduisit lui-même dans ses constitutions.

§ 1.

Des changements survenus avant le règne de Justinien.

85. Pour ce qui est de l'affranchissement proprement dit, conférant la qualité et le titre de latin à l'esclave,

nous voyons que l'ancien droit persista. L'esclave devenait latin, s'il était affranchi avant sa trentième année, si l'affranchissement était fait par le propriétaire bonitaire, ou si l'on n'employait pas un mode solennel. Une modification cependant est survenue sur ce dernier point. Des anciens modes solennels, deux continuent d'exister; ce sont la *manumissio vindicta* et la *manumissio testamento*; quant à la *manumissio censu*, elle a disparu complètement. Nous savons que de Vespasien à Décius, on ne fit pas à Rome de recensement; le dernier dont il soit question dans l'histoire, se fit sous Décius. Dès lors, l'affranchissement *per censum* devint impossible; sous Constantin apparaît un nouveau mode, la *manumissio in ecclesia* qui conférait le droit de cité, comme les autres modes solennels (1). Nous trouvons dans le Code de Justinien dans quelles formes se faisait cet affranchissement (C. J. *de his qui in ecclesia manumittuntur*, 1, 13). Le maître déclare devant l'assemblée des chrétiens réunis dans l'église, qu'il veut donner la liberté à son esclave; cet acte est constaté par un écrit, que les témoins doivent signer. Il faut remarquer que ce nouveau mode produisait un effet plus puissant que les anciens, puisqu'on n'avait pas égard à l'âge de l'esclave (2).

---

(1) C. un. C. T. *de manumiss. in eccles.* 4, 7. — C. 1 et 2. C. J. *de his qui in eccles. manumit.* 1, 13. — Sozomen, *Hist. eccles.* lib. I, cap. IX. — D'après quelques écrivains, Constantin était allé jusqu'à déclarer que tout affranchissement, solennel ou non, conférait le droit de cité à l'affranchi; je crois que ce résultat n'avait lieu que pour les affranchissements provenant du chef de l'empereur (F. 14, § 1. D. *de manumiss.* 40, 1).

(2) C. 2, C. J. *de comm. manumiss.* 7, 15. — Sozomen, *Hist. eccles.* lib. I, cap. IX.

86. A mesure que la civilisation se développa, les caractères de l'esclavage se modifièrent ; l'esclave ne fut plus traité comme il l'était dans les premiers temps, et les empereurs ordonnèrent aux maîtres de ne plus user de rigueur à son égard. Aussi voyons-nous que, dans certains cas, l'esclave maltraité par son propriétaire put, de plein droit, acquérir la liberté. L'empereur Claude le décida pour l'esclave que son maître avait chassé en cas de maladie. Cet esclave ne devenait pas, comme on a essayé de le soutenir, *res nullius*, mais il obtenait la liberté (1).

87. De même, si le propriétaire d'une esclave la ven-dait sous la condition qu'elle ne serait pas prostituée, et que si cette condition n'était pas remplie, elle acquer-rait la liberté, l'esclave devenait libre de plein droit, si l'on manquait à l'observation de la condition, que cela provînt du chef de l'acheteur ou d'un tiers possesseur (2). L'empereur Adrien déclara que l'esclave deviendrait libre, si le vendeur s'étant réservé le droit de reprendre l'esclave dans le cas de prostitution, l'avait prostituée lui-même ou s'il avait pris part à cet acte, parce qu'il ne devait plus jouir du droit qu'il s'était réservé (3). Dans

---

(1) F. 2, *qui sine manumiss. ad libert.* 40, 8. — C. un. § 3. C. J. *de lat. libert. toll.* 7, 6. — Suétone, *in Claud.* cap. XXV. — Dion Cassius, lib. LX, cap. XXIX.

(2) F. 1, *pr.* D. *de jure patronat.* 37, 14. — F. 10, § 1, D. *de in jus voc.* 2, 4. — F. 34, *pr.* D. *de crictionib.* 21, 2. — F. 6, § 1, D. *qui jure manumiss.* 40, 8. — C. 2. C. J. *si mancip. ita venierit, ne prostituatur,* 4, 56.

(3) C. 1. C. J. *si mancip. ita venierit, ne prostituatur,* 4, 56. — F. 10, § 1, D. *de in jus vocat.* 2, 4.

les deux cas l'esclave ne devient pas citoyenne romaine, mais seulement latine ; ce fut Justinien qui lui accorda le premier le droit de cité (*C. un.*, § 4, *C. J. de lat. libert. toll.*, 7, 6).

88. Justinien décida encore le premier que le *statu liber*, qui serait affranchi par un héritier avant l'accomplissement de la condition, demeurerait latin jusqu'à ce moment (*C. un.*, *C. J., de lat. libert. toll.*, 7, 6).

89. Si une affranchie se marie contre la volonté de son patron avec un esclave, elle redevient esclave de son ancien maître ; dès-lors, elle ne peut plus par une seconde manumission acquérir le droit de cité ; elle ne peut que devenir latine (Pauli, *Sent.*, lib. II, tit. 21 A, § 7.)

90. Constantin ordonna que l'esclave qui dénoncerait l'enlèvement d'une jeune fille, deviendrait latin dans tous les cas (C. 1, § 4, C. T., *de raptu virginum*, 9, 24). Enfin, une ordonnance du même empereur décida que les enfants, nés de l'union d'un esclave du fisc et d'une femme ingénue, seraient latins de plein droit (C. 3., C. T., *ad s.-c. Claudianum*, 4, 9).

91. Il ne paraît être survenu aucun changement important sur les points relatifs à la condition juridique des Latins Juniens. Il n'y a de remarquable en cette matière que la décision de l'ordonnance de Constantin, rapportée dans la C. un. C. T. *de heredit. petit.* 2, 22, que je transcris ici à cause de son importance . « Si is, » qui dignitate Romanæ civitatis amissa, latinus fuerit » effectus, in eodem statu munere lucis excesserit,

» omne peculium ejus a patrono vel patroni filiis sive
» nepotibus ejus, qui nequaquam jus agnationis amise-
» rint, vindicetur. Nec ad disceptationem veluti here-
» ditariæ controversiæ filius liceat accedere, cum ejus
» potissimum status ratio tractanda sit, non, quem
» beneficio libertatis indultæ sortitus acceperit, sed is,
» in quo munere lucis excesserit. » Le caractère fondamental de la succession à la fortune d'un latin est
ici assimilé au droit du patron relatif au pécule, ce qui
explique la décision du sénatusconsulte Largien, à savoir,
que le patron et ses descendants doivent être considérés
comme privilégiés. Mais il semble être survenu une
modification par rapport à la désignation du patron et de
ses descendants et au privilége qu'ils possédaient à l'encontre des *hæredes extranei*. Les anciens jurisconsultes
l'accordaient à tous les enfants agnats, que le lien
d'agnation eût été rompu ou non, par exemple, aux
émancipés. Constantin part d'un autre point de vue ; il
n'appelle pas en effet tous les agnats du patron, mais
ceux-là seuls « *qui nequaquam jus agnationis amiserint* ; »
il exclut donc tous ceux dont le lien d'agnation a été
rompu, tels que les émancipés. Cela est, on est forcé
d'en convenir, peu en rapport avec la tendance équitable
qui prévalait à cette époque, de mettre sur le pied de
l'égalité la plus parfaite les agnats et les cognats ; mais
le texte de la Constitution est si clair, que l'on ne peut
se rattacher à l'opinion des jurisconsultes, peu nombreux
du reste, qui veulent n'exclure que les enfants qui étaient
privés du *jus agnationis* dès leur naissance. La première
opinion paraît s'accorder avec l'ancien droit, et je n'hé-

7

site pas à l'admettre, surtout en présence du texte formel
sur lequel elle se base.

§ 2.

Innovations de Justinien.

92. Justinien, en notre matière comme en beaucoup
d'autres, se posa en réformateur; il introduisit donc de
nombreux changements. Mais sa première réforme,
incontestablement la plus remarquable, fut l'abolition du
nudum jus Quiritium (C. un., C. J. *de nullo jure Quirit.
toll.* 7, 25). Dès-lors, il n'y eut plus qu'une seule espèce
de propriété. La latinité aurait dû tomber d'elle-même,
si cet empereur s'était rendu un compte exact de l'essence
de la liberté et de l'affranchissement. Cependant elle
persista, et il n'y eut qu'une de ses bases, la propriété
in bonis, qui disparut.

Une fois entré dans cette voie de réformes, Justinien
ne devait pas s'en tenir là ; aussi promulgua-t-il bientôt
après une nouvelle constitution, qui déclarait qu'il n'était
plus nécessaire que l'affranchi eût atteint sa trentième
année pour qu'il pût acquérir le droit de cité (C. 2, C. J.
comm. de manumiss. 7, 15). Dès ce moment, en règle
générale, l'esclave ne pouvait plus devenir latin que par
suite d'un affranchissement non solennel. Mais l'empereur aspirait à un autre but ; la classe des déditices avait
déjà été abolie (C. un., C. J. *de dedit. libert. toll.* 7, 5);
il voulait aussi faire disparaître celle des latins ; pourquoi, en effet, aurait-il admis entre ses sujets, qui, à

vrai dire, étaient tous également ses esclaves, une telle inégalité de condition ? Il choisit certains cas dans lesquels la latinité était accordée, et il déclara que, dans ces cas, l'esclave obtiendrait le droit de cité, tandis que dans les autres il ne l'obtiendrait pas et resterait esclave. Je ne m'étendrai pas plus longuement sur cette mesure ; la C. un., C. J. *de lat. libert. toll.* 7, 6 donne à cet égard tous les détails nécessaires. On était revenu à la simplicité des temps anciens ; il n'y avait plus qu'une liberté, et l'affranchi acquérait, dans tous les cas, la condition de l'affranchissant (Instit., lib. 1, tit. 5, § 3). La latinité n'exista plus, puisque l'empereur avait abrogé la seule différence qui séparait l'affranchi et l'affranchissant (Novelle 78). .

DROIT FRANÇAIS.

DE LA NATURALISATION.

CHAPITRE PRÉLIMINAIRE.

1. La *naturalisation* est l'agrégation d'une personne à une nation, dont elle n'est pas membre par naissance. Cet acte, sauf quelques distinctions locales, confère à l'étranger les mêmes droits et les mêmes priviléges qu'aux naturels du pays. Il existe donc certaines différences qui séparent sa condition de celle du national. Je crois utile, avant d'étudier le mode au moyen duquel il peut faire disparaître ces différences, de rappeler en peu de mots ce qu'elles sont sous l'empire du Code Napoléon.

2. L'histoire nous apprend que, dans l'antiquité la plus reculée, la qualité d'étranger exposait celui qui en était revêtu à la défiance et souvent même à la barbarie des peuples, au sein desquels il était venu se fixer. Je ne citerai que deux exemples, en premier lieu les Scythes, qui égorgeaient les étrangers sur l'autel de Diane ; en

second lieu, les Egyptiens, qui poussaient leur mépris
pour l'étranger jusqu'à inscrire sur les édifices qu'ils
construisaient, qu'aucun régnicole n'y avait travaillé,
mais seuls les étrangers, qui, confiant en leur hospitalité, n'avaient trouvé au milieu d'eux que la plus cruelle
des servitudes. Il n'est pas jusqu'aux Hébreux, chez
qui l'on rencontre ce sentiment hostile, et, à l'appui de
cela, on peut citer l'histoire des hôtes de Loth. Tout
porterait à croire que les progrès de la civilisation au·
raient dû modifier, faire disparaitre même cet état de
suspicion résultant du titre et de la qualité d'étranger.
Aussi est-ce avec étonnement que l'on voit, de nos jours,
certaines nations faire reposer leur tranquillité intérieure
sur l'exclusion de l'étranger de leur territoire, et repous·
ser le principe que Cicéron avait établi : « Usu urbis
» prohibere peregrinos sane inhumanum est (1). » Il est
incontestable que l'on ne doit pas abuser de l'emploi de
la naturalisation, mais il ne s'ensuit pas que les peuples
doivent considérer l'étranger, qui veut s'établir sur leur
territoire, comme un ennemi, et se montrer inhospitaliers
à son égard. Bien que l'on ne doive pas désirer de voir
s'éteindre, si je puis m'exprimer ainsi, la personnalité
des nations , on doit, cependant, accueillir l'étranger
comme un ami et tenter d'améliorer sa position. Et je
pense, pour me servir d'une comparaison qui a été faite
bien souvent, mais que je rapporte à cause de son exactitude, que les nations devraient agir entre elles comme
agissent les familles d'une même nation. De même que

(1) Cicéron, *de officiis*, lib. III, n° 11.

chacune d'elles doit soutenir son nom, sauvegarder son
honneur, et, par conséquent, ne pas admettre un indigne
à prendre place parmi ses membres, de même les peuples ne doivent pas permettre, au premier venu, de venir
participer à leur nom, à leurs traditions, à leur gloire.
Ce principe incontestable, au point de vue des droits de
la famille, ne me paraît pas pouvoir être contesté au point
de vue des droits des nations. Dès lors, nous devons
considérer l'étranger comme un ami, comme un frère ;
mais tout en ayant droit à notre hospitalité, il n'en restera pas moins étranger ; il gardera sa nationalité, comme
nous garderons la nôtre.

Il résulte de là, à mon sens, que dans toute législation on devrait, en pareille matière, faire la distinction
suivante, qui est très importante : l'étranger a droit à
la protection du peuple chez lequel il s'établit, mais la
naturalisation ne doit lui être concédée qu'à titre de privilége, c'est-à-dire très rarement. Le droit, qui nous
régit, a compris cette nécessité ; aussi, trouvons-nous
dans les dispositions législatives en vigueur à notre époque, de nombreux textes relatifs à cette protection due
à l'étranger. Mais, tout en se montrant favorable à
celui-ci, l'on doit aussi veiller aux intérêts du national
dans le cas où cette protection pourrait les compromett e.
Aussi devons-nous établir les limites dans lesquelles se
renferme la participation de l'étranger à nos lois, par
rapport à ses droits, à ses devoirs et à son état.

3. I. *Droits de l'étr er.* — us pouvons dès à
présent établir en principe que l'étranger jouit de tous
les droits civils dont jouit le national, avec quelques

modifications que nous étudierons plus loin, mais qu'il est exclu des droits publics et politiques.

4. A Rome, nous retrouvons la même distinction ; ainsi le *jus Quiritium* et le *jus civitatis* peuvent être séparément donnés à l'étranger ; on sait par exemple que le *jus latii*, qui conférait à l'étranger le *jus civitatis*, mais non le *jus Quiritium*, l'admettait à l'exercice des droits privés et lui refusait l'exercice des droits publics (1). On pourrait soulever un doute sur le point de savoir quel était le titre qui correspondait à celui de citoyen et à celui de national, ou, en d'autres termes, si c'était le *jus civitatis* ou le *jus Quiritium* qui rendait l'étranger citoyen ou seulement national. La question me semble résolue par un texte de Pline (2), duquel il résulte que le *jus civitatis* ne concédait que les droits civils, tandis que le *jus Quiritium* entraînait la concession des droits politiques. Bien que quelques auteurs, et Cicéron entre autres (3), aient quelquefois confondu ces deux expressions, il est incontestable que ces deux titres étaient distincts l'un de l'autre et pouvaient être accordés séparément. Les avantages qui en résultaient étaient immenses, mais d'une portée bien différente. En effet, par le *jus civitatis*, l'étranger était protégé contre les ennuis qui pouvaient l'obséder à chaque instant, et dont le plus grand était l'expulsion de l'*ager Romanus ;* tandis que, par le second, il acquérait la liberté romaine qui l'assimilait au citoyen romain, qui le faisait jouir du pri-

(1) Suétone, *ad Claudianum,*, cap. 19.
(2) Pline, *Epistolæ*, lib. X, epist. 4 et 22.
(3) Cicéron, *pro Balbo*, n° 13.

vilége accordé à l'homme libre de ne relever que du
peuple. Cicéron nous apprend que celui qui possède ce
titre peut arrêter l'exécution des ordres des magistrats
et en appeler au jugement du peuple (1). Enfin, des
textes législatifs nous montrent que, pour garantir la
sûreté des ambassadeurs, on leur confère ce titre et on
leur permet de s'en prévaloir (2). Mais si à Rome comme
chez nous l'étranger était exclu de la jouissance des
droits politiques, au point de vue de la jouissance des
droits civils la législation romaine établit à son égard de
dures restrictions. Ainsi, l'étranger ne pourra porter la
toge, qui est réservée au citoyen romain, il ne pourra
prendre de prénom (3). Il ne pourra pas être propriétaire (Gaïus II, § 40). Il ne peut se prévaloir que des
droits que le *jus gentium* donne à tout être humain ;
par suite, il ne jouira ni de la *factio testamenti*, ni du
jus connubii, ni de l'*usucapio ;* néanmoins, pendant un
certain temps, on lui accorde le droit d'acquérir par
fidéicommis. Il faut cependant remarquer que ce n'était
pas sa condition particulière qui l'empêchait de jouir de
ces droits, mais son incapacité à en accomplir les formes
constitutives. Enfin, ils étaient soumis à la juridiction
d'un préteur spécial.

5. Cette distinction se présente encore à nous chez
les peuples barbares. Ainsi, l'étranger qui aura été
affilié à une famille, qui pourra présenter des garants,
ou qui, pendant un an, aura paisiblement habité dans la

(1) Cicéron, *in Verrem* V, nᵒˢ 56, 57.
(2) F. 17. D. *de legationibus*, 50, 7.
(3) Suétone, *ad Claudianum*, cap. 25.

tribu (1), jouira des droits privés des Germains. Mais il
ne jouira pas des droits politiques, car pour pouvoir les
exercer, il faudra, ainsi que nous l'apprend Tacite (2),
qu'il ait été solennellement admis dans l'assemblée des
guerriers. Dès lors il sera citoyen, ayant le droit de porter
les armes et d'être admis au *mallum*. Dans cette législation, comme dans celle qui nous régit maintenant,
l'étranger reste soumis à sa loi d'origine aussi bien pour
les droits qu'elle confère que pour les peines qu'elle
inflige. Ce principe de la personnalité de la loi, consacré
par l'usage, devint plus tard une loi positive (3). L'hospitalité, à cette époque, était considérée comme un
devoir sacré (4) ; aussi. dans certaines contrées les lois
prononcent-elles une amende contre ceux qui y man-
queront (5). Cependant, ce caractère d'inviolabilité qui
semble protéger l'étranger, n'existera que tout autant
qu'il aura pu fournir des garants. Hors de là, on considère comme légitime tout acte qui pourra l'empêcher
de nuire ; on pourra dès lors le retenir prisonnier, mais
ce ne sera jamais que par mesure de garantie sociale
qu'on le privera de sa liberté tant qu'il n'aura pas présenté des répondants.

6. Pendant la période féodale, il n'y a plus, à proprement parler, de citoyens ; les droits de la nation ont été

---

(1) *Lex salica emend.* tit. XLVII : « *securus ibi consistat ut
alii vicini.* »

(2) Tacite, *de moribus Germaniæ*, cap. XIII.

(3) Marculfe. *formul.* 1 et 8.

(4) César, *de bello Gallico*, lib. VI, cap. XXI.

(5) *Leg. Burgond.* tit. XXXVIII, cap. CXXV.

usurpés par le corps féodal ; on ne retrouve l'expression
de citoyen employée que pour mettre le Français en
opposition avec l'étranger ; nous retrouvons cela dans
le mode de naturalisation alors en vigueur, qui nous
montre comment un étranger peut devenir Français,
mais non comment il peut devenir citoyen. Ce n'est qu'au
moment de la formation des communes que reparaît cette
distinction, qui persista jusqu'au xviiie siècle.

Nous venons de voir que l'étranger, qui ne pouvait
pas offrir de garantie, était, en Germanie, privé de la
liberté ; sous le régime féodal on applique le même principe, et l'étranger, devenant serf, appartient à ce titre
corps et biens au seigneur. Tel est le point de départ du
droit d'aubaine. Au ixe siècle, les étrangers commencent
à être obligés de payer des redevances annuelles au seigneur ; ces redevances se convertirent plus tard en droit
de chevage et de formariage. Ce fut pendant les guerres
de la féodalité que les juristes voulurent attribuer le droit
d'aubaine au roi. Ce droit était, pour ainsi dire, un
résultat immédiat du régime féodal, puisque les seigneurs s'étaient attribué les droits qu'exerçaient les
Germains. Cependant, au milieu des exactions brutales
qui souillèrent cette époque, apparaissait, on ne peut en
disconvenir, une pensée politique, à savoir, d'attacher le
peuple à la terre, de le détourner d'entreprendre des
incursions semblables à celles que leurs ancêtres avaient
faites pendant près de quatre siècles au sein de toutes
les contrées de l'Europe. A cette époque on considéra
comme étrangers, non pas seulement le citoyen d'une
autre nation, mais même ceux qui abandonnaient le fief

ou le diocèse où ils étaient nés pour aller s'établir dans
un autre. Telle fut, pendant longtemps, la législation en
vigueur en France ; on ne rencontre un changement
qu'après l'introduction du droit romain dans notre patrie.
A partir de ce moment, les juristes se basant sur la différence qui existe entre le droit civil et le droit des
gens, s'appliquèrent à légitimer le droit d'aubaine, qu'ils
avaient tenté de faire concéder au roi exclusivement ; et
l'on en vint à admettre en doctrine que l'étranger vivait
libre, mais mourait esclave, que, par suite, il pouvait,
sa vie durant, aliéner ses biens, soit à titre onéreux, soit
à titre gratuit, mais qu'il ne pouvait *succéder ni tester en
France que jusqu'à cinq sols parisis et pour le remède de
son âme* (1).

7. Un tel ordre de choses devait soulever une indigna-
tion générale ; aussi fut-il bientôt modifié. Cette institution fut modifiée sous Louis IX ; on établit, que les
enfants nés en France de parents aubains auraient droit
à la moitié de leurs biens (2). Depuis ce moment, nous
trouvons d'innombrables traités passés avec les nations
étrangères dans le but de restreindre cette fâcheuse institution ; nous pouvons citer la déclaration du 19 juillet
1739, qui exempta les Anglais de l'aubaine pour les
meubles et les lettres du 18 janvier 1787, émanées de
Louis XVI, qui remplaçaient l'aubaine pour les immeubles
par un droit de détraction de dix pour cent.

8. Ce fut à la révolution que revint l'honneur de dé-

(1) Loysel, *Institutes coutumières*, t. I, p. 110 et suiv. —
Bacquet, *Traité d'aubaine*, chap. XXX et suiv.
(2) *Établissements de saint Louis*, liv. I, chap. XCXVI.

truire le droit d'aubaine. La déclaration du 9 août 1790 et le décret du 8 avril 1791 consacrèrent sa ruine en ne laissant subsister contre l'étranger que les quelques incapacités qui le frappent encore de nos jours. Il est facile de se rendre compte des motifs qui poussèrent les membres de l'Assemblée constituante à supprimer le droit d'aubaine. Ce droit, né de l'égoïsme national, n'était plus en rapport avec les idées d'humanité et de fraternité qui se firent jour à cette époque. Déjà, du reste, d'éminents écrivains, entre autres Montesquieu et Rousseau, l'avaient vivement critiqué. Le législateur, entraîné par l'esprit public, pensa que, par son abolition, il consacrerait l'union la plus intime entre les peuples de l'Europe ; il espéra que les autres nations, suivant l'exemple de la France, s'associeraient à son innovation. Mais cet appel ne fut pas entendu, et les puissances étrangères ne modifièrent en rien leur législation sur ce point. Dès lors, au lieu d'une fraternité générale à laquelle on avait espéré arriver, on vit d'un côté la plus extrême libéralité, de l'autre l'égoïsme le plus froid et le plus calculé. Aussi, à l'époque de la rédaction du Code civil, on fit de nouveau un pas vers le rétablissement du droit d'aubaine. Les articles 726 et 912 enlevèrent à l'étranger le droit de recevoir par donation et par testament; nous savons que le droit d'aubaine empêchait l'aubain de recevoir par testament : plus rigoureuse que la législation qui l'avait précédée, la législation du Code défendait donc à l'étranger d'acquérir par suite de toute transmission à titre gratuit. Les travaux préparatoires nous apprennent que l'idée, qui entraîna le législateur à édicter de si funestes dispositions, s'inspirait de la crainte de voir la fortune de la France passer à l'étranger. Par conséquent, ce n'était plus en se basant sur les principes du droit d'aubaine, mais seulement par droit de déshérence que l'Etat pouvait recueillir ces biens. Mais ces dispositions disparurent bientôt de notre Code ; la loi du 14 juillet 1819 les abrogea. Le motif qui guida le législateur en cette circonstance fut tout autre que celui dont s'était inspirée l'Assemblée Constituante. Celle-ci, en abolissant le droit d'aubaine, avait agi dans un but entièrement philanthropique ; la loi de 1819 se proposait, au contraire, un but plus positif. A ce moment, la France venait de soutenir les longues luttes de l'empire ; les capitaux étaient fort rares dans notre patrie : il fallait donc attirer l'étranger chez nous. Malheureusement, les art. 726 et 912, qui les empêchaient de transmettre à leurs enfants les biens qu'ils auraient pu acquérir en France, les tenaient éloignés ; d'autre part, l'industrie peu florissante, à cette époque, ne leur offrait pas des garanties suffisantes pour y engager leurs capitaux. Il n'y avait pas à hésiter, il fallait effacer de notre Code ces dispositions qui éloignaient l'étranger et par suite la fortune. Ce fut l'œuvre de la loi du 14 juillet 1819, qui plaça l'étranger dans la condition où il se trouve encore de nos jours. Nous sommes donc amenés à étudier maintenant cette nouvelle condition.

9. Pour ce qui est des droits civils, l'étranger les exerce tous. Mais on comprend que l'on ait dû édicter, cependant, quelques exceptions à un principe si général, car, moins l'action du gouvernement est efficace sur un

homme, plus, au contraire, les voies d'exécution doivent être rigoureuses. Il est évident que, si sur ce point on avait entièrement assimilé l'étranger au national en les soumettant tous deux aux mêmes règles, l'intérêt de celui-ci eût pu être souvent lésé; l'étranger aurait, dans de nombreuses circonstances, pu se refuser à remplir ses obligations. De là il résulte qu'on a dû nécessairement lui refuser certains droits. Mais s'élève aussitôt la question de savoir quels sont ces droits que l'étranger ne peut pas exercer. Quelques auteurs, se basant sur le texte des art. 8 et 11 Cod. Nap., ont déclaré que les étrangers, en règle générale, n'étaient pas aptes à la jouissance des droits civils, et qu'ils ne pouvaient s'en prévaloir que dans le cas où cette concession leur était accordée par un traité passé entre leur gouvernement et le gouvernement Français (1). Le vice de ce système consiste en ce qu'il ne fixe rien sur le point de savoir quels seront ces droits qu'il n'a pas. Aussi, je crois devoir me ranger à l'opinion qui déclare que l'étranger jouira, en France, de tous les droits civils, à l'exception de ceux que la loi lui refuse formellement. Du reste, cela découle de la discussion qui s'éleva au sein du Tribunat, relativement aux art. 8 et 11 Cod. Nap. Dans le principe, ces articles furent insérés dans le Code avant qu'on eût arrêté un système sur le point qui nous occupe; la portée qu'ils devaient avoir ne fut fixée que plus tard, dans la suite de la discussion. On critiqua énergiquement la trop grande

(1) Demolombe, t. I, n° 210 et suiv. — Voir aussi les discours de Portalis, au *Moniteur* des 9, 11 et 12 juillet 1801. — Cass. 14 août 1844.

généralité de leurs termes, et M. Siméon, dans sa com-
munication du projet au Tribunal (1), fut un des premiers
à demander quelle serait la position de l'étranger en
France. Les étrangers ne devaient-ils jouir d'aucun de
nos droits civils ; ne pourraient-ils point se marier, faire
un testament, etc. ? Cette idée s'éloignait beaucoup de
la pensée du projet. Aussi, déclare-t-on qu'ils seraient
admis à jouir de certains droits civils. Mais, alors, en présence du silence des art. 8 et 11, Cod. Nap., comment
les reconnaîtra-t-on ? Les membres du Tribunal deman-
dèrent qu'on énumérât ceux dont on voulait refuser la
jouissance aux étrangers. Cette proposition fut rejetée,
mais la raison sur laquelle on s'appuya pour la repousser
est décisive, on la retrouve dans ces paroles de M. Gre-
nier : « On objecte que la loi ne détermine pas assez
» quels sont les droits civils, mais il y a une détermi-
» nation exacte..... Les droits dont les étrangers seront
» privés seront marqués dans les titres du Code qui y
» ont trait. On ne les oubliera certainement pas quand
» il sera question de la faculté de tester, de la capacité
» de recevoir par testament, de succéder..... Mais dans
» un titre où il s'agit seulement de la jouissance des
» droits civils, cette énumération n'est pas néces-
» saire (2). » De là, il résulte que les art. 8 et 11 du
Cod. Nap. n'excluent pas les étrangers de tous les droits
civils, mais de ceux-là seuls qui seront indiqués dans le

(1) Fenet, *Recueil des travaux préparatoires du code civil*,
t. VII, p. 166.
(2) Fenet, *Recueil des travaux préparatoires du code civil*,
t. VII, p. 240.

Code. Or, cette énumération a été faite et comprend les art. 14, 726 et 912, Cod. Nap., l'art. 905, procéd. civ., et autrefois la loi sur la contrainte par corps. C'est à cela que se borne la rigueur de la loi, mais nous ne devons pas l'étendre (1).

Du reste, nous devons remarquer que les conséquences de ces deux systèmes ne sont pas très différentes, et que l'on arrive à peu près au même résultat, car les défenseurs du premier accordent à l'étranger, à titre d'exceptions tacites, tout ce que les partisans du second lui accordent à titre de droit. Nous devons, dès lors, reconnaître que les étrangers jouiront de tous les droits réels (art. 3, 726, 912, C. Nap.), et de tous les droits personnels (art. 15 et 16, Cod. Nap.). Par conséquent, les cas dans lesquels le législateur a cru devoir faire une exception à l'encontre du national, sont peu nombreux. L'incapacité d'acquérir par succession ou donation ayant été abrogée, l'étranger est encore frappé de trois incapacités :

1° Il ne peut plaider, comme demandeur, qu'à condition de fournir la caution *judicatum solvi*. La loi a cru devoir édicter cette disposition, certainement rigoureuse, afin de protéger les nationaux. En effet, le demandeur, n'ayant ni famille, ni biens en France, pouvait se soustraire aux chances du procès qu'il avait intenté en s'enfuyant subitement. On n'avait plus aucun moyen d'exécution de

(1) Demangeat, *Histoire de la condition civile des étrangers en France*, p. 250 et 320. — Valette, *Explication sommaire du Livre I*. p. 407 et suiv. — Mourlon, *Répétitions écrites sur le Code Napoléon*, t. I, § 133.

la condamnation prononcée contre lui, car on ne peut pas songer à faire saisir ses immeubles à l'étranger, les jugements rendus par les tribunaux français n'étant exécutoires qu'en France. Le législateur a donc décidé, à juste raison, qu'en matière civile, l'étranger demandeur principal ou intervenant doit fournir une caution, un garant qui s'engage envers le défendeur à payer le montant des condamnations qui pourraient être prononcées contre lui (art. 16, Cod. Nap.; art. 166 et 167, procéd. civ.).

2° L'étranger ne jouira pas du bénéfice de la cession de biens. Nous savons qu'en vertu de l'art. 1268, Cod. Nap., tout débiteur malheureux et de bonne foi peut se soustraire à la contrainte par corps et conserver sa liberté en faisant en justice l'abandon de ses biens à ses créanciers. Ce bénéfice a été formellement refusé à l'étranger par l'art. 905, procéd. civ.

3° Enfin, il ne jouira pas du bénéfice : *Actor sequitur forum rei*. Par dérogation à l'art. 59, procéd. civ., qui veut que le défendeur soit assigné au tribunal de son domicile, le demandeur français pourra valablement assigner l'étranger défendeur devant le tribunal de son propre domicile.

Il existait, autrefois, une quatrième incapacité. La facilité extrême avec laquelle l'étranger peut quitter la France, avait paru mettre en danger les intérêts des nationaux, puisque l'étranger, après son départ, ne leur laisse aucune garantie. Aussi, la loi du 17 avril 1832, avait elle décidé que l'on pourrait user contre eux de mesures de rigueur; elle les soumettait à la contrainte par corps, tant en matière civile qu'en ma-

8

tière commerciale, pourvu que la somme par eux due fût supérieure à cent cinquante francs. Il n'était pas même nécessaire qu'il fût intervenu un jugement les condamnant à payer; les étrangers pouvaient avant tout jugement être incarcérés, en vertu d'une simple ordonnance du président du tribunal (art. 14 et 15 de la loi du 17 avril 1832). — De nos jours, une pareille rigueur a paru peu utile, aussi la loi du 22 juillet 1867, relative à la contrainte par corps, a-t-elle aboli formellement cette disposition : « La contrainte par corps, dit-elle, est sup-» primée en matière civile, commerciale et contre les » étrangers » (art. 1).

10. Les droits publics appartenant à toute personne, les étrangers en ont la jouissance, comme les Français. On nomme droits publics certaines facultés individuelles que nos lois sanctionnent contre l'abus possible du pouvoir; c'est l'ensemble de ces droits que la Constitution du 14 septembre 1791 désignait dans son préambule sous le nom de *droits de l'homme* (1). Ces droits sont inhérents à la nature humaine ; tout individu, sans distinction de nationalité, en jouit, en se conformant néanmoins aux dispositions limitatives que chaque peuple a cru devoir porter à leur exercice.

11. Il n'en est pas de même des droits politiques. Ils sont exclusivement attachés à la qualité de citoyen ; or, pour être citoyen, la condition essentielle est d'être Français ; donc le Français seul peut en jouir. On comprend sans peine que pour participer à l'administration

(1) Voir Constitution du 22 janvier 1852, art. 1.

et au gouvernement d'un pays il faille, avant tout, en faire partie et être intéressé à sa prospérité (1). De cette privation des devoirs politiques il résulte trois incapacités pour l'étranger : 1° il ne pourra obtenir aucune fonction entraînant l'obligation de prêter serment ; 2° il ne pourra être témoin dans les actes notariés (loi du 25 ventôse an XI, art. 9 ; — art. 980 Cod Nap. ; — art. 585 Pr. civ.) ; 3° il ne pourra pas être admis dans l'armée (loi du 21 mars 1832, art. 2).

De ce qui précède, nous pouvons conclure que l'étranger qui voudra être assimilé au national, devra acquérir les droits civils qui lui sont refusés, échapper aux dispositions particulières du Code civil et du Code de procédure, auxquelles il est assujetti, enfin obtenir les droits politiques.

12. II. *Devoirs de l'étranger.* — Dans toute législation, à l'idée de droit se présente comme corollaire l'idée de devoir. Aussi, si le législateur a concédé à l'étranger résidant en France des droits assez larges, il a dû lui imposer certaines obligations. La première ne pouvait être que l'obéissance à certaines lois. L'étranger, en effet, doit respecter les lois nécessaires à la sûreté de l'Etat, ainsi que l'a édicté l'art. 3 Cod. Nap. : « Les lois » de police et de sûreté obligent tous ceux qui habitent » le territoire. » Tel est le principe posé par le Code,

---

(1) Cette idée était déjà appliquée à Rome. Personne n'ignore la réponse du sénat, lorsqu'on lui proposait d'appeler les Latins pour remplacer les hommes tués en combattant contre Annibal : « *Patriis auspiciis non alienigenis rempubli-* » *cam administrari oportet.* »

principe très sage, car on doit reconnaître que si l'honneur engage un peuple à exercer l'hospitalité de la
façon la plus large, sa tranquillité lui ordonne néanmoins
de ne pas se départir de certaines mesures de précaution,
sans lesquelles la paix publique pourrait être à chaque
instant troublée. Mais l'application de ce principe pourrait entraîner quelques difficultés ; on est amené à se
demander en effet ce qu'en notre matière on doit entendre par lois de police et de sûreté, par suite à quelles
lois sera soumis l'étranger. Vouloir établir une règle
fixe ne semble guère possible, et l'on doit, à mon sens,
s'en rapporter sur ce point à la sagesse des tribunaux.
Cependant, je pense que l'étranger ne devra pas con-
trevenir, sans en être déclaré responsable, à toutes les
lois intéressant la sûreté des personnes, l'hygiène publique ou la conservation de la propriété. C'est à raison de
ces dernières lois qu'il sera soumis aux statuts réels, car
il est évident que rien n'intéresse davantage l'ordre
public et politique d'un État que le respect de la propriété. Il devra encore être soumis aux lois relatives à la
forme des actes, quand cette forme sera obligatoire pour
les nationaux, aux lois pénales et même à toutes les lois
prohibitives. (Avis du conseil d'État du 4 juin 1806).
Mais en dehors de ces lois, qui régissent aussi bien le
national que l'étranger, il en est qui s'appliquent spécialement et exclusivement à ce dernier. Ainsi, on
trouve en premier lieu une différence essentielle pour ce
qui est de la sanction de la loi pénale. Un national vient-
il à commettre un crime ou un délit, on lui inflige une
peine pécuniaire ou corporelle, selon les dispositions de

la loi ; l'étranger qui aura commis un crime ou un délit sera soumis à une sanction de plus ; en outre de l'amende ou de la peine corporelle, il sera exclu du territoire. Cette mesure, au premier coup d'œil, peut paraître rigoureuse. Cependant, si nous consultons l'histoire, nous verrons que presque toutes les législations, en comprenant la nécessité, en ont admis l'application. Déjà l'on rencontre cette mesure employée sous Louis XI (1) ; elle persista pendant toute la période monarchique, et nous la trouvons consacrée par la loi du 28 vendémiaire an VI (art. 7), à une époque où le législateur français, appelant toutes les nations à la fraternité universelle, annonçait que *la France libre déclarait ouvrir son sein à tous les peuples de la terre* (loi du 6 août 1790). Aujourd'hui cette exclusion du territoire ne peut être prononcée que par le ministre de l'intérieur, et par exception par les préfets des départements frontières, à charge pour ceux-ci d'en avertir sur-le champ le ministre (loi du 3 décembre 1849, art. 7) ; et même cette loi donne à l'étranger la faculté de se soustraire à la décision ministérielle, et, dans certains cas, de ne dépendre que d'une décision prise en conseil d'Etat ; quelquefois même il pourra complètement écarter la sentence d'exclusion (loi du 3 septembre 1849, art. 7, §§ 2 et 3).

13. La sécurité de l'état exigeait encore que l'on prît, à l'égard de l'étranger, certaines mesures de surveillance. Nous avons vu combien, dans l'antiquité, ce sentiment de défiance inspiré par l'étranger était grand. On

(1) Bacquet, *Droit d'aubaine*, 1re partie, ch. III, n° 18.

en trouve des exemples dans la législation romaine et
dans la législation grecque ; ainsi la défense faite à l'étranger, résidant à Rome, de revêtir le costume réservé aux
citoyens, ainsi l'obligation pour l'étranger, résidant à
Athènes, de loger dans un quartier spécial de la ville.
L'ancien droit français frappait l'étranger de droits pécu-
niaires considérables, tels que les droits de chevage et de
formariage, dont il ne pouvait se racheter qu'en se faisant naturaliser, et l'on sait à quel prix il obtenait ce
privilége. On sait de même de quelles mesures de prudence l'on entourait l'étranger pour faire rentrer ces impôts. Bacquet nous apprend que tout étranger venant
habiter la France devait « bailler et faire mettre par écrit
» leur nom et surnom, » et plus loin, il nous indique le
motif de cette formalité : « Et par ce, dit-il, peut-on avoir
» chacun en cognoissance de tous ceux qui viennent
» demeurer audit baillage (1). » De nos jours, l'étranger
est exempt de tous ces impôts et n'est soumis qu'à quel
ques mesures de surveillance, qui se sont modifiées suivant le développement de la législation. Il lui suffira
d'avoir un passeport pour circuler en toute liberté sur
notre territoire ; à son entrée en France, il le dépose à
la mairie de la première commune qu'il traverse. On lui
donne, en échange, un passe provisoire et son passeport
est envoyé au ministre de l'intérieur qui le vise, après
quoi on le lui rend (Loi du 23 messidor, an III, art. 9
et 11. — Circulaire ministérielle du 20 août 1816,
art. 20 et 22). Le Code Pénal nous fait connaître la

(1) Bacquet, *Droit d'aubaine*, 1re partie, ch. III, n° 5.

sanction de cette obligation ; l'étranger qui aura refusé
de s'y soumettre, sera considéré comme étant en état
de vagabondage, et il pourra, par les ordres du gouvernement, être reconduit à la frontière (art. 272, Cod. Pén.).
Cependant, depuis quelques années, des traités intervenus avec certaines nations, permettent à leurs nationaux
de voyager en France s- passeport. Dans quelques
grandes villes il existe des ordonnances administratives,
par suite desquelles l'étranger qui veut y résider est
tenu d'en faire la déclaration dans un délai fixe ; ainsi,
pour le département de la Seine, une déclaration devra
être faite dans les trois jours de l'arrivée au préfet de
police, qui délivrera un permis à l'étranger ; cette formalité ne s'applique pas néanmoins aux voyageurs qui
ne font que traverser le département (Ordonnance du
préfet de la Seine du 8 septembre 1851, art. 1 et 2).
Cependant, on doit observer que ces dispositions, rigoureuses en elles-mêmes, ne sont pas ordinairement appli-
quées, et qu'on ne les met à exécution que lorsque des
circonstances graves l'exigent pour la sûreté publique.

14. Autrefois les réfugiés politiques jouissaient, en
France, des mêmes droits et priviléges que les simples
étrangers, et étaient, par là même, astreints aux mêmes
devoirs. Mais, depuis 1832, on a cru devoir montrer
plus de rigueur à leur égard, soit que leur état inspirât
une plus grande méfiance, soit que les rapports internationaux l'aient exigé. La législation a longtemps été
hésitante pour savoir quelles mesures on devait prendre
à leur égard ; enfin, la loi du 20 novembre 1849 a
réglé leur situation, en donnant au gouvernement le

droit de leur fixer un lieu de résidence et de les faire sortir du territoire s'ils n'obéissaient pas à la condition qui leur était imposée (1). Une des applications les plus récentes de cette loi s'est dernièrement présentée à l'occasion des réfugiés Polonais.

15. III. *État de l'étranger.* — Des notions précédemment développées résulte, à peu près, l'état de l'étranger résidant en France. On doit remarquer, et c'est le point de vue duquel partit le législateur, que la souveraineté d'une nation est complète sur les biens immobiliers qui constituent son territoire, que, dès lors, elle a droit de réglementer l'état de la propriété, d'en fixer les modes de transmission, etc. Mais là s'arrête son action, et si elle a le droit de régler l'état de ses citoyens, comme les dispositions relatives à ce point n'intéressent que les personnes et non l'ordre public, elle ne peut porter aucune règle tendant à modifier l'état de l'étranger. C'est pourquoi l'un des grands principes de notre Code est-il que les statuts personnels ne concernent que le national, qu'ils le suivent partout où il va résider et n'atteignent pas l'étranger. Ce principe est tellement juste que, si nous jetons les yeux sur les diverses législations des peuples de l'Europe, nous le trouvons à peu près généralement consacré; l'Autriche et la Prusse ont admis, sur ce point, la théorie française (2), et on ne pourrait guère citer que les Pays-Bas et la Russie qui aient soumis l'étranger à leurs statuts personnels. Dès lors l'étranger, résidant en France, demeurera soumis,

(1) Dalloz, *Répertoire*, voir *Droits civils*, n°ˢ 370 et suiv.
(2) Valette sur Proud'hon, t. I, 18.

pour ce qui est de son état personnel, à la loi de son pays ; sa majorité, sa capacité, etc., seront réglées par la législation étrangère. Cependant, comme en France il doit obéir aux lois intéressant la morale et l'ordre public, il ne pourra demander l'application d'une loi en vigueur dans sa patrie, mais considérée par notre Code comme contraire à la morale ou à l'ordre public, par exemple la bigamie (1) (Paris, 30 août 1842). Du reste, l'art. 3 Cod. Nap., ne permet pas de soulever une objection sur ce point, et l'idée qu'il a émise a été consacrée par la circulaire du garde des sceaux, du 4 mars 1831.

En résumé donc, nous devons dire avec toute la doctrine, que les statuts réels ont un pur effet territorial, et que, par conséquent, leur force s'éteint à la frontière, tandis que les statuts personnels, s'attachant à la capacité de l'individu, le suivent partout où il va. Mais comment distinguera-t-on les statuts réels des statuts personnels ; à quels signes les reconnaîtra-t-on ? Sous l'empire des coutumes, ce point souleva de grandes difficultés, et un débat, resté célèbre, s'engagea entre deux hommes éminents, Dumoulin et son émule Dargentré. Dumoulin posait en principe que la coutume était territoriale, que son action ne s'étendait que sur son enclave, à moins qu'il ne s'agit de règles de capacité ; dans ce cas, c'est à la loi d'origine que l'on doit s'en rapporter (2). Dargentré rejeta ce point de vue, et déclara que les règles relatives à la capacité avaient deux causes bien différentes, selon qu'elles étaient établies dans l'intérêt de l'individu, ou

(1) Demante, *Cours analytique de droit civil*, t. I, n° 10 *bis*, I.
(2) *Cout. d'Auvergne et de Senlis*. — Duranton, t. I, n° 84.

dans un but de conservation des biens, en modifiant les droits d'administration ou de disposition du propriétaire (1). D'après lui, dans ce dernier cas, le statut empruntait les deux caractères de personnalité et de réalité, et constituait alors un statut mixte. La théorie de Dumoulin, relative aux statuts réels et personnels, ne soulevait plus aucun doute; mais le nouveau système de Dargentré ranima le débat. Ce fut à l'illustre d'Aguesseau que revint l'honneur de terminer la lutte (2). D'après lui, on devait rejeter l'existence du statut mixte; car, si dans certains cas on reconnaît au statut un caractère de personnalité et de territorialité, il n'en est pas moins vrai que toujours l'un d'eux l'emporte, et décide, dès lors, de la nature du droit. C'est, ainsi qu'on l'a fait observer, au but final de la loi que l'on doit s'attacher et non aux moyens qu'elle emploie pour atteindre ce but. Du reste, les effets des deux statuts diffèrent tellement entre eux, qu'ils ne permettent pas de faire de confusion ; c'est dans le caractère de la loi, dans l'objet essentiel dont elle se préoccupe, ou pour mieux dire dans son but final, qu'on doit rechercher la distinction (3). Je crois donc que l'on peut poser, en général, la règle suivante : si une loi, relative à la fois à la personne et aux biens, a pour but final l'intérêt de la personne dont elle limite les droits de disposition, elle est personnelle; par contre, a-t-elle pour but final l'intérêt d'autrui, c'est une loi réelle.

(1) *Coutume de Bretagne*, art. 213.
(2) D'Aguesseau, 54e plaidoyer.
(3) Demolombe, t. I, nos 75 et suiv. — Cass. 2 mai 1825.

Tel est, en résumé, l'état de l'étranger résidant en France ; dès lors, s'il obtient la naturalisation, il sera soumis à nos lois personnelles comme tous les citoyens.

16. L'étranger, pour arriver à être complètement assimilé au national, devra donc acquérir certains droits, se libérer de certains devoirs, enfin faire modifier sa capacité. Il aura donc trois degrés à parcourir :

1º Il devra obtenir les droits politiques et les quelques droits civils, dont la jouissance lui est refusée ;

2º Il devra se soustraire aux règles exceptionnelles, auxquelles il est tenu d'obéir en tant qu'étranger ;

3º Il aura à modifier sa capacité et son état juridique.

A partir de ce moment, il obéira à toutes les lois de la nation chez laquelle il établit son domicile, il en sera citoyen.

Après ces quelques détails préliminaires, nous allons étudier comment l'étranger franchira ces trois degrés, les formalités qu'il aura à remplir, les concessions de droits qui en résulteront pour lui. C'est cette étude qui doit constituer le point principal de ce travail.

CHAPITRE PREMIER.

DES DIFFÉRENTS MODES D'ASSIMILATION
AU NATIONAL.

17. Toute législation doit, à mon sens, pouvoir accorder à l'étranger la jouissance de tous les droits civils, sans cependant lui donner le titre et la qualité de citoyen. La justice doit faire une loi à tous les peuples de déli-

vrer les étrangers des règles exceptionnelles et souvent
assez arbitraires, auxquelles ils sont obligés de se soumettre; mais d'un autre côté, l'on doit être très modéré lorsqu'il s'agit de conférer un titre, que l'on doit considérer,
à juste raison, comme le plus enviable, le titre de citoyen.
En France surtout, cette différence devait exister à raison de ce fait, qu'à la qualité de citoyen se rattache le
privilége du suffrage universel, qui est une institution
toute nationale, et qui, dès lors, ne semble devoir être
accordée qu'à ceux qui, nés sur notre territoire et élevés
dès leur enfance dans les sentiments de l'honneur et de
la gloire de notre patrie, sont censés ne jouir de ce privilége que pour conserver à notre pays le rang qu'il a toujours occupé parmi les nations de l'Europe (1). Qu'on
l'accorde à un étranger, qui a contracté au milieu de
nous des relations de famille, d'affaires qui lui font
désirer d'être assimilé au national, c'est très naturel;
mais comme cette concession constitue un privilége,
qu'on ne l'accorde que rarement, si on veut conserver
le prestige qui entoure le titre de citoyen. C'est pour
cela que je considérerais comme incomplète une législa-
lation qui ne reconnaîtrait d'assimilation possible qu'avec
la concession du titre de national, car elle se trouverait en
présence d'un double danger : d'un côté, si elle se montrait peu avide de l'accorder, elle laisserait subsister
contre l'étranger les mesures rigoureuses dont elle aurait
cru nécessaire de l'entourer, et, par suite, elle l'écarterait
de son territoire; d'autre part, si elle le prodiguait, ce

(1) Maurice Block, *Dictionnaire général de la politique*, voir
Naturalisation.

litre perdrait de sa dignité. Le législateur a parfaitement compris l'intérêt de celle importante distinction; aussi a-t-il établi différents degrés par lesquels l'étranger se rapproche progressivement du national. On peut, chez nous, en reconnaître trois : l'étranger ne fait-il que voyager sur notre territoire, nos lois lui accordent toute leur protection ; a-t il le désir de résider en France, d'y fixer son domicile, on lui concède la jouissance des droits civils, sauf quelques légères restrictions; a-t-il, enfin, la volonté bien arrêtée de demeurer à jamais en France, on lui donnera le titre de citoyen Français.

Dans ce chapitre, je vais m'attacher spécialement à l'étude de l'assimilation de l'étranger sans concession du titre de citoyen.

18. *Assimilation de l'étranger sans concession du titre de citoyen*. — Le premier mode a deux causes qui feront l'objet de deux paragraphes distincts; il peut résulter d'un traité, ou simplement d'une autorisation de domicile émanant du gouvernement, sur le territoire duquel l'étranger vient s'établir.

§ 1.

Assimilation par suite d'un traité.

19. Ce mode d'assimilation fut très souvent employé à Rome ; c'est dans cette législation qu'on en retrouve les premières traces. En Grèce, il n'en est pas question, peut-être à cause de l'isolement dans lequel vivaient les diverses cités, ou de la jalousie qu'elles avaient les unes

à .l'égard des autres, peut-être aussi à cause de leur peu de relations avec les peuples voisins. A Rome, au contraire, il constitua le mode d'assimilation le plus souvent employé. On sait quel but poursuivait la politique ambitieuse des Romains : asservir le monde entier, créer un empire universel, tel était le résultat auquel elle tendait. Aussi, dut-elle employer deux moyens extrêmes : une vigoureuse centralisation, et l'assimilation des peuples vaincus ; par là l'empire romain arriva à cette grandeur, que l'on pourrait traiter de fabuleuse, mais par là aussi précipita-t-il sa chute. Ce système politique se dessine nettement dès les premiers jours de Rome, qui commença dès sa fondation à opprimer les peuples voisins. Partie du degré le plus infime, on sait à quel apogée elle atteignit. Vouloir retracer l'histoire de ses progrès dans cette voie, serait vouloir refaire l'histoire de Rome : tel n'est pas mon but. Mais je dois constater qu'à mesure qu'elle avançait dans son œuvre de centralisation, elle accordait aux peuples vaincus différentes concessions se rapportant à certains types, qui constituaient des positions dont les avantages variaient selon les peuples à qui elles étaient faites, mais qui toutes gratifiaient les concessionnaires de priviléges plus ou moins étendus. Ces types étaient au nombre de cinq à l'époque où Caracalla, par une ordonnance à jamais célèbre, abrogea les différences de conditions entre les divers membres de l'empire. Ce sont, en les classant d'après leur importance : 1° le *jus Quiritium*, 2° le *jus civitatis* (dont j'ai déjà fait connaître les différences), 3° le *jus latii*, 4° le *jus italicum*, et enfin au dernier rang le *jus provinciale*.

Dans le principe, on ne reconnaissait à Rome qu'un seul genre de propriété, qu'une seule espèce de citoyens ; aussi les différentes conditions ne prirent naissance qu'à mesure que la législation se développa et que l'Etat s'agrandit par suite de ses nombreuses conquêtes. Les premiers peuples qui furent soumis prirent part à la possession de l'*ager romanus* et furent assimilés aux Quirites. Les historiens nous apprennent que les Romains vainqueurs agirent ainsi à l'égard des Albains (1), et cela eut encore lieu, après la prise de Rome par les Gaulois, pour les Véiens, les Falisques et quelques autres peuples (2). Cela se comprend à une époque où Rome, épuisée par de longues guerres, avait besoin de nombreux soldats pour défendre son territoire. Mais lorsqu'elle se fut remise de ses défaites, et que reprenant l'offensive elle eut recommencé le cours de ses conquêtes, il ne pouvait plus en être ainsi. Les Romains considéraient toujours la concession du droit de cité comme un privilège ; aussi, à mesure que leur domination s'étendait au loin, ils surent se faire des alliés avec les peuples soumis, en leur accordant quelques-uns des éléments de ce droit. La première concession de ce genre fut faite à la ville de Cœre ; c'était dans cette cité que les vestales, au moment de l'invasion des Gaulois, s'étaient réfugiées. Ce fut en récompense de l'hospitalité qu'on leur avait accordée, que le gouvernement romain décerna à ce

---

(1) G. Niebuhr, *Hist. romaine* (traduct. de M. de Golbéry), t. I, p. 117 et suiv.

(2) Tito-Live, lib. I, n°ᵒˢ 29 et 33, lib. VI; n° 4. — Niebuhr, *Histoire romaine*, t. IV, p. 243.

peuple certains priviléges (1). Le *jus latii* ne prit naissance que plus tard. Il fut concédé aux habitants du
Latium, que le culte de Jupiter Latialis rattachait déjà à
Rome (2) ; ce pays comprenait douze colonies, qui furent
appelées à jouir du *jus latii*. Gaïus est un des premiers
auteurs qui aient fait mention de ce droit (Gaïus I, § 22) ;
on le retrouve dans la loi Junia Norbana, qui faisait
dériver la latinité de la manumission non solennelle.
Mais, ainsi que je l'ai dit dans la première partie de ce
travail, cette loi ne fit que l'appliquer aux Latins Juniens.
Sans revenir sur ce point, je dois néanmoins faire remarquer qu'avant cette loi, le *jus latii* fut un droit
purement territorial. La loi Junia modifia son caractère ;
la latinité junienne qu'elle créa donna à ceux auxquels
ce *jus latii* était conféré, la capacité d'être *domini ex
jure Quiritium*, mais seulement sur les choses qui avaient
par toute autre cause les caractères requis pour l'existence de ce droit (3). Elle restreignit même les droits
des Latins Juniens en leur enlevant la *factio testamenti*
(Gaïus I, § 23).

Le Latium seul jouissait du *jus latii ;* les autres provinces de l'Italie avaient bien reçu des concessions, mais
le *jus italicum*, qui leur avait été accordé, était bien loin
de leur donner des priviléges égaux à ceux des latins.
Aussi, les provinces délaissées faisaient-elles éclater le

(1) Aulu-Gelle, *Noct. att.* lib. XVI, ch. XIII.
(2) Niebuhr, *Histoire romaine*, t. V, p. 192 et s. — Walter,
Geschichte des Römischen Rechts bis auf Justinian. t. I, §§ 224,
228, 246.
(3) Giraud, *Recherches sur le droit de propriété*, p. 283.

plus souvent leur mécontentement ; elles allaient même jusqu'à vouloir usurper le titre de citoyen. Les luttes entre Sylla et Marius, qui déchirèrent la république, leur semblaient pouvoir leur permettre de faire triompher leurs prétentions. Mais on leur répondit en promulguant la fameuse loi *Licinia Mucia* (*ann.* 659) (1), qui punissait de mort toute personne usurpant le titre de citoyen (2). Le parti démocratique, qui soutenait à Rome le parti étranger, résolut de se venger de ces rigueurs. Le prétexte de la révolte fut l'assassinat de Drusus. Tribun à cette époque, Drusus s'était flatté d'apaiser les factions en donnant satisfaction tant aux peuples de l'Italie qu'aux grands corps de l'Etat ; aux premiers, il promettait le *jus latii* ; en même temps il voulait rendre aux sénateurs le droit de juger, dont les chevaliers avaient été investis ; en compensation, ceux-ci auraient reçu la qualité de sénateurs ; le peuple même devait avoir part à ces réformes, on lui confiait la distribution des grains. Mais, sur ces entrefaites, éclata la guerre sociale ; une des premières victimes fut Drusus, dont on négligea de punir le meurtre. Dès lors, la guerre devint générale en Italie ; après de longues luttes Sylla eut le bonheur de rétablir la paix ; mais Rome, malgré sa victoire, était bien affaiblie, aussi fut-elle, pour ainsi dire, obligée d'accorder aux Italiens le droit de cité, sous la condition, *si fundi fieri vellent* (3), afin d'éviter la reprise des

---

(1) Walter. *Geschichte des Römischen Rechts bis auf Justinian.*, t. I, § 258.

(2) Cicéron, *pro Balbo*, nᵒˢ 21, 24.

(3) Giraud, *Recherches sur le droit de propriété*, p. 307. — Cicéron, *pro Balbo*, nᵒ 8.

9

hostilités. Dès-lors, le *jus italicum* disparut en Italie ; mais dans la suite de ses conquêtes, Rome le concéda souvent, ainsi que le *jus latii*, aux provinces qu'elle soumettait à sa puissance ; aussi le voyons-nous se répandre peu à peu dans tous les pays où les Romains portèrent leurs armes (1). Telle fut l'origine de ces deux droits ; recherchons maintenant les priviléges qui en résultaient.

On a fait remarquer, à juste raison, que la formule exacte du *jus latii* n'était pas arrivée jusqu'à nous. Ce droit territorial, dans le principe, devint plus tard personnel et fut aboli par la constitution de Caracalla. On n'en trouve aucune trace dans les auteurs classiques ; on ne peut, dès lors, arriver à reproduire la condition qu'il avait créée qu'en s'en rapportant aux textes relatifs aux Latins Juniens, *qui adsimilati sunt latinis coloniariis* (Gaïus I, § 22). Or, nous l'avons déjà vu, le Latin Junien jouissait, sauf certaines restrictions, des droits des Romains, et ils pouvaient acquérir le droit de cité, et même, dans certains cas, le *nudum jus Quiritium* (Gaïus I, § 28 et suiv. — Ulpien III, § 1). Cicéron nous apprend que le *jus latii* entraînait, après lui, une entière indépendance politique (2). Quant aux droits civils, les latins avaient le *dominium ex jure Quiritium*, le *jus commercii*, la *factio testamenti ;* on ne leur accordait pas, au contraire, le *connubium*, et, par suite, ils ne pouvaient exercer la *patria potestas* qu'en vertu d'une

---

(1) Walter, *Geschichte des Römischen Rechts bis auf Justinian*, t. I, § 319.

(2) Cicéron, *pro Balbo*, n° 8.

permission spéciale (Gaïus I, § 56. — Ulpien V, § 4) (1).
Ils jouissaient même de quelques droits publics, tels
que le *jus suffragii*; cependant ils n'avaient pas le
jus census. Les historiens nous apprennent que c'était
dans leurs cités et non à Rome qu'ils étaient inscrits (2);
ils pouvaient bien, à la vérité, voter à Rome lorsqu'ils
s'y trouvaient, mais des textes nombreux et irrécusables
nous montrent que, lors des élections importantes, on
les faisait sortir de la ville. Ils participaient au *jus honorum*, au *jus militiæ*, alors même que ce droit était considéré comme un privilége accordé aux citoyens seuls (3);
mais ils étaient soumis à des mesures disciplinaires plus
dures que ceux-ci, et ils pouvaient même être frappés
de peines corporelles (4). Pour terminer cette rapide
énumération, disons qu'ils pouvaient prendre part aux
sacra.

Le *jus italicum* survécut au *jus latii*; nous le retrouvons sous Justinien; cependant, il n'est guère plus facile
d'en déterminer le caractère, et, dès l'abord se présente
la question de savoir si c'était un droit territorial ou
personnel. Pothier, suivant l'opinion des juristes qui
ont écrit avant lui, déclare que c'est un droit purement
personnel : ce système, malgré les puissants motifs
sur lesquels on le base, ne me semble pas admissible.
En effet, comment admettre, si l'on considère le *jus*

(1) Walter, *Geschichte des Römischen Rechts bis auf Justinian*,
t. 1, §§ 307 et 354.
(2) Tite-Live, lib. XXV, n° 3.
(3) Tite-Live, lib. II, n°ˢ 30, 31.
(4) Saluste, *Jugurtha*, cap. LXIX.

italicum comme ayant les mêmes caractères que le *jus latii*, que la Constitution de Caracalla ait abrogé celui-ci et ait laissé subsister le premier ? On ne s'expliquerait pas de le retrouver réglementé au Digeste (1), tandis que nulle part le *jus latii* n'est mentionné. Du reste, en admettant cette opinion, il est impossible d'expliquer certains textes. Ainsi, dans Ulpien on trouve la phrase suivante : *Mancipi res sunt in italico solo* (Ulpien, XIX, § 1), et auparavant, traitant des personnes, il ne parle pas des *italici*, mais seulement des *cives*, des *latini* et des *peregrini* (Ulpien, V, § 4). La même difficulté se produit à l'égard des f. 1, § 1, 7 et 8, § 9, D. *de censibus*, 50, 15. Je n'hésite donc pas à admettre que ce droit était purement territorial, et que c'est à cause de cela que la Constitution de Caracalla n'eut pas à s'en préoccuper. — Avant de quitter cette matière, je dois faire connaître une nouvelle théorie émise par M. de Savigny (2). D'après ce savant romaniste, le *jus italicum* se rapporterait plutôt au droit administratif qu'au droit civil ; il se baserait sur trois règles fondamentales : 1° distinction du sol italique et du sol provincial (par la concession du *jus italicum*, le sol sur lequel il s'étend devient *res mancipi*) ; 2° exemption de l'impôt foncier et de la capitation ; 3° organisation de magistratures particulières et d'une juridiction spéciale. Le premier point ne peut soulever aucun doute ; par le second, la men-

___

(1) Voir au Digeste le titre : *de censibus*, 50, 15

(2) De Savigny, *Histoire du droit romain au moyen-âge*, t. I, p. 108 et suiv. — Giraud, *Recherches sur le droit de propriété*, p. 297.

tion du *jus italicum*, dans le titre *de censibus* au Digeste,
s'explique parfaitement; enfin, le troisième résulterait
de monuments relatifs à l'organisation du régime municipal, dont on retrouve l'énumération dans l'ouvrage de
M. de Savigny. Ce système, sans doute, est conforme aux
textes, mais il me semble revêtir un caractère trop
absolu. Il existe, on ne peut en disconvenir, des textes
qui reconnaissent à ce droit un caractère de personnalité (1); mais cependant, malgré les diverses opinions
auxquelles il a donné naissance, on n'a pu arriver à en
déterminer le véritable caractère; au fond, on doit reconnaître que c'est un droit territorial, mais on ne doit pas
par là, s'armant d'une excessive rigueur, soutenir qu'il
exclut tout privilége personnel. Remarquons que le *jus
italicum* ne conférera pas le *jus suffragii et honorum*,
pas plus que le droit de participer aux *sacra*, ni le droit
de naturalisation par bienfait de la loi; il faudra, dans
ce cas, qu'il y ait un rescrit du prince.

Nous venons de voir comment Rome avait dû agir
avec les peuples des provinces italiennes et quelle était
la nature des droits qu'elle leur avait successivement
concédés. Recherchons maintenant ce qu'elle fit à l'égard
des peuples qu'elle soumit en dehors de l'Italie. On sait
que Rome ne faisait que s'incorporer les peuples vaincus,
sans étendre ses frontières; l'Etat en lui-même ne s'étendait pas au-delà du Rubicon; c'est à cette limite que
commençaient les provinces. Il n'y eut rien de fixe pour
les concessions qui leur furent faites; aussi se présente-

(1) *Instit. de Justinien*, lib. I, t XXV, *princ*.

t-il, au premier abord, un grand nombre do situations distinctes : les unes étaient investies du *jus italicum*, d'autres du *jus latii*; quelques-unes étaient soumises à des gouverneurs romains. Cela provenait de la volonté du Sénat ; nous savons, en effet, que lorsqu'un peuple était vaincu, le Sénat statuait sur la loi qui le régirait et un traité était envoyé par des ambassadeurs au général vaincu ; ceux-ci réglaient les modes d'organisation de la province (1). Il arrivait même quelquefois que, pour ne pas s'aliéner l'esprit public, on leur permettait de conserver leurs magistrats, leurs lois; mais on cite également des exemples de peuples qui furent expulsés de leur territoire (2). Du reste, l'on doit remarquer que, bien ou mal traitées, les provinces étaient toujours tenues de payer à Rome un impôt variant suivant les circonstances, et l'on sait quels moyens employèrent certains gouverneurs romains pour la perception de ces tributs (3).

Pendant la période impériale, les provinces furent traitées moins rigoureusement ; mais ce changement eut pour cause un motif politique et non un motif d'humanité ; personne n'ignore le mot odieusement cruel de Tibère : Un bon pasteur tond ses brebis et ne les écorche pas. Du reste, l'action des provinces se fit bientôt sentir dans l'empire, et nous savons que ce fut sur elles que s'appuya César pour soumettre Rome. On sait avec

(1) Tite-Live, lib. XIV, nᵒˢ 17, 18.
(2) Pour l'organisation des provinces, voir Niebuhr, *Hist. romaine*, t. VI, p. 406 et suiv., et Walter, *Geschichte des Römischen Rechts bis auf Justinian*. t. I, §§ 233 et suiv.
(3) Cicéron, *in Verrem. Orat.* III, nᵒ 31.

quel enthousiasme elles embrassèrent sa cause, avec quel dévouement elles la défendirent. César ne se montra pas ingrat et accorda à un grand nombre des peuples alliés le droit de cité. C'est lui qui, le premier, admit les étrangers à siéger au sénat, et l'on doit reconnaître que si sa politique était dirigée en vue de satisfaire son ambition, elle tendait toutefois à constituer l'unité de l'empire romain. Les empereurs qui lui succédèrent suivirent la même voie ; au lieu d'éloigner les étrangers de Rome, Auguste les y appelle. Sous Claude, un nouveau pas se fait ; on accorde aux Gaulois le droit de participer à quelques magistratures, malgré l'opposition de l'aristocratie. Enfin, la Constitution de Caracalla réalisa le projet que s'était proposé César. Ulpien nous apprend que cet empereur déclara que tous les sujets de l'empire étaient citoyens romains : « In orbe romano qui sunt, ex » constitutione imperatoris Antonini, cives Romani » effecti sunt (1). » Nous reviendrons sur ce point au paragraphe suivant, car il s'agit ici d'une assimilation des étrangers par concession du titre de national.

En dehors des limites de l'empire se trouvaient les peuples barbares. Pendant longtemps ils se contentèrent de faire des invasions dans quelques provinces, afin de se procurer par le pillage les moyens de suffire à leur existence ; mais leur contact continuel avec la civilisation romaine les poussa bientôt à désirer de jouir des priviléges des citoyens romains. C'est alors, à vrai dire, que commencent les grandes invasions. Sous Valens, nous

(1) F. 17. D. *de statu hominum*, 1. 5.

voyons de nombreuses peuplades venues de l'Orient se
précipiter sur les limites de l'empire. L'existence de
Rome, un moment menacée, ne put être sauvée qu'en
accordant à ces peuples les droits qu'ils réclamaient ; ne
pouvant pas résister, l'empire se fit des alliées de ces
grossières peuplades, qui ne devaient pas cependant
tarder à le renverser. On les admit donc dans l'empire,
mais sous la condition de servir comme militaires et de
cultiver la terre (1) ; peu à peu on étendit la sphère de
leurs droits, et nous les voyons bientôt en position de
devenir citoyens romains (2) ; vers la fin de l'empire on
leur donna même le *connubium* (3). A partir de cette
époque, la décadence de Rome commença à se produire.
Sorti d'un misérable bourg, l'empire romain, après s'être
placé à la tête de toutes les nations civilisées, à force
d'augmenter son territoire, s'était donné des maîtres ;
il n'était plus qu'un fantôme de lui-même ; seul, l'ancien
prestige de son nom lui conservait encore un peu de son
ancienne autorité ; mais le monde vit bientôt que la vie
s'était retirée de ce corps, qu'il n'avait plus rien à craindre de lui, et ce fut au nom de la liberté qu'il secoua les
chaînes dont on l'avait autrefois chargé.

30. On rencontre en France ce mode d'assimilation
en vigueur pendant la période féodale. Nous avons vu
plus haut que l'institution du droit d'aubaine n'avait eu
pour but que de fixer les peuples errants sur le sol; le
résultat désiré, une fois obtenu, ce droit devenait rigou-

(1) Ammien Marcellin, lib. XX, § 8.
(2) F. 1. D. *ad municipalem*, 50, 1.
(3) Giraud, *Recherches sur le droit de propriété*, p. 191.

reux pour les personnes qui voulaient changer de résidence; il n'avait plus, pour ainsi dire, aucune raison
d'être. Cependant, on ne l'abrogea pas en principe;
mais les seigneurs firent entre eux des traités, connus
dans l'histoire sous le nom de *traités de parcours et entre-
cours*, par suite desquels il fut permis aux sujets de
voyager et de résider sur un territoire étranger sans
être soumis à payer le droit d'aubaine (1). Dans peu de
temps, ces traités prirent une extension considérable, et
presque tous les seigneurs se lièrent pour faire disparaître en fait ce droit. Mais à l'époque où les rois s'attribuèrent tous les droits sur les étrangers, ces traités
furent abrogés. Cependant, on devait en revenir à une
pratique plus libérale et plus favorable aux aubains.
Louis VII, le premier, promulgua une charte en 1145,
par laquelle il était permis aux étrangers, et l'on doit
entendre ici, par étrangers, les nationaux qui change-
raient de seigneuries, de voyager sur le territoire de la
France et de changer de résidence, sans être poursuivis
par les droits fiscaux.

Déjà de pareilles concessions avaient été établies chez
les barbares après la chute de l'Empire romain; mais il
est reconnu, de nos jours, qu'elles n'avaient pas les
caractères que l'on rencontre dans les traités de parcours.
Chez les barbares, les concessions sont purement personnelles; pendant la période féodale, les traités intervenant
entre deux seigneurs s'appliquent à tous leurs sujets.
Ainsi, chez les Lombards, le principe de la personnalité

(1) *Coutume de Londunois*, ch. I. art. 25.

des lois n'était pas admis; dès lors, l'étranger était soumis à la loi du pays, excepté si par une concession particulière on lui permettait de conserver la loi de sa patrie.
Bien que cela ne constitue pas un traité intervenu entre
deux nations, on doit y reconnaître l'application du principe d'où sortit plus tard l'art. 11, C. N. — Du reste, à
l'époque où les traités furent en usage, on retrouve encore de ces concessions personnelles; les uns n'excluent
pas les autres. Ces traités devinrent d'un usage si fréquent
qu'à partir du règne de François Ier, le droit d'aubaine
se trouva de fait aboli dans tous les Etats de l'Europe, à
l'exception de quelques petites principautés de l'Allema-
gne. Bacquet (1) énumère les divers traités qui furent
passés avec les nations étrangères; je ne citerai que la
dispense d'aubaine accordée aux Suisses, en 1481, par
Louis XI, le traité conclu par Henri II avec les Portu-
gais et celui de 1608, intervenu entre Henri IV et les
habitants de Genève.

21. C'est en cet état que se trouvait la législation à
l'époque de la Révolution. Nous avons déjà vu que, poussée
par les idées de philanthropie et de fraternité qui surgirent
à cette époque, l'Assemblée nationale abolit le droit d'aubaine, espérant que les autres nations la suivraient dans
cette voie. Mais son appel ne fut pas entendu. Aussi, les
rédacteurs du code pensèrent que la France ne devait pas
rester plus longtemps la dupe des autres nations; mais ils
déclarèrent en même temps que s'ils édictaient des mesu-

(1) Bacquet, *Traité d'aubaine*, 1re partie, ch. VIII et IX. —
Voir sur ce sujet le rapport de M. Rœderer (Fenet, *Recueil
des travaux préparatoires du code civil*, t. VII, p. 69 et suiv).

res plus rigoureuses, ce n'était que parce qu'ils y étaient contraints par la nécessité et qu'ils étaient prêts à les rétracter, si les autres puissances de l'Europe voulaient agir de concert avec eux. Telle fut la pensée qui inspira la doctrine de l'art. 11 Cod. Nap., et l'on n'en peut douter en présence des déclarations que fit, au sein de l'Assemblée nationale, le tribun Gary, dans la séance du 17 ventôse an XI : « Le peuple Français, dit-il, a eu la gloire » de proposer au monde entier cette grande résolution ; » douze ou treize années se sont écoulées sans qu'un si » bel exemple ait été suivi. Rentrons dans le droit des » nations, puisqu'on nous y oblige, mais rentrons-y de » manière que notre législation contienne d'avance le » germe de toutes les améliorations auxquelles elles vou- » dront consentir par leurs traités (1). »

De nos jours, l'art. 11 Cod. Nap. a plutôt une impor- tance historique qu'une importance pratique. Depuis que la loi du 14 juillet 1819 a presque placé l'étranger sur le même pied que le national, en abrogeant les deux incapacités les plus importantes qui le frappaient, son application est fort rare. Cependant, par là, il pourra obtenir les droits civils dont il ne jouit pas et échapper à ces quelques règles particulières qui l'atteignent. Mais je ne pense pas, ainsi qu'on l'a soutenu, qu'on pût se baser sur la généralité des termes de l'art. 11 pour étendre les concessions par traités à d'autres matières. Notre article ne s'occupe que des droits civils; aussi devrait-on considérer, comme inexistant de plein droit, un traité qui

_____

(1) *Moniteur* du 18 ventôse an XI.

aurait pour but de modifier l'art. 3 ou l'art. 7 Cod. Nap.;
on ne pourrait pas, à mon sens, par un traité, soustraire
un étranger à la loi personnelle de sa patrie, ni lui don‑
ner la qualité de citoyen Français.

§ 2.

Assimilation de l'étranger par suite d'une autorisation de domicile émanant du gouvernement Français.

22. Ce mode d'assimilation se rapproche du précé‑
dent à un double point de vue : 1° l'étranger, assimilé
par l'un ou l'autre mode, n'obtiendra pas la qualité de
citoyen ; 2° ni l'un ni l'autre ne modifiera l'état des
personnes. Ce qui les distingue, c'est que le premier est
général et s'applique à tous les membres des nations,
entre lesquelles le traité a été passé, tandis que celui
dont nous allons nous occuper est spécial et ne s'appli‑
que qu'à une personne déterminée.

Ce mode d'assimilation a été prévu et réglé par l'ar‑
ticle 13 Cod. Nap., des termes duquel il résulte que
l'étranger sera assimilé au Français, quant aux droits
civils, tant qu'il résidera en France, mais qu'il sera consi‑
déré comme étranger pour son état et les droits politi‑
ques. Avant d'étudier, d'une manière approfondie, la
portée de cet article, voyons si l'on ne trouve pas de
traces d'une pareille disposition dans les législations an‑
ciennes.

23. Dans l'antiquité, l'autorisation de domicile était
connue ; mais elle ne produisait pas les effets qu'elle

produit sous notre législation actuelle. A Athènes, on
trouve deux classes d'étrangers, les uns connus sous le
nom d'étrangers proprement dits, et étant, ainsi que je
l'ai déjà dit, soumis à des obligations rigoureuses, telles
que l'obligation de demeurer dans un quartier distinct
et fixé par les magistrats ; les autres, étrangers domiciliés, ayant reçu du gouvernement certains droits. Sans
doute, la constitution éminemment aristocratique de
cette cité les excluait de tous les droits civils et politiques ; mais, pour eux, disparaissait l'obligation d'habiter
dans le quartier désigné aux étrangers ; ils pouvaient
même être enrôlés et faire partie de l'armée. Mais cette
autorisation était, dans le principe, très difficile à obtenir, et par suite, ses effets contrastaient vivement avec
la difficulté qu'entraînait sa concession. Plus tard, on
permit à ceux qui avaient obtenu cette autorisation, de
se choisir un patron, et, par conséquent, de jouir de
tous les droits civils et politiques. C'était passer du système le plus rigoureux au système le plus libéral.

24. Dans les textes du droit romain, nous ne trouvons
nulle part les traces de l'autorisation de domicile ; on
permit cependant aux étrangers de se choisir un patron, et
par lui ils acquéraient la jouissance des droits civils (1).
Mais si l'étranger pouvait avoir intérêt à agir ainsi, les
citoyens romains n'en avaient pas un moindre à voir les
étrangers venir augmenter le nombre de leurs clients.
Cicéron nous apprend, en effet, que les biens de l'étranger mort à Rome revenaient au fisc, à moins que celui-

(1) Hugo, *Histoire du droit romain*, t. I, n° 211 et suiv.

ci ne se fût fait admettre au nombre des clients d'un
citoyen, car dans ce cas c'était le patron qui lui succé-
dait *jure adplicationis* (1). Dès lors, nous devons remarquer que la position de l'étranger domicilié à Rome est
toujours fâcheuse, puisqu'il ne peut jamais disposer de
ses biens, son patron ou l'Etat étant toujours appelés,
selon les cas, à lui succéder de plein droit en première
ligne. Il est facile de voir que ce n'est pas plus dans la
législation grecque que dans la législation romaine que
l'on doit rechercher l'origine de la disposition de notre
Code.

25. En Germanie, la constitution sociale diffère complètement ; elle a pour base une solidarité extrême entre
les membres de la famille. Chacun d'eux est tenu des
fautes de son parent. Chacun doit répondre pour lui (2) ;
la vengeance, par suite, entraîne des luttes sanglantes
entre les diverses familles. Aussi, en présence d'un
étranger n'ayant pas de garants, voyons-nous s'élever
des mesures rigoureuses, n'ayant pour but que de l'empêcher de nuire. L'esclavage est le sort réservé à l'étranger qui ne s'est pas fait admettre dans une famille ou
dans une corporation. Mais, ce qui a lieu de nous étonner, c'est que sous le nom de *warganeus* on n'entend
pas seulement les étrangers qui n'ont pas rempli cette
condition, mais même les nationaux qui n'ont pas d'alliés, qui ne font pas partie d'une famille. Si nous recher-

(1) Cicéron, *de Oratore*, lib. I, n° 39.
(2) Tacite, *de moribus Germaniæ*, cap. XXI : « suscipere
» tam inimicitias seu patris seu propinqui, quam amicitias
» necesse est. »

chons le motif des rigueurs exercées contre l'étranger, nous le trouverons dans la crainte de ne pas pouvoir lui faire payer l'impôt. Aussi, dès qu'une famille l'aura admis dans son sein, toute crainte de ce genre s'évanouissant (1), nous le voyons vivre libre au milieu du peuple et jouir des droits civils. Ce sont dès lors les simples citoyens qui exercent un privilège qui, de nos jours, appartient au gouvernement, à une époque où chacun devait veiller à l'ordre et au salut publics ; et, à défaut d'une autorité gouvernementale régulièrement constituée, c'était le simple citoyen qui, en admettant l'étranger sous son toit, lui conférait le droit de résidence. Le seul fait d'avoir passé trois nuits dans la demeure d'un Germain, lie l'étranger à la famille et le fait entrer dans le système de solidarité, qui est la base de la société. On doit reconnaître que le chef de famille assumait la responsabilité d'un fait fort grave, et duquel pouvaient résulter des conséquences excessives. L'hôte qui a reçu un étranger pendant trois nuits est son garant ; aussi, que de précautions devait prendre le Germain avant d'accorder l'hospitalité à un homme qui lui était inconnu. Aussi comprend-on très-bien la coutume existante alors et qui nous est rapportée par Tacite, à savoir que l'hôte qui avait admis chez lui un étranger, pouvait, avant le troisième jour, lui indiquer une autre demeure où il pouvait aller habiter (2). D'un autre côté, on ne pouvait pas refuser de recevoir un hôte sans s'exposer à l'amende;

---

(1) *Lex salica*, tit. XLVII, n° 2. — *Edictum Rotharis*, cap. CCCXC.

(2) Tacite, *de moribus Germaniæ*, cap. XXI.

cela explique encore la coutume dont je parlais précédemment. Parmi les nombreuses lois qui étaient en
vigueur à cette époque, je n'en citerai qu'une, la loi des
Burgondes, qui infligeait une amende de trois sous d'or
au national qui refusait l'hospitalité à un étranger
(tit. XXXVIII, § 1). Sous Charlemagne, de nombreux
capitulaires établirent la même pénalité. On comprend
que, bien qu'en Germanie il y eût pour l'étranger
le moyen d'obtenir l'autorisation de domicile, la cir-
conspection dont s'entourait chaque famille pour ne
pas admettre un indigne dans son sein devait, en fait,
en restreindre beaucoup le nombre. Le Code a reproduit
un système analogue ; seulement, de nos jours, ce n'est
plus la famille qui est chargée de veiller à la sécurité
et à l'ordre public ; c'est à l'État qu'a été dévolu ce soin ;
dès lors, ce sera l'autorité publique qui pourra accorder
l'autorisation de domicile, après s'être assurée que
l'étranger, qui demande l'obtention de cette faveur, en
est digne, et qu'il présente les garanties suffisantes pour
ne pas mettre en danger les intérêts de l'État et des
citoyens.

26. Pendant la période féodale, le système germain
disparut ; la constitution sociale s'était complètement
modifiée ; on retrouve bien l'association des familles,
mais elles sont soumises à un chef duquel elles dépendent et auquel elles reconnaissent des droits fort étendus.
C'est ce chef, par conséquent, qui peut seul concéder
l'autorisation de domicile ; mais à cette époque tout
étranger, passant un certain temps dans une seigneurie,
devenait homme du seigneur, était obligé de s'y établir

et d'y payer l'impôt. L'étranger peut bien se faire admettre dans une famille, car l'avouerie subsiste toujours, mais cela ne modifie guère son malheureux sort, car il ne prend plus place dans la famille, et reste par cela même corvéable et taillable à merci; s'il n'a pas recours à l'avouerie, il devient, de droit, l'esclave du seigneur.

27. De nos jours, cette matière est régie par l'art. 13 Cod. Nap. Cet article a un double but : 1° il facilite, pour l'étranger qui veut se faire naturaliser, le stage qui lui est imposé; 2° il permet au gouvernement d'accorder à l'étranger la jouissance des droits civils. On doit reconnaître que, dans quelques circonstances, notre législation s'est montrée rigoureuse à l'égard de l'étranger. Le législateur a voulu que l'on pût adoucir la sévérité de nos lois, toutes les fois que le caractère et l'honorabilité de l'étranger feraient disparaître tous les motifs de crainte que peut soulever sa qualité; telle a été la pensée des rédacteurs du Code lorsqu'ils ont adopté l'article qui nous occupe. Dans la discussion du projet de loi, on fit remarquer que le domicile constituait un élément essentiel de l'état des personnes, et que, par conséquent, l'étranger ne pouvait en avoir un en France. Voici en quels termes s'exprimait le tribun Gary : « J'observe » sous l'art. 13 qu'il n'y a eu aucune objection contre » la disposition qui veut que l'étranger ne puisse établir » son domicile en France, s'il n'y est autorisé par le » gouvernement (1). » Cette question, si simple en

---

(1) Séance du 17 ventôse an XI. — Fenet, *Recueil des travaux préparatoires du code civil*, t. VII, p. 648.

apparence, donne lieu à de vives controverses, et trois systèmes se sont élevés à ce sujet.

D'après le premier système, l'étranger n'aura jamais de domicile en France, alors même qu'il eût été autorisé par le gouvernement. En effet, dit-on, l'étranger ne demeure que momentanément sur le territoire français ; or, ce qui constitue le domicile, c'est la volonté de s'établir dans un pays à jamais. Mais cette volonté ne peut même pas être présumée chez l'étranger qui a sa fortune et ses affections dans son pays natal ; tout porte à croire que, dans un temps plus ou moins long, il y rentrera ; dès lors, tant qu'une personne conservera sa qualité d'étrangère, elle ne pourra avoir de domicile légal en France. En présence de cette opinion radicale s'en est soulevée une seconde qui ne l'est pas moins : l'étranger peut avoir toujours un domicile en France, même dans le cas où il n'aura pas reçu l'autorisation du gouvernement. On ne doit pas, dit-on dans la défense de ce système, donner une trop grande extension au principe que l'étranger ne peut avoir en France qu'une habitation provisoire et de durée limitée ; un étranger peut avoir en France, au contraire, son principal établissement. Or, l'art. 102 Cod. Nap. définit le domicile le lieu du principal établissement. Et l'on ne doit pas argumenter de ce que l'art. 102 ne parle que du national pour deux motifs : 1° parce qu'il n'a voulu s'occuper que du cas le plus commun, et 2° parce qu'il a voulu établir une distinction inapplicable à l'étranger entre le domicile civil et le domicile politique. D'un autre côté, on ne doit pas s'abuser sur le véritable but de l'art. 13 ; il ne vise pas les cas où

l'étranger sera domicilié ou non en France ; mais seulement les cas dans lesquels on devra lui accorder la
jouissance des droits civils (1). Le troisième système me
semble le plus conforme au texte de la loi : l'étranger,
autorisé par le gouvernement, peut seul avoir un domicile en France. Il faut reconnaître que l'art. 102 ne
parle que des Français et qu'aucun texte de loi n'a
étendu son application à l'étranger ; nous devons donc le
ramener à sa véritable portée et déclarer que les étrangers n'ont en France qu'une résidence provisoire. Cette
résidence pourra produire quelques effets (art. 59 et 69,
§ 8, procéd. civ.). Mais on ne doit pas, par cela même,
l'assimiler au domicile légal. D'après cette opinion, les
lois qui parlent de l'étranger domicilié en France n'ont
voulu parler que de l'étranger auquel le gouvernement
a accordé l'autorisation de domicile, et c'est à ceux-là
seuls qu'on doit les appliquer. Ainsi, ce ne sera que
l'étranger qui aura obtenu cette autorisation qui pourra
être appelé au service de la garde nationale en vertu de
la loi du 22 mars 1831 (art. 10) ; c'est celui-là seul qui,
avant la loi du 22 juillet 1867, aurait pu être exempté
de la contrainte par corps (loi du 17 avril 1832,
art. 14) (2).

On voit que cette question peut avoir en pratique une

---

(1) Merlin, *Répertoire*, au mot *domicile*, § 13. — Valette sur
Proudhon, t. I, p. 837, note A. — Cass. 24 avril 1827. — Paris,
15 mars 1831. — Riom, 7 avril 1835. — Besançon, 28 juin
1860. — Cass. 21 juillet 1861 ; 31 décembre 1862.

(2) Demolombe, t. I, n° 268. — Duranton, t. I, n° 353. —
Coin-Delisle, art. 13, n° 11. — Zachariæ, Aubry et Rau, t. I,
p. 262 et 278 (3e édition). — Cas. 2 juillet 1822.

grande importance, car les deux lois, que je viens de citer, et l'art. 105, Cod. for., établissaient d'importants avantages en faveur de l'étranger domicilié en France. Or, si l'on admettait le second système, tout étranger, ayant un domicile de fait en France, échapperait aux règles exceptionnelles auxquelles il est soumis.

28. Cela posé, voyons dans quelles formes doit être faite la demande en autorisation de domicile. L'étranger adresse une demande au maire de la commune où il veut s'établir; celui-ci fait faire une enquête et saisit le ministre de la justice de la demande; le ministre propose l'admission ou le rejet au chef de l'Etat, qui statue. Telle est la forme ordinaire, ainsi qu'elle a été réglée par le décret du 17 mars 1809. Mais cette autorisation peut être tacite; ainsi, les étrangers, dont parle la loi du 14 octobre 1814, sont assimilés aux étrangers domiciliés, s'ils n'ont pas abandonné notre territoire après la séparation résultant de traités (art. 1er de cette loi. — Cass. 26 février 1838). En général, cette autorisation se déduit de tout acte qui permet d'établir que le gouvernement a voulu l'accorder; ainsi, le fait d'investir un étranger de fonctions publiques entraîne la présomption d'autorisation de domicile. Peut-on également l'induire de la possession d'état? Cette question a reçu en jurisprudence des solutions diverses (1). Cependant, je crois que l'on doit admettre la négative, car, dans ce cas, il est des circonstances qui exigent l'intervention du gouvernement.

(1) Aff. Paris, 25 août 1842. — Nég. Paris, 19 déc. 1833.

29. Les effets de l'autorisation sont personnels à l'étranger qui a fait la demande et ne peuvent pas être étendus aux membres de sa famille. Quelques auteurs ont soutenu qu'ils s'étendaient à la femme du pétitionnaire et aux enfants qu'il a sous sa puissance (1). On se base pour soutenir cette opinion sur ce qu'il ne s'agit pas de leur faire changer de nationalité, mais seulement de leur procurer la jouissance de certains priviléges. Je crois cette doctrine inexacte, car, dans notre législation, en matière d'autorisation, les effets sont généralement personnels, et, dans le cas particulier qui nous occupe, rien n'indique qu'on doive s'écarter de cette règle. Dans l'opinion que je défends, il ne survient aucun inconvénient ; si le père de famille étranger n'a demandé que pour lui cette autorisation, c'est qu'il a craint d'entraîner à l'égard des siens des désagréments qu'il veut leur éviter ; on laisse à l'étranger toute sa liberté d'action en ne conférant qu'à lui seul et non à ses proches un privilége qui pourrait plus tard leur être défavorable (2). J'irai même jusqu'à penser, contrairement à l'opinion de M⁰ Marcadé (3), que ce privilége ne s'étendra pas sur les enfants nés après cette autorisation. Il me semble équitable en effet de ne pas imposer à une personne une position qu'elle n'eût peut-être pas volontairement acceptée, surtout en présence du droit rigoureux, mais nécessaire, qu'a le gouvernement de retirer cette auto-

(1) Zacharie, Aubry et Rau, t. I p. 281 (3ᵉ édition). — Demante, *Cours analytique de droit civil*, t. I, nᵒ 28 *bis* III.

(2) Demolombe, t. I, nᵒ 269.

(3) Marcadé, art. 13, § 2.

risation quand il lui plait (loi du 3 décembre 1849, art. 3).

30. Les effets de cette autorisation de domicile sont importants pour l'étranger ; il faut remarquer qu'elle ne lui attribue pas immédiatement un domicile, mais qu'elle lui donne le droit d'en avoir un. En outre, avant la loi de 1819 cette autorisation produisait de bien plus grands effets, puisqu'elle permettait à l'étranger de se soustraire à l'application des art. 726 et 912 Cod. Nap. L'art. 13 nous indique comment se modifie la position de l'étranger par suite de l'autorisation de domicile ; mais il est incomplet dans ses termes ; recherchons donc comment on doit interpréter la règle qu'il établit, à savoir que l'étranger domicilié en France par autorisation du gouvernement, y jouira des droits civils tant qu'il continuera d'y résider.

1º L'étranger domicilié demeure étranger ; il en résulte pour lui les trois conséquences suivantes : il ne peut exercer aucun droit politique , c'est un des points qui le distinguent du national ; il reste soumis aux lois personnelles de sa patrie (1) ; enfin ses enfants restent étrangers, alors même qu'ils seraient nés en France. Toutefois, cette dernière conséquence n'est pas admise par tous les auteurs, et il en est qui déclarent que cet enfant sera Français. En général, dit-on, l'étranger qui demande cette autorisation, le fait dans le but d'être

(1) Zachariæ, Aubry et Rau , t. I, p. 80 (3e édition). — Duranton, t. I, nº 111. — Comp. avec Demante, *Cours analytique de droit civil*, t. I, nº 28 *bis*, II, et Demangeat, *Histoire de la condition civile des étrangers en France*, nºs 81, 82.

naturalisé plus tard ; il a dès lors abandonné tout espoir
de retour dans son pays ; sa véritable patrie, par suite,
est la France (1). Cela me paraît contestable, car nous
savons que l'autorisation de domicile ne change en rien
la nationalité de l'étranger ; et l'on ne peut guère argumenter de ce que l'étranger, qui a obtenu cette faveur,
a l'intention de rester toujours en France, car il peut se
faire qu'il change de projet, ou même que le gouvernement lui retire la concession qu'il lui a faite. Tant que la
naturalisation ne lui aura pas été conférée, rien ne le lie
à la France. Du reste, il me semble que la loi du 7 fé·
vrier 1851 a tranché la question en faveur de l'opinion
que je défends (2).

Une autre conséquence du fait que l'étranger conserve
sa qualité, consiste en ce qu'il pourra être exclu du
territoire. La loi du 3 décembre 1849 sur la naturalisation a mis fin à la controverse qui s'élevait sur le point
de savoir si l'étranger domicilié pouvait être exclu du
territoire comme le simple étranger, en limitant parfaitement la différence qui existe entre ces deux classes de
personnes. Elle établit, en effet, que l'étranger non
autorisé à avoir un domicile en France, pourra être exclu
soit par ordre du ministre de l'intérieur, soit par ordre
des préfets des départements frontières (loi du 3 décembre 1849, art. 7, § 1 et 3). Pour l'étranger autorisé,
l'exclusion ne pourra être prononcée que par le gouvernement, qui devra prendre l'avis du conseil d'Etat (loi
du 3 décembre 1849, art. 3 et 7, § 2).

(1) Rodière, *Revue de législation*, t. I, p. 305. — Duranton,
t. I, n° 180.
(2) Demolombe, t. I, n°⁵ 153 et suiv.

2º L'étranger autorisé à avoir un domicile, jouira de tous les droits civils ; dès lors, il peut assigner ses adversaires devant les tribunaux civils (Cass. 23 juillet 1855), il est dispensé de fournir la caution *judicatum solvi*, il peut invoquer le bénéfice de la cession de biens (art. 905, Pr. civ.), il peut demander le bénéfice de l'art. 2121 Cod. Nap., relatif à l'hypothèque légale de la femme et du mineur (1) ; enfin, avant la loi du 22 juillet 1867, il était soustrait aux contraintes par corps exceptionnelles (loi du 10 septembre 1807), et ne pouvait y être soumis que dans les cas où les nationaux eux-mêmes y auraient été soumis (loi du 17 avril 1832, art. 14 et 15).

Ici se présente une grave question ; pourra-t-il invoquer contre les étrangers non domiciliés, les garanties que la loi établit en faveur des nationaux, en d'autres termes, pourra-t-il exiger de l'étranger demandeur la caution *judicatum solvi* ; aurait-il pu, avant la législation actuelle, exercer à son encontre la contrainte par corps, comme la loi le permettait au Français ? — La doctrine et la jurisprudence admettent, d'une manière à peu près unanime, la négative. On se base sur ce que l'art. 14 de la loi du 17 avril 1832 ne parle pas de l'étranger, mais concède ce droit spécialement au national ; on ajoute que ce droit ne peut pas être étendu à l'étranger, parce que c'est par mesure politique, pour maintenir l'ordre public et la sécurité générale qu'il a été introduit dans notre législation (2).

(1) Zachariæ, Aubry et Rau, t. I, p. 270 (3º édition).
(2) Zachariæ, Aubry et Rau, t. I, p. 280 ; t. II, pag. 46

Cette opinion ne me semble pas concluante, en ce sens qu'elle déroge au texte de l'art. 13. Cet article, en effet, nous dit que l'effet principal de l'autorisation de domicile est la concession de la jouissance de tous les droits civils ; mais comme on ne peut refuser d'admettre qu'au nombre des droits civils, on doive compter les droits de demander la caution *judicatum solvi* et d'exercer la contrainte par corps, l'étranger autorisé par le gouvernement à fixer son domicile en France doit aussi pouvoir en jouir. Quant à l'objection tirée de l'art. 14 de la loi du 17 avril 1832, elle est peu sérieuse ; le législateur devait forcément employer le terme de Français, puisqu'il voulait établir une opposition bien nette entre les étrangers et les nationaux ; aussi, ne peut-on pas admettre qu'il ait eu l'intention d'exclure de ce bénéfice l'étranger qui jouit de nos droits civils sans exception. Nous trouvons, du reste, dans nos codes de nombreux exemples d'une telle manière de s'exprimer, et, pour n'en citer qu'un, l'art. 905 Pr. civ. exclut formellement l'étranger du bénéfice de cession de biens, et cependant personne n'a jamais songé à le refuser à l'étranger qui se trouve dans la position juridique dont nous nous occupons (1).

De ce qui précède, il résulte que cet étranger, jouis-

(3e édition). — Coin-Delisle, art. 13, no 7. — Troplong, *de la Contrainte par corps*, nos 197, 198, 800. — Douai, 7 mai 1828. — Paris, 8 janvier 1831. — Paris, 21 mars 1842.

(1) Demolombe, t. I, no 266. — Pardessus, *Cours de droit commercial*, t. V, no 1528. — Cass., 23 avril 1828. — Cass., 15 avril 1842.

sant de tous les droits civils, et étant délivré d'obéir aux
règles d'exception, auxquelles il eût été soumis s'il
n'avait pas été autorisé à établir son domicile en France,
n'a, pour être assimilé au citoyen français, qu'à obtenir
les droits politiques et à être admis à jouir des statuts
personnels édictés par notre code. Mais de ce qu'il n'a
pas la qualité de citoyen, il en résultera, pour lui, certaines incapacités ; il ne pourra pas être témoin dans un
acte authentique (loi du 25 ventôse an XI, art. 9), ni
tuteur, car le droit à la tutelle constitue, à mon sens,
selon l'expression de Zachariæ (1), une dépendance de
l'état politique.

31. Nous venons de voir comment l'étranger peut
obtenir du gouvernement l'autorisation d'établir son
domicile en France, dans quelles formes doit être faite
sa demande, quels effets en résultent pour lui ; il nous
reste à savoir comment il peut perdre son bénéfice. Nous
avons vu que, par suite de l'autorisation, l'étranger
domicilié relève directement du chef de l'Etat ; ce sera
donc le pouvoir exécutif qui pourra lui retirer le bénéfice
qu'il lui a accordé. C'est ainsi que l'a réglé la loi du 3
décembre 1849 (art. 3) ; mais elle a ajouté une formalité
de plus dans l'intérêt de l'étranger : le gouvernement ne
pourra prendre une pareille mesure que sur avis du
Conseil d'Etat. De cette disposition formelle doit-on conclure que le ministre de l'intérieur et les préfets des
départements frontières ne pourront, comme pour les
simples étrangers, ordonner l'exclusion du territoire de

---

(1) Zachariæ, Aubry et Rau, t. I, p. 160 (3e édition).

leur chef? La loi de 1849 (art. 7) a prévu ce cas, et tout
en donnant à la liberté de l'étranger domicilié toute la
latitude possible, elle a conservé à ces fonctionnaires le
droit dont elle les avait investis à l'égard de l'étranger
proprement dit ; mais leur action ne sera que provisoire,
et la mesure qu'ils auront ordonnée cessera d'avoir effet
après un délai de deux mois, si la révocation du privilége
n'a pas été faite dans la forme indiquée par l'art. 3 de
cette loi. Il résulte de cela que l'autorité judiciaire ne
sera, dans aucun cas, compétente pour empêcher le
retrait de l'autorisation de domicile. Mais cependant, on
doit admettre que l'autorité judiciaire devra, dans tous
les procès intentés par un étranger ou contre lui, vérifier
si les conditions requises, pour que l'autorisation produise ses effets, ont été remplies. Dès lors, comme cette
concession est conditionnelle et s'éteint de plein droit dès
que l'étranger a cessé de résider en France, le tribunal
ne pourra reconnaître en faveur de l'étranger les effets
qui découlent de son privilége, que tout autant qu'il aura
encore son domicile en France. Pour ce qui est de cette
résidence exigée de l'étranger domicilié, on doit reconnaître qu'une absence momentanée, un voyage même
hors des frontières ne suffiraient pas pour lui faire perdre
son domicile en France. Ce serait donner à la loi un
sens exagéré, car le législateur n'a pas voulu défendre à
cet étranger des déplacements souvent nécessaires à ses
affaires ; il suffit qu'il ait l'esprit de retour pour que la
concession soit maintenue en sa faveur. Cela n'offre, du
reste, aucun danger pour l'ordre social, en présence de
l'article 3 de la loi du 3 décembre 1849, qui permet eu

gouvernement de retirer le privilége dans tous les cas où
il le juge nécessaire.

32. Après avoir vu dans ce chapitre comment l'étranger peut se rapprocher du Français par les concessions
résultant de traités conclus entre la France et son pays,
ou de l'autorisation de domicile, il nous reste à étudier
comment il acquiert la qualité de Français, puis enfin
comment il devient citoyen. L'étude de ces deux points
fera l'objet des chapitres suivants.

CHAPITRE II.

NATURALISATION PAR BIENFAIT DE LA LOI.

33. Je dois maintenant m'occuper de deux modes
d'assimilation de l'étranger avec concession de la qualité
de national : ce sont la *naturalisation par bienfait de la
loi*, et la *naturalisation proprement dite*. Dans ce chapitre, je vais m'attacher spécialement à l'étude de la
première, renvoyant l'examen de la seconde au chapitre
suivant. Il existe une différence radicale entre ces deux
modes; alors que pour la naturalisation proprement dite,
c'est le gouvernement qui doit admettre ou rejeter la
demande qui lui est faite, pour la naturalisation par bienfait de la loi, il n'a pas à intervenir. Le bénéfice est
accordé par la loi, qui offre la jouissance des droits civils
et le titre de Français à l'étranger. Celui-ci n'a pas de
demande à faire, il n'a qu'à prendre ou non à son gré le
titre que lui présente la loi sous certaines conditions qu'il
doit remplir. Cette assimilation provient donc d'un droit

personnel à l'étranger et dont l'existence découle de conditions entièrement dépendantes de sa volonté.

Mais remarquons que si ces deux genres de naturalisation diffèrent, quant à leur nature et quant à la manière dont l'étranger peut les obtenir, ils diffèrent également pour ce qui concerne les moyens de preuve. Pour la naturalisation proprement dite, c'est, ai-je dit, le gouvernement qui la concède, il faudra donc une preuve matérielle relatant l'existence de cette concession. Nous verrons plus loin, en effet, que le gouvernement délivre à l'étranger des lettres de naturalisation, qui seules peuvent servir à prouver et la concession du privilége et le changement de nationalité. Pour le mode, qui nous occupe spécialement, il n'en est plus ainsi. Le fait de l'assimilation résulte de la volonté seule de l'étranger ; a-t-il observé les conditions prescrites par nos lois, il est de plein droit assimilé au national. Ici, le gouvernement n'intervient en aucune sorte ; les lettres de naturalisation ne sont pas données ; dès lors, l'étranger voulant prouver son droit à porter le titre qu'il a acquis en se soumettant volontairement aux conditions imposées par la loi française, pourra invoquer toute espèce de preuve. Dans ce cas, il pourra bien être accordé par le gouvernement des *lettres dites de naturalité ou de déclaration*; mais on ne doit pas les confondre avec les lettres de naturalisation, car les effets qu'elles produisent n'ont aucun rapport entre eux. Tandis que celles-ci confèrent à l'étranger le titre et la qualité de citoyen, les premières ne font qu'établir l'existence de l'assimilation à laquelle l'étranger est arrivé par son fait. — Telle

est la distinction importante que l'on doit faire entre les
lettres de naturalisation et les lettres de naturalité; elle
a été consacrée, à juste raison, par la Cour de Cassation
(Cass. 4 mai 1836). Du reste, cela ne peut faire aucun
doute devant la déclaration importante du ministre de la
justice en cette matière. Une circulaire du 13 juillet
1844, déclare que : « L'étranger, qui en temps utile a
» accompli les conditions imposées par la loi, peut, sans
» le secours des lettres de naturalité, se prévaloir de la
» qualité de Français, sauf à lui, en cas de contestation,
» à se pourvoir devant les tribunaux, pour qu'il soit
» statué sur la question d'état. » Depuis cette époque,
la Cour suprême a persisté dans l'interprétation qu'elle
avait déjà si heureusement admise (Cass. 19 août
1844).

Mais lorsqu'on en arrive à la pratique, il est nécessaire,
à mon sens, pour ce mode d'assimilation, d'user de grande
prudence. Il est, cependant, des auteurs qui ont beaucoup
loué la possibilité accordée à l'étranger d'être assimilé
au national par le fait seul de sa volonté, qui l'ont présentée comme un des principes les plus libéraux de notre
législation et ont voulu étendre le plus possible son application. Cette doctrine, qui a eu pour défenseur le plus
ardent, M. Chamiot, se fondait sur l'espoir de réunir un
jour le monde entier en une république universelle ;
aussi, ne s'étonne-t-on pas de voir ses soutiens demander
qu'il suffise à l'étranger de faire une simple déclaration
devant l'officier de l'état civil, et proclamer que c'était
un devoir pour la nation à qui ce droit était demandé de

l'accueillir (1). — On voit, sans peine, à quels dangereux résultats conduit cette doctrine. En effet, on doit reconnaître à l'autorité un contrôle pour garantir l'ordre public contre les tentatives que pourraient faire les étrangers résidant en France ; je n'hésite pas à conclure que le droit d'expulsion confié au gouvernement est indispensable. Mais, comme d'un autre côté il est de l'intérêt d'un pays de permettre aux étrangers d'y résider, si du fait seul de cette résidence naissait pour l'étranger un droit à être assimilé au Français, le gouvernement n'aurait pour préserver la nation qu'un seul moyen, fermer les frontières à l'étranger. Parti d'un principe essentiellement libéral, on est obligé d'en convenir, on en arriverait à un résultat aussi dangereux pour la France que pour les nations étrangères, car il s'ensuivrait un sys-

(1) Voici les paroles que prononça M. Chamiot pendant la discussion de la loi de 1849 : « Une loi sur la naturalisation » doit, à mon sens, être faite sur les données suivantes : en » vertu du principe de la fraternité humaine, le droit, pour » tout homme, de faire partie des membres d'une nation est » incontestable ; et c'est un devoir pour la nation à qui ce droit » est demandé de l'accueillir » (Voir le *Moniteur* du 21 novembre 1849). — A cette théorie, M. Siméon avait déjà répondu par des paroles pleines de sagesse, qui sont la base du système que je défends : « Si un étranger malheureux, mais ardent, » peut-être imprudent et criminel, ne vient chercher chez » nous que de l'obscurité et du repos, il les y trouvera toujours ; mais s'il pouvait devenir, sans l'aveu du gouvernement, Français et même citoyen, il faudrait à son égard » proportionner la sévérité à la hauteur et au danger de ses » prétentions ; elles forceraient à lui ôter justement, dès le » principe, l'asile dont il ne se contenterait pas » (Fenet, t. VII, p. 160).

tème de réciprocité qui, défendant l'entrée des pays
étrangers aux Français, comme nous le refuserions à
l'étranger, entraverait les rapports commerciaux et
internationaux. Mais il est un point de vue plus grave
sur lequel on pourrait se baser pour repousser la validité
de ce genre de naturalisation. Si, par le fait seul de la
résidence, l'étranger pouvait acquérir le droit d'être
assimilé au Français, on verrait au sein de notre patrie
ce nom porté par les criminels qui, ayant échappé aux
poursuites judiciaires dans leur pays, seraient venus
chercher un refuge sur notre territoire. Devant une
pareille conséquence l'honneur national se révolte, et
l'on est obligé d'admettre un système plus sévère et plus
prudent. Cependant, il est certains cas dans lesquels on
doit reconnaître que l'intervention du gouvernement n'est
pas utile. Ce point est réglé par la loi du 7 février 1851,
qui a porté en notre matière de fâcheuses innovations.
Nous verrons plus loin, en étudiant particulièrement
cette loi, quelles sont les circonstances dans lesquelles
peut intervenir la naturalisation par bienfait de la loi.

Néanmoins, dès à présent je dois dire que la naturalisation étant une faveur, un privilége, une pareille
concession doit être en principe aussi limitée que possible. Au point de vue social et économique, les opinions
ont beaucoup varié. Cette question était débattue dès
l'antiquité la plus reculée. L'un des plus grands génies
des temps anciens considère la naturalisation comme une
cause de ruine pour une nation ; aussi d'après lui, dans
un état bien constitué, ne veut-il pas que l'on admette
au rang de citoyen les étrangers en général, mais sur-

tout ceux qui exercent une profession mécanique ou qui font le commerce (1). On trouve ces principes appliqués à Athènes, et l'on sait que le dédain inspiré par l'étranger et le système d'exclusion appliqué contre lui contribuèrent à la décadence de cette cité (2). D'un autre côté, si Rome dut un moment sa grandeur à son système d'assimilation, il est certain que l'extension exagérée qu'on lui donna fut cause de sa ruine (3). Aussi, je pense que l'on doit user sagement du bienfait de la naturalisation sans l'étendre outre mesure ; et à l'appui de mon opinion je ne citerai qu'un exemple frappant : qu'est-ce qui fit la grandeur de la Hollande et de la Suisse à l'époque de la révocation de l'édit de Nantes, sinon la protection bien entendue que ces Etats surent accorder aux malheureux frappés par le despotisme du grand roi, et les priviléges qu'ils leur concédèrent. On doit suivre l'exemple que donnèrent ces nations : accorder autant de droits que possible à l'étranger, mais ne concéder le titre de citoyen qu'avec beaucoup de modération. C'était ainsi que l'on agissait pendant la période féodale, comme nous l'apprend un auteur de cette époque : « Le nom de citoyen a esté anciennement de » tous peuples réputé excellent et honorable ; en sorte » qu'il n'a esté donné, octroyé ny communiqué à aucun » estranger, sinon en reconnoissance ou rémunération

---

(1) Aristote, *Politique*, tom. I, p. 187, note 1.

(2) Denis d'Halycarnasse, lib. II, cap. 6.

(3) Montesquieu, *Considérations sur les causes de la grandeur et de la décadence des Romains*, chap. 9.

» de grande, rare et excellente vertu (1). » Pendant la
révolution, on abusa de la naturalisation, entraîné que
l'on était par les principes de fraternité. Mais je crois
qu'on doit en revenir aux principes professés par nos
ancêtres. « Pour moi, dit un savant professeur, à l'opinion duquel je me range, je ne trouve le vrai caractère
» de la naturalisation qu'aux époques où elle est rare,
» où elle est pour les nations ce qu'est l'adoption pour
» la famille ; et je comprends mieux encore l'orgueil
» d'une nation que d'une famille (2). »

Ces principes généraux établis, je divise ce chapitre
en deux sections : dans la première, je m'occuperai de
l'historique de la question, la seconde sera consacrée à
l'étude de la naturalisation par bienfait de la loi sous le
régime du Code Napoléon et des lois postérieures.

SECTION Ire.

HISTORIQUE DE LA QUESTION.

34. Personne n'ignore combien fut grande la politique
d'assimilation du peuple Romain. Autant nous voyons
Athènes, pleine de mépris pour tous ceux qui ne sont
pas nés sur son territoire, refuser la naturalisation aux
étrangers, autant nous voyons Rome empressée à les
recevoir. Déjà nous avons étudié les priviléges résultant
des traités ou du choix d'un patron, et nous avons vu
qu'ils étaient importants. Mais Rome ne devait pas s'ar-

(1) Bacquet, *Traité d'aubaine*, 1re partie, chap. 3, n° 1.
(2) Beudant, *De la Naturalisation*, § 32.

rêter là, et elle en arriva, en effet, bientôt] à donner des
priviléges beaucoup plus étendus, concédant a l'étranger
le titre de citoyen Romain, et cela au gré de ceux qui
se rendaient dignes d'une pareille faveur. Cependant, le
peuple Romain tenait à l'ancien prestige de son . nom,
aussi ces concessions ne furent pas accordées à tous ceux
qui les désiraient. De temps à autre, quelques personnes
privilégiées recevaient le titre de citoyen ; mais nous
devons remarquer que, pour que la concession pût être
faite, l'étranger devait choisir, c'est-à-dire accepter l'offre qu'on lui faisait, ou demeurer dans son ancienne
condition (1). En général, ce privilége était accordé aux
personnes jouissant déjà du *jus latii*, ainsi que nous
l'apprend Cicéron (*pro Balbo*, cap. 8). Ceux qui ont déjà
obtenu cette première concession, peuvent, par leur seul
fait, en se conformant à quelques conditions que leur
impose la loi romaine, acquérir les droits de citoyen
Romain. Pour cela, l'étranger devra, au moyen de modes
solennels , abdiquer la qualité d'étranger. Mais nous
avons vu que le *jus latii* était tantôt un droit personnel,
tantôt un droit réel; aussi existe-t-il des moyens pour
faire disparaître des fonds immobiliers le vice de péré-
grinité qui les entache. Dans ce dernier cas, les peuples
sont dits, d'après l'expression de Cicéron, *fundi fieri* ; le
premier cas s'applique à des latins pris en particulier, et
leur permet, comme nous le verrons plus tard, d'être
assimilés aux citoyens Romains.

Il est intéressant de rechercher quels étaient le carac-

(1) Cicéron, *Pro Balbo*, cap. 8 : « *Fundi populi beneficio
nostro, non suo jure, fiunt.* »

tère et les effets que produisait cette concession connue
sous le nom de fundanéité. Deux systèmes se sont élevés
sur ce point. Quelques auteurs ont soutenu que les peuples qui voulaient *fundi fieri* devaient rejeter complètement leur droit national et adopter la législation romaine ;
mais il ne résultait pas de là que ce peuple obtînt
un privilége quelconque et la capacité civile romaine.
Rome conservait le droit de les conférer. « La capacité
» pouvait appartenir au *fundus*, ainsi que le dit M. Gi-
» raud, pour un autre motif, mais jamais par son titre
» seul et isolé de *fundus* ; Rome en faisait seulement
» la condition préalable de la collation de l'isopolitie (1). »
Dès lors, on doit conclure, dans cette question, que la
fundanéité ne conférait aucun droit par elle-même, si
Rome ne les ratifiait pas. Il résulte, de certains textes
de Cicéron, que l'aptitude à *fieri fundi* consistait dans le
droit que Rome se réservait d'accorder aux peuples étrangers d'abandonner leurs droits nationaux pour être assimilés aux citoyens Romains (2), et de laisser englober
leur territoire dans l'empire Romain (3). Par conséquent,
la concession que se réservait Rome était de permet-

(1) Giraud, *Recherches sur le droit de propriété*, pag. 308. —
Niebuhr, *Histoire romaine*, tom. III, pag. 73, 102 et suiv.

(2) Cicéron, *Pro Balbo*, cap. 6 : « Totum hoc in ea fuit
» positum semper ratione atque sententia, ut cum jussisset
» populus romanus aliquid, si id adcivissent socii populi ac
» Latini, et si *ea lex quam nos haberemus eodem in populo
» aliquo tanquam in fundo resedisset*, ut tunc eadem lege is
» populus tenetur. » Et plus loin : « Innumerabiles aliœ
» leges de civili jure sunt latœ quas Latini voluerunt. »

(3) Giraud, *Recherches sur le droit de propriété*, pag. 283.

tre aux peuples de devenir aptes à *fieri fundi*; mais dès
qu'une nation avait reçu ce privilége, elle avait le droit
de choisir si elle devait ou non accepter. Et ne nous y
trompons pas, cette concession à la vérité entraînait
des priviléges, mais le peuple qui l'acceptait, abdiquait
immédiatement son indépendance, car son territoire était
confondu par l'assimilation avec le territoire romain ;
les *fundi* devenaient, sur-le-champ, sujets de l'empire
Romain, et ne relevaient plus que de ses lois et de ses
magistrats. Cependant, cette assimilation pouvait revêtir
deux caractères, elle pouvait être totale ou partielle, en
d'autres termes les peuples *fundi* pouvaient se soumettre
à la législation romaine dans son ensemble, ou opter
pour certaines lois et refuser d'obéir à quelques autres.
Dans les premiers temps, cette concession ne pouvait
être accordée qu'aux peuples ayant antérieurement acquis
le *jus latii*; mais nous avons vu que la loi Julia l'étendit
à toute l'Italie. Cette loi établit que les peuples qui
voudraient obtenir le droit de cité devaient accepter le
droit romain, ce qui n'est autre chose que l'exercice du
fundi fieri. Quelques cités trouvèrent cette condition
exorbitante, et, préférant rester indépendantes que d'être
romaines en s'asservissant, n'acceptèrent pas le privilége
que leur procurait la loi Julia. Parmi ces cités, Cicéron
cite Héraclée et Naples (1).

Le *jus latii* était un des modes par suite desquels on
pouvait arriver à la cité romaine ; mais alors les conditions imposées par les lois Ælia Sentia et Junia Nor-

(1) Cicéron, *pro Balbo*, cap. 8.

bana étaient relatives à la personne qui voulait devenir citoyenne romaine. Nous avons vu dans la première partie de ce travail par quels modes les Latins Juniens arrivaient à ce privilège. On ne trouve pas de textes parlant des latins proprement dits ; cela s'explique facilement, car ces textes sont postérieurs à la constitution de Caracalla, qui, abrogeant les différences existant entre les sujets de l'empire, avait, par conséquent, fait disparaître la classe des latins. Mais nous savons qu'en notre matière on doit assimiler les latins proprement dits aux Latins Juniens. Dès lors, les latins acquièrent le droit de cité par plusieurs modes, à savoir : l'*iteratio*, la *causæ probatio*, le *triplex enixus* pour la femme latine, le *beneficium principale*, la *militia*, la construction d'un navire, d'une maison à Rome ou d'une boulangerie, enfin l'exercice d'une magistrature dans sa cité. Je me bornerai à cette simple énumération, renvoyant pour les détails à la première partie (Chapitre II).

35. En Germanie, on rencontre quelquefois, mais fort rarement, des assimilations volontaires. Pendant la période féodale, les institutions avaient été profondément modifiées ; le titre et la qualité de citoyen ne pouvaient être donnés que par les agents du pouvoir ; la règle était formelle et ne souffrait pas d'exception ; par conséquent le mode de naturalisation qui nous occupe ne pouvait exister. Cette opinion a cependant trouvé des adversaires, et les défenseurs du système, connu sous le nom de système des *professiones*, que nous allons étudier, ne tendent à rien moins qu'à renverser entièrement la première opinion. On sait que depuis l'invasion des barbares

jusqu'à la Révolution, la France, au point de vue législatif, présenta un singulier spectacle. Tandis que le droit
romain se perpétuait dans le midi, les pays du nord
étaient régis par des lois particulières, connues sous le
nom de coutumes; de là la grande division en pays de
droit écrit et en pays de coutumes. La cause de cette
division radicale est intéressante à rechercher, et l'on
peut en fixer le point de départ à la période qui suivit les
invasions des barbares. Pendant cette période de luttes
qui vit le démembrement de l'empire Romain, au milieu
des incursions des barbares sur le territoire de Rome, les
nationalités se confondent. L'union de ces peuples nombreux, pour atteindre le but commun, fait des frères de
tous ces ennemis du plus grand des empires ; parmi eux
plus d'étrangers; la propriété foncière est inconnue à ces
masses de hordes errantes, parcourant dans tous les sens
l'Europe entière et vivant au jour le jour. Au milieu de ce
chaos, la territorialité de la loi ne pouvait exister. En effet,
sera-ce d'après la loi du pays où l'on se trouve que l'on
devra trancher les différends; mais d'abord il faut déterminer à qui appartient ce pays. Dépend-il encore de Rome,
appartient-il déjà à la tribu envahissante, qui peut-être
demain l'aura abandonné? Une pareille question n'a jamais
pu être tranchée; aussi se trouve-t-on en présence
de la personnalité de la loi, et voit-on dans chaque
procès le juge demander aux parties quelle est leur loi
d'origine, en d'autres termes, *qua lege vivunt.* De là naquit
un antagonisme entre les différentes lois; et plus tard,
après que les barbares en furent venus aux mains et que de
cette lutte acharnée eût résulté leur établissement sur le

sol de l'Empire, on rencontre un grand nombre de législations en présence. Le droit écrit confirma le respect que
le magistrat devait avoir pour la loi d'origine des parties.
Dès lors, le principe de la personnalité de la loi était
consacré, et il reçut une sanction définitive par la coutume qui obligeait les rois à leur avènement au trône de
jurer de le respecter. — Mais on voit par quel vice
péchait ce système; à mesure que les peuples se confon-
daient entre eux et que les rapports sociaux s'établissaient entre les diverses nations, les juges ne pouvaient
plus appliquer la loi de chacun; il aurait fallu une pa-
tience à toute épreuve et une science surhumaine pour
reconnaître la loi personnelle de chacun des membres
des diverses tribus qui avaient envahi le sol de notre
patrie. Aussi voit-on un phénomène étrange se produire;
la loi devient territoriale. Au nord, la coutume se
forme des institutions locales; dans le midi, le droit
romain est accepté, et ce sont les compilations de lois
de l'Empire rédigées par l'ordre des princes barbares qui
servent de Codes. C'est ainsi que se produisit la différence que nous mentionnons au début de cet aperçu historique. — On s'est demandé à quelle époque eut lieu
cette scission; il est, à mon sens, fort difficile de l'établir
d'une manière précise. Cependant, ainsi que je l'ai déjà
dit, on peut considérer la période qui suivit l'invasion
des barbares comme le commencement de ce travail qui
dut être lent et s'effectuer peu à peu. Du reste, dès le
VIIe siècle, on trouve des coutumes, et un siècle plus tard,
en l'an 864, le roi Charles-le-Chauve, promettant de
respecter la personnalité de la loi, s'exprime en ces ter-

mes : « *In illis regionibus in quibus judicia secundum*
» *legem Romanam terminantur* (1). » De ces paroles il
découle que ce n'est pas seulement de la personne que la
loi dépend, mais encore du lieu. Mais ce qui doit surtout
nous déterminer à admettre ce principe, c'est qu'il
résulte naturellement de l'état social des barbares. Il est
certain qu'au milieu des incursions fréquentes des tribus,
les chefs barbares devaient s'efforcer de donner des mœurs
sédentaires à leurs sujets, de les attacher, en un mot, au
sol. C'est dans ce but que furent faits les édits et les
ordonnances relatifs aux étrangers établissant le droit
d'aubaine. Dès lors, les peuples perdirent le caractère
nomade, la propriété foncière se constitua, et c'est à la
suite de cette importante modification que les nations sen-
tant le besoin d'une législation, se partagèrent, suivant
leur situation géographique, et adoptèrent pour lois soit
le droit romain, soit les coutumes. — Quant à ce qui
est du moment où se termina cette révolution, on doit
admettre que ce fut dans la période féodale, mais on ne
peut déterminer d'époque certaine.

Tous les auteurs n'ont pas admis cette opinion, et on
lui oppose le système des *professiones* que j'ai déjà mentionné plus haut et que je vais développer ici. Ce système
trouva des adhérents surtout parmi les légistes italiens.
Leur point de départ était le même que celui du système
précédent, à savoir : la difficulté qu'éprouvaient les juges
après les invasions pour appliquer à chaque personne la
loi de son origine. Aussi, dit-on, dès le début du litige,

(1) Edit de Pistes, cap. XVI ; Baluze, t. II, p. 180.

chaque partie devait remettre au juge un acte justifiant de quelle loi elle était justiciable. Ces actes étaient connus sous le nom de *professiones legis*, d'où le système que j'étudie a pris sa dénomination. De nombreux textes montrent qu'avant l'introduction de l'instance, le juge devait demander aux plaideurs *qua lege vivunt*. Mais celui que l'on cite d'ordinaire à cause de sa simplicité est tiré d'un capitulaire de Lothaire de l'année 824 : « *Volumus ut omnis senatus et populus romanus inter-* » *rogetur quali vult lege vivere et sub ea vivat.* » De ce fragment, quelques auteurs concluent que la personnalité de la loi dépendait à cette époque du choix des individus de quelque nation qu'ils fussent, et qu'on ne pouvait leur appliquer que la loi à laquelle ils déclaraient devant le juge vouloir obéir. Par conséquent, la volonté seule d'une personne la rendait apte à se naturaliser d'elle-même dans la tribu à la loi de laquelle elle se soumettait. Au siècle dernier, de nouveaux adhérents soutinrent cette doctrine en se basant, cette fois, sur le passage suivant de la loi Salique : « *Si quis ingenuus francum aut hominem qui lege* » *salica vivit, occiderit*, etc. » En effet, disaient-ils, il ressort de ce texte que l'on distinguait trois catégories de personnes, d'abord le barbare, en second lieu le Franc, et enfin l'homme *qui lege salica vivit ;* mais quelle aurait pu être cette troisième personne, sinon le Gallo-Romain qui a choisi la loi Salique, ou, pour parler le langage des défenseurs de ce système, *qui legis salicæ professionem fecit ?* Mais il est facile de voir que cet état de choses ne pouvait pas durer longtemps, et Montes-

quieu trouve dans ce nouveau caractère du système de la
personnalité de la loi un des motifs qui devaient entraîner
sa ruine et pousser au partage de la France en pays de
droit écrit et en pays de coutumes. Ce savant écrivain,
étudiant les dispositions de la loi Salique, vit que lorsqu'il s'agissait du meurtre d'un Franc, la composition à
payer à titre de peine était deux fois plus forte que
lorsqu'il s'agissait du meurtre d'un Romain ; dès lors il
y avait un intérêt marquant pour toute personne soumise
à la loi romaine de l'abandonner et de reconnaître pour
sa loi la législation franque. Ceci explique comment dans
le nord s'établit la prépondérance des coutumes. Dans
les provinces du midi on n'eut aucun avantage à rejeter
le droit romain, car, d'après la loi wisigothe, les Romains
étaient assimilés aux nationaux ; par conséquent, le
droit romain devait se perpétuer dans ces contrées, puisque les Romains n'avaient aucun avantage à le dénier
pour se rallier à la loi des Wisigoths (1). On voit par ces

(1) Voici en quels termes Montesquieu expose son opinion ;
il déclare d'abord que les lois étaient personnelles : « C'est
» un caractère particulier de ces lois des barbares qu'elles
» ne furent point attachées à un certain territoire : le Franc
» était jugé par la loi des Francs, l'Allemand par la loi des
» Allemands, le Bourguignon par la loi des Bourguignons, le
» Romain par la loi Romaine ; et bien loin qu'on songeât,
» dans ces temps-là, à rendre uniformes les lois des peuples
» conquérants, on ne pensa pas même à se faire législateur
» du peuple vaincu. » (*Esprit des Lois*, liv. 38, chap. 2). Puis
dans le chapitre suivant, se préoccupant de la différence
essentielle qui existait entre la loi Salique et la loi des
Wisigoths et des Bourguignons, il en tirait la conclusion
mentionnée ci-dessus : « J'ai dit que la loi des Bourguignons
» et celle des Wisigoths étaient impartiales, mais la loi Salique

explications qu'on arrive très bien, en adoptant le système des *professiones legis*, à se rendre compte de la
révolution qui fit surgir deux législations différentes et
radicales en France.

Cependant, je ne crois pas que l'on doive donner la
préférence à ce système, car les textes sur lesquels il se

> » ne le fut pas ; elle établit entre les Francs et les Romains
> » des distinctions affligeantes. Quand on avait tué un Franc,
> » un barbare ou un homme qui vivait sous la loi Salique, on
> » payait à ses parents une composition de 200 sous ; on n'en
> » payait qu'une de 100 lorsqu'on avait tué un Romain pos-
> » sesseur, et seulement une de 45 quand on avait tué un
> » Romain tributaire ; la composition pour le meurtre d'un
> » Franc, vassal du roi, était de 600 sous, et celle du meurtre
> » d'un Romain, convive du roi, n'était que de 300. Elle met-
> » tait donc une cruelle différence entre le seigneur franc et le
> » seigneur romain, entre le Franc et le Romain, qui étaient
> » d'une condition médiocre. » — « Mais pourquoi les lois
> » Saliques acquirent-elles une autorité presque générale dans
> » le pays des Francs ? Et pourquoi le droit romain s'y perdit-
> » il peu à peu, pendant que, dans le domaine des Wisigoths,
> » le droit romain s'étendit et eut une autorité générale ? —
> » Je dis que le droit romain perdit son usage chez les Francs,
> » à cause des grands avantages qu'il y avait à être Franc, bar-
> » bare ou homme vivant sous la loi Salique ; tout le monde fut
> » porté à quitter le droit romain pour vivre sous la loi Salique.
> » Il fut seulement retenu par les ecclésiastiques, parce qu'ils
> » n'eurent pas d'intérêt à changer. Les différences des condi-
> » tions et des rangs ne consistaient que dans la grandeur des
> » compositions. Or, des lois particulières leur donnèrent des
> » compositions aussi favorables que celles qu'avaient les
> » Francs ; ils gardèrent donc le droit romain. — D'un autre
> » côté, dans le patrimoine des Wisigoths, la loi wisigothe ne
> » donnant aucun avantage civil aux Wisigoths sur les Romains,
> » les Romains n'eurent aucune raison de cesser de vivre sous
> » leur loi pour vivre sous une autre ; ils gardèrent donc leur
> » loi et ne prirent point celle des Wisigoths. » (Montesquiou,
> *Esprit des Lois*, liv. 28, chap. 4.)

base sont peu probants. D'abord, la constitution de
Lothaire n'a pas la portée qu'on veut lui donner. Elle
intervint dans le but de mettre fin aux discussions qui
s'étaient élevées entre le pape Eugène II et les Romains,
relativement à la législation qui devait les régir. On
pourrait donc la rejeter en se fondant sur ce que, spécialement faite pour les peuples de l'Italie, elle ne peut
s'étendre aux autres nations. Mais, sans m'en tenir à ce
premier motif, il est facile de remarquer que, dans cette
constitution, Lothaire donne le droit de choisir la loi,
non pas à un homme pris individuellement, mais à un
peuple pris en masse, ce qui, au lieu de constituer le
principe de la personnalité de la loi, prouverait, au contraire, une tendance à la rendre territoriale. Le texte de
la loi Salique ne me semble pas plus concluant. Ce fragment est un de ceux qui ont soulevé le plus de contro·
verses, et l'on a tout lieu de le croire interpolé. Tous les
manuscrits, en effet, s'accordent à le donner ainsi :
« *Si quis ingenuus Francum aut barbarum hominem qui*
» *lege salica vivit*, etc., » à l'exception d'un seul qui
donne la version que j'ai citée plus haut (1). Mais on a
fait une objection plus grave à ce système. Sur quel
point portait l'interrogation du magistrat, s'est demandé
M. de Savigny (2). Demandait-on sous quelle loi voulaient
vivre les parties plaidantes, ou bien à quelle loi elles

_____

(1) Le seul texte de la loi salique qui donne ce fragment tel
qu'il est cité par les défenseurs de ce système est le texte édité
par Hérold.

(2) De Savigny, *Histoire du droit romain au moyen-âge*, t. I,
p. 104 et suiv.

devaient obéir à raison de leur nationalité ? C'est évidemment ce dernier sens que l'on doit admettre, surtout en présence du texte d'une loi Lombarde de Pépin qui dit formellement : « Per singulos inquirant qualem legem » habeant *ex nomine* (1). » Ce ne sera donc pas le choix du plaideur qui déterminera la loi selon laquelle justice devra lui être rendue, mais bien le nom de la tribu ou du peuple auquel il appartient. Dès lors, il me semble que l'on doit rejeter le système des *professiones* ; et, du reste, cette opinion de M. de Savigny a rallié, au premier système, la majorité des auteurs. Cependant, ce savant juriste, dans la dernière édition du Droit romain au moyen-âge, paraît avoir modifié la solution qu'il avait tout d'abord donnée à cette question. Il cite deux textes tirés d'une glose du xiiie siècle sur la loi des Lombards, dont l'un semblerait donner raison à la théorie des *professiones*, car ce fragment dit formellement que le magistrat devait demander aux parties *qua lege vivere vellent*, tandis que l'autre semblerait dire que, déjà, à l'époque où cette glose fut faite, on n'était pas d'accord sur le point qui nous occupe. Ce fragment est ainsi conçu : « Sed secundum quosdam legem patriæ » mutare poterant, nisi in fraudem id agatur. » — M. de Savigny admet donc qu'il y avait certains cas dans lesquels les parties pouvaient, exceptionnellement, faire option de la loi *qua vivere vellent*. D'après lui, la seule chose qui puisse faire sujet à contestation, c'est le point de savoir dans quels cas aurait lieu cette exception.

(1) Loi lombarde de Pépin, cap. 37 (Baluze, t. I, p. 542).

Les textes nous en font connaître quelques-uns, mais leurs énumérations sont certainement incomplètes. Ainsi, par exemple, l'enfant adultérin pouvait librement opter pour la loi qui lui semblait la plus avantageuse; de même, la femme pouvait, au moment de son mariage, choisir entre la loi à laquelle elle avait été soumise jusque là et la loi de son mari. Mais de cela on ne peut tirer qu'une conclusion, c'est que ce droit accordé aux parties, de choisir la législation *qua vivere vellent*, n'était pas législativement sanctionné, et que, par suite, chacun était naturellement soumis à la loi de son origine. Des quelques précédents historiques que je viens de citer, on doit admettre que, sous l'ancien droit, il n'y avait pas de système précis et fixé, relatif à la naturalisation par bienfait de la loi. Du reste, l'on arrive au même résultat si l'on considère les monuments législatifs de cette époque. On trouve bien, à la vérité, des ordonnances qui accordent ce privilége à certaines personnes, mais elles nous prouvent toutes, que c'est à titre d'exception qu'il est concédé, et non par suite d'un principe de droit commun. Ainsi, on peut citer l'édit de novembre 1667, qui décidait que toute personne qui prouverait avoir été employée pendant dix ans à la manufacture des Gobelins, pourrait être naturalisée française de plein droit; on étendit ce privilége aux ouvriers qui avaient travaillé dans les manufactures de Beauvais (Arrêt du Conseil de 1722). A l'époque où notre armée comptait dans ses rangs de nombreux étrangers, on déclara, pour les attacher plus étroitement à la cause française, que tous ceux qui auraient servi pendant cinq ans pourraient être naturalisés (Edit de 1687. — Ordonnance de 1715). Cependant, il existait deux cas où ce privilége était accordé de plein droit : 1° lorsqu'un citoyen Français avait quitté depuis longtemps le territoire, son retour en France suffisait pour lui rendre le titre et la qualité de Français, et 2° le fils d'un Français, naturalisé à l'étranger, pouvait, par sa rentrée en France et sur sa demande, acquérir le titre de Français (1). Enfin, quelques coutumes, et entre autres la coutume de Bourgogne, décidaient que la femme étrangère devenait de droit Française par son mariage avec un citoyen Français (2).

36. Ce système, empreint tout à la fois de sévérité et de justice, persista longtemps en France; il ne fallait rien moins que les terribles orages de la Révolution pour le faire disparaître. Sa ruine fut complète, et les législateurs de cette époque, imbus des idées de fraternité et de philanthropie si fort en vogue durant cette période, firent table rase des sages mesures prises par ceux qui les avaient précédés dans la voie de la réglementation, relativement à la naturalisation. Tous les hommes sont frères, tous sont dignes de jouir du bénéfice du titre de Fran-

(1) Pothier, *Traité des personnes*, 1re partie, tit. II, sect. IV. — Bacquet, *Traité d'aubaine*, 8e partie, chap. XXXIX, n° 8. — Boyer, décision 13, s'exprime en ces termes. « Filius in His- » pania conceptus et natus a patre et matre Gallis qui in His- » paniam perpetuæ moræ causa migrarunt, reversus in Gal- » liam ad domicilium originis paternæ, animo perpetuo ibi » manendi sinè fraude, potest succedere et ad retractum ve- » nire. »

(2) *Ancienne coutume de Bourgogne*, tit. IX, art. 7 : « La » femme de *main-morte* qui se marie à homme franc, est » franche. »

çais : tel fut le singulier principe sur lequel se basa la naturalisation pendant la période révolutionnaire, ainsi que l'établissait la célèbre déclaration du 6 août 1790 : « La France libre doit ouvrir son sein à tous les peuples » de la terre en les invitant à jouir, sous un gouverne- » ment libre, des droits sacrés et inaliénables de l'huma- » nité » (1). Les lois nombreuses qui se succédèrent à cette époque introduisirent la naturalisation par bienfait de la loi, s'opérant par le fait même de certaines condi- tions; mais en outre, le pouvoir législatif se réserva la faculté de donner à un étranger un acte de naturalisation, sans autre condition que de fixer son domicile en France et d'y prêter le serment civique. Je vais étudier celles qui se rapportent à la naturalisation par bienfait de la loi, renvoyant au chapitre suivant l'examen de celles qui ont trait à la naturalisation proprement dite. Bien qu'un intervalle assez long nous sépare de cette époque et qu'il soit survenu des modifications importantes en cette matière, il est intéressant, au point de vue historique, de suivre les diverses phases de la législation pendant cette période de réaction violente ; au point de vue pra- tique, ces dispositions ont encore un intérêt, car il résulte du principe de non rétroactivité qu'un étranger, ayant acquis le titre de citoyen par suite d'une de ces lois, conserve ce titre malgré les modifications inter- venues depuis, et il doit se produire en sa faveur toutes les conséquences découlant pour lui de la loi qui lui a conféré ce privilège. La jurisprudence , souvent appelée

(1) *Moniteur* du 7 août 1790.

à juger sur ce point, a toujours admis cette solution (Cass., 27 avril 1819. — Douai, 23 novembre 1840).

1° *Loi du 30 avril 1790*. — Cette loi, inspirée des idées libérales de l'époque pendant laquelle elle fut promulguée, s'exprime en ces termes : « Tous ceux qui, nés
» hors du royaume de parents étrangers sont établis en
» France, sont réputés Français et admis, en prêtant le
» serment civique, à l'exercice des droits de citoyen
» actif, après cinq ans de domicile conti   ns le
» royaume, s'ils ont, en outre, acquis des imm.......s ou
» épousé une Française ou formé un établissement de
» commerce ou reçu de quelques villes des lettres de
» bourgeoisie. » — De là, il résulte que la naturalisation par bienfait de la loi était de plein droit acquise à tout étranger qui remplissait les deux conditions suivantes : avoir été domicilié pendant cinq ans en France et avoir après cela prêté le serment civique. Mais à ces deux conditions venait se joindre l'obligation pour l'étranger de posséder des immeubles situés en France, d'avoir épousé une Française, d'avoir créé un établissement commercial ou d'avoir reçu des lettres de bourgeoisie. Le gouvernement n'intervenait pas; la volonté seule de l'étranger pouvait le faire participer au bénéfice édicté par cette loi. Les auteurs avaient soulevé une question importante et la jurisprudence a souvent varié sur ce point : le serment civique aux termes de la loi de 1790 entraînait-il la qualité de citoyen actif ou simplement la qualité de Français? Je ne reproduirai pas les arguments que l'on fait valoir en faveur des deux systèmes, cela m'entraînerait au-delà de mon but; je me bornerai à dire, qu'à

mon sens, il ressort de la place des mots, *en prêtant le serment civique*, dans le texte, que ce serment conférait la qualité de citoyen (1).

2° *Constitution du 3 septembre 1791.* — Cette Constitution consacra le même ordre d'idées; cependant, elle introduisit en notre matière quelques modifications. Nous retrouvons dans cette Constitution deux dispositions principales (tit II, art. 3). La première est relative aux modifications apportées à la loi du 30 avril 1790. En premier lieu, elle considéra comme insuffisantes pour obtenir le titre de citoyen Français les lettres de bourgeoisie accordées par les diverses cités du royaume, dont pouvaient se prévaloir les étrangers ; en second lieu, le serment civique fut considéré non plus comme conférant la qualité de citoyen à l'étranger, mais comme prouvant que celui-ci déclarait accepter cette qualité que lui offrait la loi ; et la Constitution déclarait, en effet, dans le titre suivant (chap. 1er, sect. 2, art. 2), que l'étranger naturalisé, pour devenir citoyen actif, devait se soumettre aux conditions imposées par les lois aux nationaux. — La seconde disposition introduisit un nouveau mode d'assimilation, en investissant le gouvernement du droit de déclarer citoyens Français les étrangers qui, quoique ne remplissant pas les conditions exigées, s'étaient par leur mérite, leurs talents ou les services rendus à la France montrés dignes d'obtenir ce privilège. Un an après environ, cette disposition fut appliquée pour

(1) *Sic*, Merlin, *Répertoire*, au mot *divorce*, sect. IV, § 10. — Cass. 27 avril 1810, 28 avril 1836. — *Contrà*, Coin-Delisle, art. 8, n° 12.

le première fois ; la loi du 26 août 1792, en effet, déféra le titre de citoyen Français à dix-sept étrangers, parmi lesquels on trouve les noms de Priestley, de Bentham, de Wilberforce, de Pestalozzi, de Washington, de Madison, de Klopstock, de Kosciusko, etc.

3° *Constitution de 1793*. — Cette Constitution fit un pas de plus dans la voie déplorable dans laquelle on s'était alors engagé. Il semble que le législateur ait voulu méconnaître à dessein la véritable nature de la naturalisation ; et, cependant, il avait sous les yeux l'exemple des nations voisines qui se montraient avares pour accorder un pareil bénéfice, et qui étaient loin d'adopter le système de réciprocité vers lequel la France avait en vain tenté de les pousser. Cette constitution n'imposa que deux conditions à l'étranger : 1° résider sur notre territoire pendant un an, 2° vivre de son travail, nourrir un vieillard ou adopter un enfant. Il n'est pas même nécessaire que l'étranger déclare qu'il veut devenir citoyen Français ; la loi l'investit presque malgré lui de ce titre, ainsi que cela résulte de l'art. 4, dont les termes ne permettent pas d'élever un doute sur ce point (1). Le pouvoir législatif conserve la faculté de conférer d'office ce titre aux étrangers qui lui paraissent s'en être rendus dignes à un titre quelconque.

4° *Constitution du 5 fructidor, an III*. — Cependant on s'aperçut bientôt que ce système ne pouvait qu'être nuisible aux intérêts de la France, car c'est enlever du prestige à une nation que d'accorder trop facilement un

_____

(1) *Sic*, Lyon, 10 novembre 1827. — Assises de la Seine, 1er août 1838. — *Contrà*, Duvergier, *Collection des lois*, t. V, p. 851, note 2. — Cass. 11 avril 1848.

titre qui doit être considéré comme un privilége en faveur
de celui à qui on le concéde. Aussi, la Constitution de
l'an III vint-elle y apporter d'importantes restrictions.
D'abord elle enleva au pouvoir législatif le droit d'accorder à son gré la naturalisation. Sans doute elle ne
rétablit pas l'obligation du serment civique, mais elle
le remplaça du moins par l'obligation pour l'étranger de
se faire inscrire sur le registre civique du canton (art. 8).
Elle ne trouva pas suffisant le stage d'un an que la
Constitution de 1793 imposait à l'étranger ; et se montrant même plus sévère que la loi du 30 avril 1790,
elle déclara que l'étranger qui voudrait obtenir la qualité
de citoyen français, devait faire d'abord une déclaration
de domicile en France, qu'il devait y résider après cela
pendant sept ans et payer, comme le national, la con-
tribution foncière. Puis, s'inspirant de la Constitution
de 1791, elle l'obligea à acquérir des propriétés immo-
bilières, à fonder une entreprise commerciale ou à épouser une femme française (art. 10). Dès qu'il avait rempli
ces diverses conditions, il pouvait de plein droit, par
l'inscription sur le registre civique, être assimilé au
citoyen français.

5° *Constitution du 5 frimaire, an VIII.* — Cette
Constitution ne fit que rappeler les dispositions de la
Constitution de l'an III ; elle la suivit dans le système
de sévérité dans lequel celle-ci était entrée, et apporta
quelques modifications qui ont été le point de départ des
diverses dispositions qui se sont succédé et qui ont
formé la théorie qui nous régit aujourd'hui. Il faut remarquer que les idées avaient fait d'immenses progrès

depuis la première loi sur notre matière, la loi du 30 avril 1790. Tout en demeurant fidèles à l'idée de fraternité, qui semblait avoir aveuglé leurs prédécesseurs, les législateurs de l'an VIII comprirent que l'on avait sacrifié l'intérêt de la France et ils revinrent un peu vers les anciens principes. Sans doute on ne voulut pas laisser au gouvernement seul le droit d'accorder la naturalisation ; il résulte du texte même de la Constitution qu'elle peut être acquise par bienfait de la loi au gré de l'étranger. Mais il était juste qu'avant d'être complètement assimilé au national, l'étranger dût faire un certain stage, se soumettre à certaines conditions, afin de prouver qu'il n'était pas indigne de participer à ce privilège. L'article 3 de la Constitution énumère les formalités que doit remplir l'étranger pour arriver à ce but : « Un » étranger devient citoyen français, lorsqu'après avoir » atteint l'âge de vingt et un ans accomplis et avoir » déclaré l'intention de se fixer en France, il y a résidé » pendant dix années consécutives. » Cette disposition s'écartait en plusieurs points de l'ancien système. D'abord elle introduisait une condition d'âge qu'aucune des lois antérieures n'avait exigée ; en second lieu, l'étranger devra accomplir un stage de dix années de résidence. Dès que ces conditions seront remplies, l'étranger sera investi de la qualité de citoyen français, participant aux droits et aux obligations des nationaux.

Telles furent les diverses phases de la législation en cette matière pendant la période révolutionnaire et jusqu'à la rédaction du Code civil. Je vais maintenant étudier les dispositions du Code et des lois postérieures qui nous régissent encore.

SECTION II.

37. On ne peut contester que le système établi par les premières dispositions législatives qui se sont présentées à notre examen était vicieux. Personne ne niera que la naturalisation par bienfait de la loi dépendant de la seule volonté de l'étranger ne peut constituer le droit commun d'une nation sans la conduire à des conséquences déplorables. Du reste, on l'avait si bien compris, même à l'époque où l'on voulait se montrer aussi large que possible en faveur de l'étranger, que sous l'empire de la Constitution de l'an III le gouvernement s'était déjà fait donner un droit de contrôle sur les étrangers, à savoir le droit de viser les passeports et de faire ramener à la frontière tous les individus suspects. La loi du 28 vendémiaire an VI, qui l'avait, par son art. 7, investi de ce pouvoir n'arrivait pas cependant au but qu'elle avait dû se proposer, car, toutes les fois que le gouvernement en usait, on pouvait, à juste raison, lui faire le reproche de violer l'hospitalité, qu'il paraissait, d'un autre côté, vouloir accorder d'une façon si étendue à l'étranger. Le vice de ce système était d'avoir établi, comme droit commun, la naturalisation sous conditions potestatives, dépendant du seul fait de l'habitation en France pendant un temps plus ou moins long. Les rédacteurs du Code Napoléon aperçurent facilement ce vice et ils abandonnèrent ce système; ils déclarèrent, en consé-

quence, dans l'art. 13, que l'étranger, domicilié en France, n'acquérait aucun droit par suite du fait de son domicile, à moins qu'il n'eût été autorisé par le gouvernement. Telle est la portée de cet article, ainsi que nous le montre un avis du Conseil d'Etat du 20 prairial an XI. Cet avis ne permet d'élever aucun doute sur ce point ; il est ainsi conçu : « Le Conseil d'Etat est » d'avis que, dans tous les cas où un étranger veut » s'établir en France, il est tenu d'obtenir la permission » du gouvernement, et que ces permissions pouvant » être, suivant les circonstances, sujettes à des modifi- » cations, à des restrictions et même à des révocations, » ne sauraient être déterminées par des règles ou des » formules générales. »

On voit, dès lors, le changement radical qui survint dans la législation. L'étranger ne peut plus invoquer la naturalisation comme un droit, car le gouvernement est, seul, investi de la faculté de l'accorder ; on ne peut révoquer en doute, néanmoins, que la naturalisation par bienfait de la loi ne soit le résultat de l'accomplissement des conditions imposées à l'étranger ; mais il faut remarquer que le gouvernement seul peut accorder l'autorisation de domicile à partir de laquelle l'étranger commence à remplir ces conditions et qu'il conserve le droit de la restreindre et même de la révoquer. Dès lors, ce mode d'assimilation n'est un droit, pour l'étranger, qu'autant que le gouvernement ne met pas d'obstacle à l'exercice de ce droit ; on doit en conclure que cette naturalisation, ne pouvant être obtenue sans la volonté du gouvernement, doit être considérée comme une faveur dépendant entièrement de lui. Du reste, l'art. 3 de la loi du 3 décembre 1849 déclare formellement que l'autorisation du gouvernement est nécessaire pour que l'étranger puisse se prévaloir de ce mode de naturalisation.

38. Par conséquent, l'étranger ne pourra plus considérer la naturalisation par bienfait de la loi comme un droit pour lui, mais il pourra l'obtenir du gouvernement comme une faveur. Cependant, par exception, on a admis quelques cas dans lesquels certaines personnes obtiennent, de plein droit, la qualité de citoyen Français; mais la loi n'a consacré ces exceptions qu'à titre de privilége en faveur de personnes spécialement déterminées. Ces cas sont au nombre de six, que je dois étudier successivement.

39. 1er *Cas.* — D'après l'art. 9 Cod. Nap., tout individu né en France de parents étrangers, peut, dans l'année qui suit sa majorité, réclamer la qualité de Français. Sur quoi s'est-on basé pour lui accorder ce droit; la nationalité se transmet-elle *jure sanguinis*, s'acquiert-elle *jure soli?* Sur ce point, les législations antérieures au Code ont varié. De tout temps cette question s'est posée, et si nous remontons aux lois les plus anciennes, aux lois athéniennes, nous les voyons consacrer le principe que l'enfant n'est citoyen que tout autant que son père et sa mère jouissent de cette qualité, que si l'un ou l'autre de ses parents est étranger, l'enfant suit sa condition. A Rome, les textes les plus formels montrent que l'on admettait le même principe. Ulpien le déclare : « Ex peregrino et cive Romana pere-
» grinus nascitur, quoniam lex Mensia ex alterutro pere-

» grino natum deterioris parentis conditionem sequi
» jubet. — Ex cive Romana et Latina Latinus nasci-
» tur (Ulpien V, § 8 et 9). » Cependant cela fut, plus
tard, modifié, car Gaïus nous apprend que cette règle ne
s'appliquait plus, de son temps, qu'aux enfants issus de
parents qui n'étaient pas liés par un *justum matrimonium* (1). Jusqu'à ce moment, c'est donc l'origine, le
sang et non le territoire natal qui consacre la nationalité
de l'enfant. Il était donné aux lois féodales de faire
triompher le principe contraire ; et, ici nous nous trouvons encore en présence de textes tellement précis, qu'on
ne peut élever un doute à cet égard. « Tout homme, dit
» Bacquet, natif hors du royaume de France, soit noble
» ou non noble, est aubein, c'est-à-dire estranger... De
» sorte qu'il faut considérer seulement si celuy qui veut
» succéder est né en France ou hors de France, non
» pas si les parents estoient Français ou estrangers (2). »
Et il ajoute : « Les vrais naturels Français sont ceux
» qui sont nés dedans le royaume, pays, terres et sei-
» gneuries de la nation, domination et obéissance du
» roi. (3). » D'un autre côté, Pothier nous apprend que
cela avait été modifié et que l'on considérait comme
Français l'enfant né en France de parents étrangers *jure
soli* (4) et en même temps l'enfant né à l'étranger de
parents Français *jure sanguinis* (5).

(1) Gaïus, I, § 56.
(2) Bacquet, *Traité d'aubaine*, 5e part. chap. XL, n° 8.
(3) Bacquet, *Traité d'aubaine*, 1re partie, chap. II, n° 2. —
Domat, *Droit public*, lib. I, tit. VI, sect. IV, n° 5.
(4) Cass. 5 mai 1862.
(5) Cass. 7 juillet 1843. — Pothier, *Des personnes*, 1re part.,

Les rédacteurs du Code n'admirent pas cette théorie, et ils déclarèrent que c'était la nationalité des parents qui déterminait celle de l'enfant. Cependant ils n'ont pas voulu s'écarter entièrement du principe par suite duquel la nationalité était déterminée par le lieu où l'enfant était né. Le conseil d'Etat même aurait voulu le consacrer formellement ; la première rédaction de l'art. 9 était ainsi conçue : « Tout individu né en France est Français (1). » Quels motifs la firent rejeter, il serait assez difficile de les déterminer d'une manière certaine, par suite de la discussion confuse à laquelle donna lieu ce projet de rédaction. Il est certain néanmoins qu'il en résulta entre les deux systèmes opposés une transaction qui fut consacrée dans l'art. 9 (2). Il eût été injuste, ainsi qu'on l'a fait souvent remarquer, de placer au même rang le véritable étranger et l'enfant né en France de parents étrangers. Merlin fait remarquer avec juste raison que l'enfant né en France aura un sentiment d'affection plus vif pour ce pays que pour la patrie de ses parents ; de plus, l'éducation qu'il recevra le mettra à même de préférer nos mœurs et nos institutions à des mœurs et à des institutions qu'il ne connaîtra qu'imparfaitement, qu'il pourra même complètement ignorer (3). Aussi doit-on

tit. II, sect. I. — Bourjon, *Droit commun de la France*, liv. I, tit. VII, chap. I, sect. II, n° 27.

(1) Locré, *Législation civile*, t. II, p. 58.

(2) Demolombe, t. I, nos 146 et 166 *bis*. — Boudant, *Revue critique de législation*, 1856, t. IX, p. 57 et suiv. — Victor Hennequin, *Revue de législation*, 1856, p. 78.

(3) Merlin, *Répertoire*, au mot *légitimité*, sect. IV, § 3.

louer le législateur français d'avoir adopté un système intermédiaire.

De ce qui précède, il est facile de comprendre la portée de l'art. 9. L'enfant né en France de parents étrangers ne naît pas Français, mais il a le droit de le devenir sans qu'on puisse lui faire aucune opposition. De là, une grande différence entre l'étranger et lui : le premier ne peut devenir Français que par la naturalisation, le second le devient par le bienfait de la loi.

40. L'article 9 énumère les conditions que devra remplir l'étranger pour jouir du bénéfice qu'il édicte. S'il réside en France, il doit faire une déclaration de domicile ; dans le cas contraire, s'il réside à l'étranger, il doit faire sa soumission de fixer en France son domicile et l'y établir dans l'année, à compter de l'acte de soumission. Mais la loi ne dit pas dans quelle forme devra être faite cette déclaration ; je pense que dans la première hypothèse elle devra être faite à la municipalité de la résidence du demandant, et dans la seconde à la municipalité du lieu où il voudra établir sa résidence. (Décret du 17 mars 1809, art. 2.)

41. Quel effet produit l'art. 9 à l'égard de l'étranger, devient-il Français seulement à partir de la déclaration de domicile, ou bien cette déclaration a-t-elle un effet rétroactif, et par suite est-il Français à partir de sa naissance ? Deux opinions se sont élevées à ce sujet, et une vive controverse s'est engagée. Je crois cependant que l'on doit admettre que la qualité de Français ne sera acquise qu'à partir du jour de la déclaration, et que, par conséquent, celle-ci n'aura pas d'effet rétroactif. Les

défenseurs du système contraire raisonnent ainsi : d'après les dispositions de l'ancien droit public français, toute personne née en France était Française, quelle que fût la nationalité de ses parents ; or, l'art. 9 doit être considéré comme une simple modification de ce principe, c'est-à-dire que tout individu né en France pourra acquérir la qualité de Français, pourvu qu'il se soumette à en faire la déclaration dans l'année qui suivra l'époque de sa majorité ; mais cette condition qu'on lui impose est simplement suspensive, et dès lors son effet rétroagira à l'époque de sa naissance (art. 1170 Cod. Nap.). De plus, l'art. 9, dans l'expression *pourra réclamer*, a voulu dire que cet individu était investi par la loi, depuis sa naissance, de la qualité de Français, à titre conditionnel à la vérité. Enfin, d'un autre côté, l'art. 20 Cod. Nap., où se trouve le principe de non-rétroactivité, ne rappelle pas l'art. 9, et s'il le passe sous silence, c'est évidemment à dessein. C'est encore par ce point de vue que l'on explique la différence faite entre l'enfant né en France de parents étrangers, et l'enfant né à l'étranger d'un Français ayant perdu sa qualité ; au premier, la loi n'accorde qu'un an, à partir de l'époque de sa majorité, pour réclamer la qualité de Français ; au second, elle donne un délai illimité ; n'est-il pas évident que le législateur voulait faire cesser aussitôt que possible l'incertitude relative à l'état de l'enfant, incertitude qui ne se retrouve pas dans le second (1).

(1) Cass. 19 juillet 1848. — Merlin, *Répertoire*, au mot *Français*, § 1, et au mot *légitimité*, sect. IV, § 3, n° 3. — Zachariæ, Aubry et Rau, t. I, p. 211 et 212 (3° édition). —

Ce système, à mon avis, a un grand désavantage, celui de laisser l'enfant né dans de telles conditions en suspens sur sa nationalité jusqu'au moment où la loi lui permet de faire sa demande ; cela était surtout important à l'époque de la promulgation du Code, alors que les articles 726 et 912 étant en vigueur, les étrangers ne pouvaient ni succéder ni recevoir une donation à titre gratuit. Il faudrait autre chose que des présomptions, des textes nets et précis pour admettre un résultat si peu en harmonie avec la pensée des législateurs. Et l'on ne peut pas argumenter des travaux préparatoires pour donner à l'art. 9 une telle portée, car on sait que des discussions qui s'élevèrent en notre matière, il ne résulta rien de certain, tant les opinions des membres de la Chambre étaient peu fixées sur ce point. On ne doit donc invoquer que le texte de l'art. 9. Remarquons d'abord que le mot *réclamer*, duquel on tire dans l'opinion contraire l'existence d'un fait préexistant, n'est qu'une expression équivoque et qui a dans notre langue de nombreux synonymes. La loi, d'un autre côté, ne parle pas de l'art. 9 dans l'énumération contenue dans l'article 20, qui consacre le principe de non rétroactivité. Cela est incontestable, mais cet article ne devait pas être assimilé aux art. 10, 18 et 19 Cod. Nap. L'article 20 a dû se référer aux art. 18 et 19, et refuser le bénéfice de la rétroactivité aux Français, qui, ayant perdu leur qualité, voudront la recouvrer, parce que ce point,

Valette, *Explication sommaire du Livre I*, p. 12. — Toullier, t. I, n° 274. — Coin-Delisle, art. 9, n°s 3 et 13. — Demolombe, t. I, n° 163.

faisant dans notre ancien droit l'objet d'une grande controverse, il était nécessaire de résoudre formellement cette question ; d'un autre côté, les articles 18 et 19, se servant du mot *recouvrer* qui est par lui-même assez amphibologique, il fallait éviter de donner naissance à des difficultés par suite de ce vice de rédaction. Il en est de même de l'art. 10 : cet article dit, que tout enfant, né en pays étranger, d'un Français qui aura perdu la qualité de Français, pourra toujours *recouvrer* cette qualité en remplissant les formalités de l'art. 9. Ici l'on se trouvait encore en présence du mot *recouvrer*, et il fallait en fixer le sens d'une manière qui ne permît pas le doute. Mais le Code n'avait pas à se préoccuper du cas réglé par l'art. 9, car il ne soulevait aucune incertitude. Il est évident qu'une personne qui acquiert une qualité dont elle n'a jamais été investie, ne peut pas être censée en avoir joui dans le passé. On pourrait arriver certainement à ce résultat par une fiction légale, mais cette fiction n'existe nulle part. De plus, combien serait extraordinaire le système innové par notre Code, si l'enfant né de parents étrangers en France était admis à réclamer la qualité de Français avec effet rétroactif, tandis que l'enfant né à l'étranger de parents Français ayant perdu cette qualité, ne le pourrait pas, alors surtout que nous voyons la loi accorder à celui-ci un avantage inverse, celui de pouvoir faire sa demande à toute époque de sa vie. Deux lois postérieures au Code fournissent un puissant argument en faveur de ce système. La loi du 22 mars 1849 déclare que, tout individu né en France de parents étrangers, ayant servi dans les armées françaises ou satisfait à la loi du recrutement, a un délai illimité pour faire la déclaration prescrite par l'art. 9. Est-ce à dire que le législateur a voulu qu'il pût devenir Français rétroactivement à partir de sa naissance? Il en serait de même, d'après l'article 2 de la loi du 7 février 1851, qui déclare que l'art. 9 Cod. Nap. s'applique aux enfants de l'étranger naturalisé en France. Dès lors, si cet article leur est applicable, il faudrait, en admettant le premier système, admettre que ces enfants nés de parents étrangers, en France ou à l'étranger peu importe, seraient rétroactivement Français (1).

Ceci posé et la théorie de la non rétroactivité étant admise, il s'ensuit que l'individu qui aura acquis la qualité de Français, par suite d'une naturalisation privilégiée quant à la forme, ne pourra pas être appelé à siéger aux Chambres. L'ordonnance du 4 juin 1814, qui a rétabli la grande naturalisation, ne laisse aucun doute sur ce point : « Les dispositions du Code Napoléon, » relatives aux étrangers et à leur naturalisation, n'en » restent pas moins en vigueur, et seront exécutées » selon leur forme et teneur » (art. 2). Il est évident que les étrangers devenus Français jusqu'au 4 juin 1814 jouissent de tous les droits de citoyen qui leur ont été conférés dans leur entier. Mais il faut remarquer que

---

(1) Duranton, t. I, n° 109. — Fœlix, *Droit international*, p. 11. — Marcadé, art. 9, § 3. — Bugnet sur Pothier, *Traité des personnes*, t. IX, p. 17 et 18. — Ducaurroy, Bonnier et Roustaing, t. I, n° 81. — Demante, t. I, n° 19 *bis*, III. — Delvincourt, t. I, p. 18. — Duvergier sur Toullier, t. I, n° 181, note *a*.

l'ordonnance du 4 juin a apporté d'importantes modifications au Code civil et au décret du 17 mars 1809,
puisqu'elle a soumis à l'accomplissement de certaines
formes l'acquisition de quelques droits qui, avant cette
époque, étaient attachés au titre de Français lui-même.
On en rencontre une nouvelle preuve dans la loi du 14
octobre 1814 ; cette loi, relative à la naturalisation par
bienfait de la loi des habitants des départements réunis
à la France depuis 1791, déclarait qu'ils jouiraient, dès
ce moment, des droits de citoyen Français, à l'exception
de ceux réservés dans l'art. 1er de l'ordonnance du 4 juin,
qui ne pourront être accordés qu'en vertu de lettres de
naturalisation vérifiées par les deux Chambres. Dès lors,
depuis le 4 juin 1814, il est incontestable que le droit
d'éligibilité est concédé seulement aux nationaux Français et aux étrangers devenus Français par grande naturalisation.

42. La loi du 22 mars 1849 a apporté une modification importante à l'art. 9. D'après cet article, l'étranger
demandant afin d'obtenir la qualité de Français, doit
faire sa réclamation dans l'année qui suivra sa majorité ;
s'il laisse écouler ce délai, il est déchu du droit de pouvoir user du bénéfice de l'art. 9. La loi de 1849 détermine deux cas dans lesquels ce délai peut être prorogé.
Voici, du reste, en quels termes s'exprime l'article
unique de cette loi : « L'individu né en France d'un
» étranger sera admis, même après l'année qui suivra
» l'époque de sa majorité, à faire la déclaration prescrite
» par l'art. 9 du Code civil, s'il se trouve dans l'une des
» deux conditions suivantes : 1° s'il sert ou s'il a servi

13

» dans les armées françaises de terre ou de mer, 2° s'il
» a satisfait à la loi du recrutement sans exciper de son
» extranéité. » — Il est certain que le législateur a songé
à juste titre que l'accomplissement de l'une de ces conditions révélait de la part de celui qui s'y soumettait un
sentiment de profonde affection pour la France ; d'un
autre côté, il arrive souvent que les parents des personnes
qui pourraient se prévaloir de l'art. 9 étant établies depuis longtemps en France, se seront crus Français par le
fait même de leur séjour prolongé et que n'ayant pas
eu l'idée d'user pour leurs enfants du bénéfice de l'art. 9,
ils auront laissé écouler le délai fixé par la loi. Il y avait
là une lacune à combler ; tel a été le but de la loi de
1849. Aussi a-t-elle joint un bénéfice en faveur de
l'étranger qui s'est volontairement soumis à la législation
de notre pays, en lui accordant un délai illimité pour
faire sa déclaration.

Remarquons que cette loi a modifié la disposition de
la loi du 21 mars 1832 à l'égard des enfants nés de
parents étrangers en France. Aux termes de l'art. 2 de
cette loi, tout individu qui se trouvait dans une pareille
condition était soumis aux obligations imposées aux
nationaux par cette loi, c'est-à-dire au tirage au sort et
au service militaire après qu'ils auraient été admis à
jouir du bénéfice de l'art. 9. Il est certain que celui qui
se sera laissé porter sur les listes de recrutement sans se
prévaloir de son titre d'étranger et qui aura servi dans
les armées françaises, s'il use du privilége de la loi
de 1849, ne pourra plus être appelé de nouveau. Le but
que se proposait la loi de 1832 était de prévenir une

fraude qui se présentait souvent en pratique. En effet, l'enfant né en France de parents étrangers avant cette loi, invoquait sa qualité d'étranger pour se soustraire au recrutement ; puis, une fois les opérations du tirage au sort faites, il demandait le bénéfice de l'art. 9. Mais, sous l'empire de la loi de 1840, cette fraude ne peut plus se présenter en aucun cas, car l'étranger ne pourra en réclamer l'application à son égard que s'il a servi dans les armées de terre ou de mer, ou s'il a satisfait à la loi du recrutement sans exciper de son extranéité. — Ce système n'est nullement défavorable à l'étranger, bien au contraire, il lui est avantageux. En effet, s'il se soumet volontairement à la loi du recrutement, de deux choses l'une, ou le sort lui sera favorable, et alors il pourra jouir du bénéfice de la loi de 1840, ou il lui sera défavorable, et alors il se prévaudra de son titre d'étranger pour demander sa radiation des listes (1). Il est vrai de dire que celui qui se trouvera dans ce dernier cas perdra le droit de réclamer l'application de l'art. 9 en sa faveur, et ne pourra plus obtenir la qualité de Français que par la naturalisation proprement dite.

Cependant, nous devons reconnaître que la loi du 22 mars 1840 dépasse le but que l'on se proposait, en ce qu'elle abroge pour ainsi dire entièrement le délai exigé par l'art. 9. En effet, il résulte des termes de cette loi

---

(1) Il ne faut pas croire que ce soit une simple supposition de ma part, on a, au contraire, beaucoup usé de cet expédient. En 1844 un membre du Corps législatif déclara que le nombre de demandes en radiation pour cause d'extranéité faites après tirage, s'étaient élevées pour la classe de 1840, au chiffre étonnant de 1307 (*Moniteur* 21 mars 1844).

que pour jouir du privilége qu'elle innove, il suffit d'avoir servi dans les armées françaises, soit par suite d'un enrôlement volontaire, soit par suite des opérations du tirage au sort. Mais il n'est pas nécessaire d'être Français pour prendre du service en France, dès lors, tout individu ayant laissé écouler la période dans laquelle il devait faire sa demande, n'aura qu'à acquérir une possession d'état française et à s'enrôler pour avoir le droit de jouir du bénéfice de la loi de 1849. Cette conséquence est fatale, et il n'existe aucun texte qui l'empêche de se produire. Il eût été, cependant, facile de prévoir ce cas, et l'on s'étonne que le Corps législatif, dans la loi récente sur le recrutement de l'armée et de la garde nationale mobile, n'ait pas pensé à apporter un remède à ce fâcheux état de choses (Voir la loi du 3 février 1868).

43. De la généralité des termes de l'art. 9, on peut conclure que le privilége qu'il concède doit être accordé à toute personne née en France de parents étrangers, que sa filiation soit légitime ou non; mais on ne doit pas, ainsi que l'a soutenu M. Richelot (1), prétendre que l'art. 9 pourrait être invoqué par l'enfant qui, simplement conçu en France, serait né en pays étranger, en se basant sur le principe connu : que l'enfant conçu est considéré comme né toutes les fois que son intérêt le réclame. En effet, on ne peut appliquer à l'enfant simplement conçu en France les motifs qui ont servi de bases à l'art. 9. Cette disposition se fonde, comme nous l'avons déjà vu : 1° sur le sentiment naturel

(1) Richelot, t. I, p. 115.

existant dans l'esprit de l'enfant pour le pays où il est
né; 2° sur ce qu'en général, l'enfant né en France et
y ayant habité pendant un certain temps en connaîtra les
mœurs, la langue, etc. De plus, la recherche de l'époque de la conception serait très difficile à faire en pareil
cas ; aussi, faut-il considérer l'art. 9 comme tout-à-fait
spécial à l'enfant né en France (1).

44. Une question non moins importante, et qui a soulevé de vives discussions, est celle de savoir de quelle
majorité a voulu parler l'art. 9. L'enfant qui voudra
jouir du bénéfice de cette disposition pourra-t-il faire
sa demande dans l'année qui suivra sa vingt-unième
année ou seulement dans l'année qui suivra sa majorité, d'après les lois de sa patrie ? Il est, à mon sens,
incontestable, bien que quelques auteurs aient soutenu
l'opinion contraire (2), que c'est à la majorité étrangère
que se réfère l'art. 9. Je base mon opinion tout d'abord
sur le texte de l'art. 9. Il s'exprime ainsi : « Tout indi-
» vidu né en France d'un étranger pourra, dans l'année
» qui suivra l'époque de sa majorité, etc. » Or, il est
évident que le législateur n'a pas pu parler ici de la majorité française, mais de celle qui est fixée par les lois
personnelles de la patrie de cet individu; car, tant
qu'il ne sera pas Français, ce sont ces lois et non les lois
personnelles françaises qui doivent le régir. — De plus,
le privilége de l'art. 9 ne peut être demandé que dans
le délai d'un an. Ce délai ne doit donc courir qu'à partir

_____

(1) Marcadé, art. 9, § 2. — Demolombe, t. I, n° 164.

(2) Duranton, t. I, n° 130. — Coin-Delisle. art. 9, n° 25. —
Zachariæ, Aubry et Rau, t. I, p. 210 (3° édition).

du moment auquel l'étranger acquerra la capacité nécessaire pour faire sa demande ; autrement, il pourrait se
faire que le délai fût écoulé avant que l'étranger eût
acquis cette capacité. Ainsi, dans certains pays, la majorité est fixée à vingt-cinq ans ; il est évident, d'après le
système que je soutiens, que l'étranger pourra se prévaloir du bénéfice de l'art. 9, pendant un an, à partir de sa
vingt-cinquième année, car jusqu'à ce moment, il n'aura
pas la capacité nécessaire pour faire la déclaration à fin
de domicile. — On a voulu, dans le système contraire,
argumenter de l'art. 3 de la Constitution du 22 frimaire
an VIII, qui déclarait que tout étranger voulant devenir
citoyen devait être âgé de vingt-un ans. Mais de ce texte
formel, on ne doit pas conclure que l'étranger dût toujours
faire sa déclaration à cet âge là, si la loi personnelle qui le
régissait ne lui accordait pas à ce moment la capacité nécessaire pour faire un pareil acte. Et l'on ne poussera pas
la conséquence de cette assertion jusqu'à prétendre que de
cette Constitution il résultait qu'il suffisait à l'étranger d'a-
voir vingt-un ans alors même qu'il serait mineur d'après
la loi personnelle de sa patrie, pour être admis à faire
en France une pareille déclaration. Ce serait admettre
la violation évidente des lois personnelles, et nous savons
que toutes les nations se doivent un appui mutuel pour
faire respecter leurs législations. Enfin, la loi du 7
février 1851, dont j'aurai bientôt à m'occuper, se rallie
à cette opinion. Dans son art. 1er, elle s'exprime comme
la Constitution, c'est-à-dire qu'elle fixe la majorité à
vingt-un ans, dans une hypothèse à peu près semblable
à celle à laquelle s'applique l'art. 9 ; mais il faut remar-

quer que la personne dont elle s'occupe est réputée Française jusqu'à preuve du contraire. Par analogie, on peut dire que si cette loi permet à la personne revendiquant la qualité d'étranger de le faire dans sa vingt-unième année, parce qu'elle est réputée Française, la qualité de Français ne peut être revendiquée par une personne née en France de parents étrangers que dans l'année de sa majorité, telle qu'elle est réglée par les lois personnelles de sa patrie, parce qu'elle est étrangère et qu'elle doit rester soumise à ces lois. M. Valette a donné la solution la plus raisonnable. Ce savant auteur déclare que l'on ne doit faire encourir la déchéance de l'art. 9 à l'étranger que tout autant qu'il est majeur depuis une année, non seulement d'après la loi française, mais encore d'après la loi de sa patrie (1).

45. Tel était le système qu'avait innové l'art. 9, avec les diverses modifications survenues jusqu'à la loi du 22 mars 1849. Mais une loi, à la date du 7 février 1851, est venue porter une réglementation nouvelle en notre matière, et a complètement troublé l'ordre des choses consacré jusqu'à ce moment. Son but est de déterminer la condition des enfants nés en France de parents étrangers qui y sont nés eux-mêmes et des enfants d'étrangers naturalisés.

L'article 1 est relatif aux premiers ; il est ainsi formulé : « Est Français tout individu né en France, » d'un étranger, qui lui-même y est né, à moins que » dans l'année qui suivra l'époque de sa majorité, telle

---

(1) Valette, *Explication sommaire du Livre I*, pag. 12. — Demante, t. I, 49 *bis*, II. — Demolombe, t. I, n° 465.

» qu'elle est fixée par la loi française, il ne réclame la
» qualité d'étranger par une déclaration faite, soit devant
» l'autorité municipale, soit devant les agents diploma-
» tiques ou consulaires, accrédités en France par le
» gouvernement étranger. » Cette disposition de la loi
de 1851 a lieu de nous étonner, si on la compare à
l'art. 9. Celui-ci déclare, en effet, que l'enfant né en
France de parents étrangers est étranger et ne peut
acquérir la qualité de Français que par l'effet rétroactif
d'une condition suspensive ; celle-là déclare que l'enfant
né en France de parents étrangers, également nés dans
notre territoire, est Français et ne peut devenir étranger
que par l'effet d'une condition résolutoire. Dès lors, nous
nous trouvons en présence d'une double situation :
tantôt la qualité de citoyen Français dépendra d'une condition suspensive, tantôt d'une condition résolutoire.
Quelles en seront les conséquences? Pour l'enfant né en
France de parents étrangers, il est évident qu'étant
étranger, il n'aura pas à supporter les charges qu'entraîne la qualité de Français ; aussi, la loi du 21 mars
1832 ne le soumet pas au recrutement ; mais, par contre,
il ne pourra pas se prévaloir des droits et priviléges que
confère cette qualité. Ce second point cependant n'a pas
été admis par toute la doctrine, et on a soutenu qu'il
pourrait en jouir, du moins à titre provisoire. La jurisprudence a été appelée à se prononcer dans une affaire
assez curieuse : le tribunal de la Seine a été saisi du
point de savoir si un individu né de parents étrangers en
France pouvait se présenter, avant l'époque de sa majorité, aux examens de l'Ecole polytechnique. Le tribunal,

se basant sur ce que l'enfant, qui se trouvait dans cette position ne pourrait plus prendre part aux examens après sa déclaration, décida qu'il pouvait se présenter (28 avril 1840). Un arrêt en sens contraire fut rendu dans une espèce analogue par la Cour de Paris, quelques années plus tard (14 juillet 1856), se fondant, à juste raison, sur le texte de la loi, et déclara par conséquent que les Français, pouvant être seuls admis dans les écoles du gouvernement, un étranger mineur ne pouvait y être reçu, car personne n'avait qualité pour faire pour lui la déclaration que son intention était, dès sa majorité, de demander le bénéfice de l'art. 9 (1).

Quant à l'enfant né en France de parents nés eux-mêmes en France, la loi de 1851 déclarant qu'il est Français, il pourra jouir de tous les droits et priviléges que confère cette qualité ; mais devra-t-il en supporter les charges ? Évidemment il résulte de tous les principes que, puisque cet individu est Français et qu'il participe à tous les avantages que lui donne cette qualité, il doit · être soumis aux charges qu'elle impose à tous les natio-naux. Aussi la Cour de Douai, appliquant sagement le texte et les principes généraux, a déclaré qu'une per-sonne se trouvant dans de pareilles conditions, devait se soumettre à la charge du recrutement (18 déc. 1854) (2). Cependant, sur ce point spécial, le rapport sur le projet

(1) *Sic*, Paris, 30 juillet 1859. — Cass. 31 décembre 1860.

(2) Cette opinion a d'autant plus de valeur qu'elle est admise par M. Valette, l'un des rédacteurs de la loi du 7 février 1851 (Explication sommaire du Livre I, p. 14). — Voir Demangeat, *Annotations de Falix, Droit international*, t. I, p. 96, note *a*.

do loi nous apprend que la commission voulait « laisser
» à la loi spéciale sur le recrutement le soin de régler
» l'appel et le tirage au sort des étrangers devenus
» Français, faute d'une déclaration d'extranéité, de
» même qu'ils sont réglés par l'art. 3 de la loi du 21
» mars 1832, en ce qui concerne les étrangers devenus
» Français par l'effet de la déclaration prescrite par
» l'art. 9 Cod. Nap. » Et partant de cette déclaration,
certains auteurs concluent que tant que cet individu
conservera le droit et la faculté de revendiquer la qualité
d'étranger, il ne peut être astreint à la charge du service militaire (1). — Malgré cette déclaration du rapport, on ne peut admettre une telle opinion, car il faut
remarquer que le rapporteur commettait une erreur
lorsqu'il désignait sous le nom d'étrangers devenus
Français faute d'une déclaration d'extranéité, des individus qui, d'après le texte même de l'art. 1er, étaient de
véritables Français.

46. L'article 2 est spécial aux enfants des étrangers
naturalisés. « L'art. 9 du Code Napoléon est applicable
» aux enfants de l'étranger naturalisé, quoique nés en
» pays étranger, s'ils étaient mineurs à l'époque de la
» naturalisation. — A l'égard des enfants nés en France
» ou à l'étranger, qui étaient majeurs à cette même
» époque, l'art. 9 leur est applicable dans l'année qui
» suivra celle de ladite naturalisation. » Cet article prévoit deux hypothèses, selon que l'enfant était majeur ou
qu'il était mineur au moment de la naturalisation. Dans

(1) Demante, t. II, Appendice, n° 315 bis, III.

le premier cas, si l'enfant était né à l'étranger, ou qu'étant né en France il eût laissé écouler le délai légal pour pouvoir se prévaloir de la disposition de l'art. 9, il pourra néanmoins s'en prévaloir encore dans l'année qui suit celle de ladite naturalisation. Malgré les termes formels de la loi, on doit, ainsi que l'a déclaré le rapporteur, décider que ce délai court à partir du jour où les lettres de naturalisation ont été accordées. Si, au contraire, au moment de la naturalisation de ses parents l'enfant est mineur et qu'il soit né en France, il n'aura qu'à remplir les conditions exigées par l'art. 9 ; s'il est né à l'étranger, la loi de 1851 lui donne le droit de s'en prévaloir également.

47. Cette loi, ainsi qu'on peut le voir par ce qui précède, renverse complètement le système du Code et de la loi de 1849 ; elle nous ramène à un état de choses pire que celui qui avait été établi pendant la période révolutionnaire, car si elle reconstitue la naturalisation potestative comme droit commun, elle exige des conditions bien plus simples que celles qui étaient exigées par la loi du 30 avril 1790 et les Constitutions de 1791 et de 1793. Depuis cette loi, la seule condition exigée est une résidence sur notre territoire, dont on n'a pas pris soin de fixer la durée. Il résulte de là une alternative déplorable dans ses conséquences : ou le gouvernement doit se montrer sévère pour permettre aux étrangers de résider en France, ou il doit, par la force même des choses, laisser tous les étrangers résidants arriver à la qualité de citoyen. Telles sont les conséquences de la nouvelle loi qui nous régit. On peut dire qu'aujourd'hui

la naissance en France suffit pour rendre Français ; on
en revient donc au système de la législation antérieure au
Code, avec cette seule différence que la loi de 1851
exige deux naissances, celle du père et celle du fils. Elle
va même plus loin, car de son art. 1, il résulte qu'elle confère de droit le titre de citoyen à tous ceux qui, dans le
délai d'un an, n'auraient pas réclamé la qualité d'étranger, formalité, dont le plus souvent les étrangers igno-
reront la nécessité. Nous arrivons, dès lors, à l'acquisition de la nationalité par la naissance. Je ne crois pas
pouvoir mieux terminer cette étude qu'en citant le passage
suivant d'un savant professeur, qui montre combien est
vicieux ce nouveau système : « A une époque où les
» relations internationales sont fréquentes et nécessaires,
» régler la nationalité par le sol et non par les rapports
» de filiation, c'est faire entre les nations un échange
» continuel de nationaux, et, sous prétexte de consti-
» tuer l'homogénéité de la famille française, la détruire
» en agglomérant des éléments disparates et passagers,
» sous un titre, qui n'a de réalité qu'autant qu'il est
» soutenu par un esprit commun (1). »

48. 2° *Cas.* — Il se présente des circonstances assez
nombreuses, par suite desquelles les citoyens Français
perdent cette qualité ; l'art. 17 Cod. Nap. en énumère
trois : la naturalisation en pays étranger, l'acceptation
non autorisée par le chef de l'Etat de fonctions publiques
conférées par un gouvernement étranger, enfin tout établissement fait en pays étranger sans espoir de retour.

(1) Beudant, *De l'effet de la naissance en France, Revue critique de législation*, 1856, t. IV, p. 70.

A ces trois cas se joint pour la femme l'hypothèse dans laquelle elle aurait épousé un étranger et aurait, par suite, suivi sa nationalité (art. 19 Cod. Nap.). Enfin, le Français, qui prend du service militaire à l'étranger, sans l'autorisation du gouvernement Français, perd aussi sa qualité de citoyen. Le Code a attaché un privilége à la qualité d'ex-Français ; il a voulu se montrer plus favorable à l'égard des anciens sujets qu'à l'égard des étrangers. Il leur a donné le moyen de recouvrer leur ancienne qualité en se soumettant à quelques conditions bien simples, car il a pensé que, dans leur esprit, il avait toujours dû rester quelque sentiment d'affection pour leur véritable patrie. — Cependant, si nous consultons l'histoire, nous voyons que tous les peuples ne pensèrent pas comme nos législateurs. Athènes, imbue de sentiments d'orgueil et pleine de mépris pour tous les hommes qui portent le nom d'étrangers, devait considérer comme bien peu digne de faveur celui qui abandonnait sa patrie et sa religion pour aller habiter au milieu d'une nation étrangère et adopter le culte de ses dieux. Aussi savons-nous que le citoyen, passant à l'étranger, était considéré comme traître et transfuge, et que s'il demandait un jour à recouvrer son titre de citoyen, il devait être soumis aux mêmes conditions que l'étranger qui demandait à être naturalisé. A Rome, la législation se montra moins sévère ; on distinguait divers cas, dans lesquels on modifiait la rigueur de la loi, suivant le motif par suite duquel le citoyen avait perdu le droit de cité. Ainsi, pour les Romains faits prisonniers de guerre, tous leurs droits leur étaient rendus dès qu'ils étaient rentrés sur le sol de la patrie (Fr. 16, D. *de captivis et de postliminio*, 49, 15). La perte de la cité était-elle la conséquence d'une condamnation pénale, le condamné rentrait dans ses droits par la grâce qu'il obtenait (voir au Code le titre *de sententiam passis et restituendis*, 9, 51). Le citoyen romain s'était-il enfin fait naturaliser dans une autre nation, s'il demandait plus tard à recouvrer le *jus civitatis*, il était soumis aux conditions et aux formalités relatives à l'acquisition de la cité comme un véritable étranger. De ce court résumé, il résulte qu'à Rome la qualité d'ancien citoyen ne créait, en faveur du demandeur, aucun privilége. L'ancien droit Français apporta une légère modification à cet état de choses ; l'ex-Français, naturalisé à l'étranger, devait bien, à la vérité, demander comme l'étranger des lettres de naturalisation au roi ; mais ces lettres avaient un effet rétroactif qui effaçait, pour le passé, tous les effets de l'expatriation (1).

Les rédacteurs du Code ont admis un tout autre système ; ils ne se sont attachés qu'au fait à raison duquel la nationalité a été perdue, et suivant la plus ou moins grande défaveur attachée à ce fait, ils ont établi différents moyens pour l'ex-Français de recouvrer la qualité de citoyen. C'est en se basant sur ces idées, ainsi que cela ressort des paroles de M. Treilhard, dans la séance du 4 ventôse an XI (2), que le Code a établi trois classes distinctes d'ex-Français, et leur a accordé différents

(1) Pothier, *Traité des personnes*, 1re partie, tit. I, sect. IV.
(2) Fenet, *Recueil des travaux préparatoires du code civil*, t. VII, p. 635.

moyens pour recouvrer leur ancien état et leurs anciens droits. Mais, avant d'entrer dans l'examen de ces trois catégories, faisons remarquer que cette espèce de réintégration produit des effets identiques à ceux résultant de l'art. 9, et que, dès lors, nous n'aurons pas besoin d'en parler. Ce point établi, j'en reviens à mon sujet.

49. 1° Au premier rang se place la femme Française, qui, s'étant mariée avec un étranger et étant devenue veuve, désire recouvrer la qualité de citoyenne Française. L'article 19 Cod. Nap. a prévu ce cas et réglé sa situation. Il distingue deux hypothèses, à savoir : si la femme résidait en France ou à l'étranger au moment de la dissolution du mariage. Dans le premier cas, comme l'on suppose qu'ayant toujours habité la France, ou n'en étant sortie que temporairement, elle a dû conserver les habitudes et les sentiments d'affection qu'elle avait pour sa patrie avant son changement de nationalité, on a décidé qu'elle recouvrait sa qualité de plein droit par le seul effet de la résidence. On a soutenu cependant que la femme même résidant en France devait déclarer son intention, mais on ne doit pas admettre cette opinion, qui se base sur une correction à faire au texte de l'art. 19. Les défenseurs de ce système, en effet, le lisent ainsi : « Si elle devient veuve, elle recouvrera la qualité de » Française, pourvu qu'elle réside en France ou qu'elle » y rentre avec l'autorisation du gouvernement, et *dans* » *les deux cas* en déclarant qu'elle veut s'y fixer, etc. » Rien ne nous autorise à admettre ce changement, et ce seul motif suffit pour faire rejeter ce système. Si, au contraire, elle a quitté la France et qu'elle soit allée résider

à l'étranger, elle devra, pour recouvrer sa qualité de Française, se faire autoriser par le gouvernement à rentrer dans notre territoire et déclarer que son intention est de s'y fixer. Pour obtenir cette autorisation, elle adressera sa demande au ministre de la justice et fera une déclaration à la mairie de la commune dans laquelle elle désire s'établir. Remarquons que le texte de l'art. 19 ne prévoit que le cas où le mariage viendrait à être dissous par la mort du mari étranger. Cependant, je crois que le bénéfice de la loi devrait être étendu à tous les modes de dissolution du mariage, par exemple au cas de divorce prononcé à l'étranger. La loi n'a entendu parler ici qu'à titre d'exemple et a par conséquent cité le mode de dissolution du mariage le plus fréquent. Or, comme à l'époque de la promulgation du Code, le mariage en France pouvait être dissous par le divorce (art. 227 Cod. Nap.), je crois que l'on doit étendre à ce cas la disposition de l'art. 19 (1).

50. 2° Dans cette deuxième catégorie se placent ceux qui ont perdu la qualité de Français par suite d'un des motifs énumérés dans l'art. 17, c'est-à-dire par la naturalisation en pays étranger, par l'acceptation non autorisée par le gouvernement de fonctions publiques conférées par un gouvernement étranger et par un établissement hors de France sans espoir de retour. La loi n'a pas voulu se montrer sévère à leur égard, et elle

(1) Zachariæ, Aubry et Rau, t. I, p. 244 (3e édition). — Demolombe, t. I, n° 170. — Duranton, t. I, n° 193. — Lyon, 11 mai 1835.

a déclaré dans l'art. 18, qu'ils pourraient recouvrer la qualité de Français en rentrant en France avec l'autorisation
du gouvernement. Ils devront donc faire une demande
au chef de l'Etat. On comprend fort bien que, dans cette
hypothèse, le gouvernement ait voulu conserver un moyen
de contrôle. Il aurait pu arriver, en effet, qu'une personne
voulant faire un acte interdit par notre législation, se
fût fait naturaliser dans une nation, aux termes des lois
de laquelle cet acte fût permis; dès que sa volonté aurait
été accomplie, il serait rentré en France et aurait de plein
droit recouvré la qualité qu'il avait délaissée volontairement. Le seul moyen d'empêcher cette fraude était d'investir le gouvernement du droit d'accéder à la demande
de l'ex-Français, ou de la refuser s'il s'en montrait
indigne. L'art. 18 leur impose, en outre, la condition de
déclarer qu'ils veulent se fixer en France. Enfin, dans
sa deuxième partie, cet article les soumet à une dernière
obligation; il faut qu'ils renoncent à toute distinction
contraire à la loi française. Cette condition, à l'époque de
la promulgation du Code, se rapportait à une disposition
légale qui faisait perdre la qualité de Français par suite
de l'affiliation à une corporation exigeant des distinctions
de ne ance. Elle avait encore pour but d'empêcher que
des ex-Français pussent porter des titres de noblesse
acquis à l'étranger, car nous savons qu'à cette époque
les titres de noblesse n'existaient plus en France. A ce
point de vue, cette disposition de l'art. 18 n'a plus, de
nos jours, aucune application; mais elle doit être maintenue dans le cas de l'art. 17, § 2, lorsqu'un Français
qui a perdu sa qualité voudrait la recouvrer, et qu'il

remplirait à l'étranger des fonctions publiques acceptées sans l'autorisation du gouvernement français.

3° Dans la troisième catégorie se placent les Français qui, sans autorisation du gouvernement, auront pris du service militaire en pays étranger, ou se seront affiliés à une corporation militaire étrangère. Ces individus perdent, par ce fait seul, la qualité de Français (art. 21), et l'on doit reconnaître qu'ils inspirent peu d'intérêt. Aussi la loi ne leur permet de rentrer en France qu'en se faisant naturaliser comme les véritables étrangers. L'art. 21, § 2, ne laisse aucun doute sur ce point. Cependant, un décret du 26 août 1811, art. 12, a amélioré leur position, en permettant au chef de l'Etat de pouvoir les dispenser de l'accomplissement des formalités exigées par l'art. 21 en leur accordant des lettres de relief. Par ces lettres, ils obtiennent la remise des peines prononcées par le décret du 26 août contre les nationaux qui se sont fait naturaliser en pays étranger sans l'autorisation du gouvernement, et dès lors ils sont assimilés aux ex-Français et ils rentrent sous la réglementation de l'art. 18 (1).

51. 3° *Cas.* — Le Code, après avoir donné à l'ex-Français le droit de pouvoir recouvrer son ancienne qualité, ne devait pas s'arrêter là ; aussi l'art. 10 déclara-t-il que tout enfant né en pays étranger d'un Français qui aura perdu la qualité de Français, pourra toujours recouvrer cette qualité en remplissant les for-

(1) Demante, *Revue étrangère et française de législation*, t. VII, p. 424. — Valette sur Proudhon, t. I, p. 128 ; *Explication sommaire du Livre I*, p. 16.

malités prescrites par l'art. 9. — La pensée qui poussa
le législateur à édicter cette bienveillante disposition,
s'inspirait certainement de ce que cet enfant aurait été
Français, si son père n'avait pas abandonné sa patrie ;
ce qui aura eu souvent lieu par suite d'une faute de ce
dernier, ou par suite des avantages personnels que lui
offrait un gouvernement étranger, mais dont l'enfant
n'est pas appelé à jouir ; de plus, il aura conservé
sans doute le sentiment d'affection que l'on a toujours pour le pays où ont vécu nos parents. Aussi
l'art. 10 ne voulant pas blesser ses intérêts et secondant
ses désirs, lui laisse le choix entre son pays natal et la
patrie de ses pères.

Nous savons que l'ancien droit français favorisait davantage la naissance sur le territoire que l'origine.
Cependant, Bacquet nous apprend que l'enfant de l'ex-
Français était placé dans une situation exceptionnelle.
On ne l'assimilait pas à l'étranger, et, qu'il fût conçu ou
non après que ses parents avaient perdu la qualité de
Français, il était mis sur le même pied que ses frères
nés avant cette époque (1). On poussait la bienveillance
à son égard, ainsi que nous le dit Pothier, à ce point
qu'il rentrait en possession de ses droits et du titre qu'il
aurait eu sans l'expatriation de sa famille s'il rentrait en
France. Ce seul fait faisait disparaître en sa faveur les
effets de l'acte de ses parents (2). — Le Code a cru
devoir lui accorder le bénéfice de l'art. 9, mais il ne
sera pas tenu, comme dans l'hypothèse prévue par

(1) Bacquet, *Traité d'aubaine*, 5e partie, ch. XL, n° 26.
(2) Pothier, *Traité des personnes*, 1re partie, tit. II, sect. IV.

cet article, de faire sa demande dans un délai déterminé ; il pourra toujours, c'est-à-dire à tout instant de sa vie, user des moyens que lui accorde la loi de devenir Français. — Quelques auteurs ont prétendu que ce mot *toujours*, inséré dans l'art. 10, lui permettait de réclamer ce bénéfice, même pendant sa minorité (1). Tel n'est pas mon avis ; cette expression se rapporte à la durée du droit ; mais, comme en matière de naturalisation celui qui réclame son droit doit jouir, aux yeux de la loi, d'une capacité suffisante pour exprimer une volonté réfléchie et indépendante, il ne pourra en user qu'après avoir atteint sa majorité.

52. Cet article a soulevé quelques questions importantes qu'il faut mentionner ici. De la généralité des termes de l'art. 10 , qui parle d'un Français qui aura perdu cette qualité de Français, on doit conclure qu'il n'est pas besoin de s'informer comment ce titre avait été acquis, si l'ex-Français était Français d'origine ou s'il l'était devenu par suite d'une naturalisation ; dès lors, le bénéfice de l'art. 10 appartiendra au même titre aux enfants de ces deux personnes. — Mais, que décider d'un enfant issu du mariage d'un étranger et d'une femme Française? On a soutenu que cet enfant suivant la condition de son père, est étranger, et que comme la filiation paternelle seule règle aux yeux de nos lois la nationalité, il ne pourra pas se prévaloir de la disposition de l'art. 10. Malgré la gravité de ce raisonnement, je crois que la loi n'ayant pas distingué, on ne

_____

(1) *Sic*, Delvincourt, p. 15. — *Contrà*. Demolombe, t. I, n° 166.

doit pas faire de distinction, et que par conséquent cet
enfant pourra invoquer l'art 10 en sa faveur (1). Ma décision serait toute autre pour le cas où l'enfant de l'ex-
Français se serait volontairement placé dans une situation
exceptionnelle qui entraînât un empêchement à l'exercice de ce droit; ainsi, si la fille d'un ex-Français, avant
d'avoir invoqué le bénéfice de l'art. 10, se marie avec
un étranger, il est certain qu'elle ne pourra plus en jouir
parce qu'elle est devenue étrangère par suite d'un fait
qui lui est personnel, parce qu'elle a tacitement consenti
à la volonté exprimée par ses parents par le fait de leur
expatriation, et que, dès lors, elle ne peut plus réclamer
une faveur à l'effet d'anéantir les conséquences de cet
acte à son égard.

L'art. 10, bien que ne parlant que de l'enfant d'un
ex-Français né à l'étranger accorde le privilége qu'il
édicte à la qualité seule d'enfant d'ex-Français, et, par
suite, il doit s'appliquer également à l'enfant d'un ex-
Français né en France. On ne peut pas admettre que ce
dernier fût moins bien traité que l'enfant d'un ex-Français né à l'étranger. Par suite de sa naissance, il est investi
par l'art. 9 du droit de pouvoir réclamer la qualité de
Français; il est évident que la réunion de deux circonstances privilégiées ne peut détruire les effets de l'une
d'elles; on doit donc décider que le bénéfice de l'art. 10
s'appliquera au fils de l'ex-Français, qu'il soit né en
France ou à l'étranger. Dans l'art. 10, à la vérité, le
législateur n'a mentionné que le cas de naissance en

(1) Zachariæ, Aubry et Rau, t. I, p. 214 (3° édit.). — Demolombe, t. I, n° 167.

pays étranger ; cela provient, ainsi que nous l'apprend la discussion, de ce que le projet de loi relatif à l'art. 9 déclarait que tout individu né en France serait Français. L'art. 10, servant de corollaire à l'art. 9, déterminait la nationalité des enfants qui n'étaient pas Français d'origine ; or, la disposition de l'art. 9 fut rejetée, tandis que l'article suivant ne subit aucune modification. Par conséquent, on doit lui conserver le sens qu'ont entendu lui donner les rédacteurs du Code, c'est-à-dire l'étendre à tous les enfants réputés étrangers à cause de leur origine, et conclure avec M. Duranton, qu'il n'y a rien à induire de sa rédaction, si ce n'est que son application a été élargie par celle de l'art. 9 (1).

53. Quelques auteurs ont prétendu que l'art. 10 avait été modifié par la loi du 7 février 1851. M. Mourlon, un des zélés défenseurs de cette doctrine, l'a résumée ainsi qu'il suit. Aux termes de la loi de 1851, dit-il, l'enfant né en France d'un étranger qui y est né lui-même, est de plein droit Français. Cette disposition doit s'appliquer à l'enfant d'un ci-devant Français comme à l'enfant d'un étranger proprement dit ; la loi ne fait pas de distinction. On peut dire même qu'il existe un *à fortiori* en faveur de l'enfant du ci-devant Français, car le Code le traite plus favorablement que l'enfant d'un étranger ordinaire. Donc, en résumé, l'enfant né en France d'un ex-Français, qui lui-même y est né, est de plein droit Français ; et il conserve cette qualité, s'il n'a pas, dans l'année de sa majorité, telle qu'elle est réglée par la loi française,

(1) Duranton, t. 1, n° 127.

réclamé la qualité d'étranger (1). Cette interprétation de la loi de 1851 ne me semble pas exacte, bien qu'on puisse, à la rigueur, la déduire de ses termes qui sont assez équivoques. En effet, le fait qui donne lieu à la concession du privilége qu'elle consacre, c'est la naissance d'un enfant sur le sol français, précédée de la naissance de son père sur notre territoire. De plus, cette loi suppose que le père aura continué de résider en France, et que, par suite, l'enfant élevé dans ce pays aura un sentiment d'affection pour lui, qu'il en aura pris les mœurs, qu'il en parlera la langue. Dès lors, si, avant la naissance de l'enfant, le Français s'est expatrié, qu'il ait perdu sa nationalité par suite d'un acte quelconque, la survenance de cet acte doit, à *fortiori*, enlever la capacité à raison de laquelle l'enfant pourrait réclamer de plein droit la qualité de Français. Par conséquent, on ne devra tenir compte que de la naissance de l'enfant sur le territoire français ; son père ne sera pas assimilé à l'étranger né en France, mais sera considéré comme Français ayant perdu sa qualité de national, et l'enfant ne pourra invoquer que le bénéfice de l'art. 10. Et que l'on ne dise pas que, par suite de cette interprétation, l'enfant se trouve privé d'un avantage, car, le privilége que lui confère l'art. 10, lui est tout aussi profitable que celui qui découlerait pour lui de la loi de 1851. Ce système conduirait au résultat déplorable d'investir l'enfant d'une qualité qu'il n'aurait pas réclamée. Son intérêt exige peut-être qu'il conserve la nationalité de son père. Ne

---

(1) Mourlon, *Répétitions écrites sur le code Napoléon*, t. I, nos 158 et 159.

vaut-il donc pas mieux lui laisser le droit de manifester sa volonté entre les deux nationalités entre lesquelles il peut opter que de l'investir d'un titre et d'une qualité qu'il n'eût peut-être jamais demandés.

54. Remarquons que le privilége de l'art. 10 ne s'accorde qu'au fils de l'ex-Français et non aux descendants d'autres degrés. Cependant, avant la promulgation du Code Napoléon, la loi du 9-15 décembre 1790 avait consacré une notable exception à ce principe : « Toutes personnes,
» qui, nées en pays étranger, descendent à quelque
» degré que ce soit d'un Français ou d'une Française
» expatriés pour cause de religion, sont déclarés naturels
» Français, et jouiront des droits attachés à cette qua-
» lité, si elles reviennent en France, y fixent leur domi-
» cile et prêtent le serment civique. Les fils de famille
» ne pourront user de ce droit sans le consentement de
» leurs père, mère, aïeul ou aïeule, qu'autant qu'ils
» seront majeurs et maîtres de leurs droits. » Je n'ai pas besoin de rappeler ici que, sous le règne de Louis XIV et de Louis XV, des actes nombreux d'intolérance furent portés contre les protestants; ceux-ci, pour fuir la persécution, s'exilèrent volontairement et portèrent à l'étranger leurs talents, leur industrie, leur fortune. Ces deux monarques, pour empêcher ces expatriations volontaires, pensant que les protestants préféraient leur nationalité à leur religion, rendirent des édits par suite desquels tout Français sortant du royaume, sans une autorisation royale, était déclaré étranger et perdait la jouissance de ses droits civils et politiques (Ordonnance du 14 juillet 1682). Mais la réaction ne tarda pas à s'opérer

et, un siècle après environ, on leur rendit la jouissance de ces droits. On déclara, sous l'influence des principes de la révolution, que les religionnaires fugitifs n'avaient jamais perdu leur qualité de citoyens Français, et que ceux qui étaient morts à l'étranger étaient morts Français. Cependant on ne s'arrêta pas là, et la loi du 15 décembre 1790 (art. 22), établit la disposition ci-dessus mentionnée et que la Constitution du 14 septembre 1791 a ratifiée (tit. 2, art. 2).

Dès lors, les descendants, à quelque titre que ce soit, de Français expatriés pour cause de religion peuvent devenir Français en remplissant deux conditions : 1° en déclarant qu'ils veulent se fixer en France, 2° en rentrant dans notre territoire. La loi de 1790 les astreignait à l'obligation de prêter le serment civique ; mais comme, de nos jours, ce serment n'existe plus, cette troisième condition ne peut plus être exigée. Dès que ces conditions sont remplies, ils sont déclarés n'avoir jamais été étrangers; ils jouissent donc de tous les droits civils et politiques des citoyens Français, du droit même d'éligibilité (1).

Cette loi, n'ayant jamais été abrogée, peut être encore invoquée par tous descendants de religionnaires fugitifs, pourvu qu'ils n'aient pas encouru l'une des déchéances énumérées dans l'art. 17. Une des dernières applications en a été faite, en 1825, au sujet de l'élection de Benjamin Constant.

55. 4° *Cas.* — L'art. 12 offre un autre cas de natu-

_____

(1) Merlin, *Répertoire*, au mot *Religionnaires*, § 10, n° 7.

ralisation par bienfait de la loi : « L'étrangère qui aura
» épousé un Français suivra la condition de son mari. »
Cet article se base sur la volonté présumée qu'aura la
femme étrangère qui s'allie à un Français, d'accepter
son nom, d'unir sa vie à la sienne, de suivre sa condition; en d'autres termes, de s'associer à sa nationalité.
Mais doit-on entendre cette disposition comme l'ont voulu
quelques auteurs, et doit-on aller jusqu'à dire que la loi,
en donnant accès à la nationalité française à une femme
étrangère se mariant avec un Français, lui impose une
autre condition, à savoir, de suivre la condition de son
mari ; doit-on dire que la femme connaissant d'avance la
condition imposée par la loi, ayant réfléchi qu'elle doit
nécessairement perdre sa nationalité et être pour ainsi
dire investie de plein droit de la nationalité française,
n'ignorant pas les conséquences qui vont en résulter à
son égard, est par conséquent forcément soumise à l'application de l'art. 12, parce que l'on doit supposer, si
elle persiste dans sa volonté, qu'elle déclare s'y soumet·
tre ? Je ne le pense pas ; dans le cas dont je m'occupe,
comme dans tous les autres cas de naturalisation par
bienfait de la loi, c'est le choix de la partie intéressée
qui entraîne à son bénéfice la naturalisation ; dès lors,
dans notre hypothèse, la naturalisation de la femme
résultera de sa soumission aux lois françaises par suite
du choix qu'elle aura fait d'un citoyen français pour
époux. — De là, je conclus, que lorsqu'on pourra induire
des circonstances qui ont environné le mariage, que la
femme voulait conserver sa nationalité et ne pas suivre
celle de son conjoint, l'art. 12 ne pourra pas être ap-

pliqué. On peut présumer chez la femme la volonté de suivre l'extranéité du mari, lorsque celui-ci, au moment du mariage, est réellement étranger; mais on ne peut pas en arriver là si le mari se fait plus tard naturaliser, car la naturalisation étant personnelle, si la femme avait voulu suivre la nouvelle condition de son mari, elle aurait dû également demander à être naturalisée. On a objecté que la loi est générale et que la femme doit suivre la nouvelle condition de son mari. Je crois que les défenseurs de cette opinion ont méconnu le véritable sens de la loi, et je n'hésite pas à déclarer que la femme qui ferait une réclamation, dans la forme mentionnée par la loi du 7 février 1851, pourrait par cette déclaration directe de volonté se soustraire à l'application de l'art. 12. Du reste, il ne faut pas oublier qu'il est dans le Code de nombreuses dispositions interprétatives, dont les parties peuvent éviter l'application, et parmi elles on doit placer l'art. 12 (décret du 13 juin 1835).

Si la femme étrangère, en se mariant à un Français, a déclaré vouloir suivre la nationalité de celui-ci, elle deviendra de plein droit Française. Mais si, après son mariage, son conjoint perd sa nationalité, elle ne suivra pas sa nouvelle condition, elle restera investie du titre que lui a conféré l'art. 12, à moins, cependant, que les juges, statuant sur la perte de la qualité de citoyen à l'égard du mari, ne constatent des faits entraînant la perte de cette qualité relatifs à la femme. Mais, pour le perdre, il faut qu'elle se place dans un des cas énumérés dans les art. 17 et suivants. A ce sujet, l'on s'est demandé si l'étrangère qui est devenue Française par son mariage avec un Français, perd cette qualité et recouvre sa première nationalité par le décès de son mari. Nous avons vu précédemment que la femme Française, qui est devenue étrangère par son mariage avec un étranger, peut, si elle devient veuve, recouvrer la qualité de Française en remplissant les formalités prescrites par l'art. 19. On a voulu appliquer ce texte par analogie à la femme étrangère devenue Française par son mariage. Cette doctrine ne me semble pas admissible ; en effet, cette femme étant devenue Française doit se placer dans le droit commun, et par suite conserver cette qualité tant qu'elle ne se trouvera pas dans un cas légalement reconnu pour entraîner la perte de la qualité qu'elle a acquise. Or, comme les rédacteurs du Code n'ont édicté aucune disposition relative à cette hypothèse, on doit admettre qu'elle ne pourra perdre sa nationalité que de la manière ordinaire dont elle se perd (1).

56. 5e *Cas.* — Les quatre cas de naturalisation par bienfait de la loi, que je viens d'examiner, la présentent comme essentiellement individuelle, ne s'appliquant qu'à la personne seule en faveur de qui le bénéfice est concédé, sans que ses proches puissent en profiter. Il est cependant un cas où la naturalisation est collective, c'est le cas de la réunion d'un territoire à la France. Il était évident que la qualité de Français devait appartenir aux habitants de ce territoire, autrement il se serait présenté

(1) Zachariæ, Aubry et Rau, t. I, p. 236 (3e édition). — Paris, 21 mars 1862.

un spectacle singulier : dans une province française on n'aurait rencontré que des étrangers, dépendant de la loi du pays dont ils ont été détachés. Cependant le doute s'est élevé, et l'on s'est demandé si un peuple, qui perd ou aliène une partie de son territoire, peut, par ce fait, imposer une nouvelle nationalité à ses habitants sans leur consentement. Au moyen-âge, cette idée était admise ; les serfs passaient d'un seigneur à un autre par suite d'une concession de terres, ils perdaient leur nationalité par le fait de leur maître. Mais, à notre époque, je crois qu'il doit en être autrement. La nationalité ne peut résulter que du consentement de celui qui peut en bénéficier ; les habitants d'un territoire joint à la France ne seraient Français que s'ils consentaient à perdre leur première nationalité. De nos jours, ainsi qu'on l'a fait souvent remarquer, ce consentement est toujours supposé ; mais les habitants pourraient se constituer en état indépendant ; en pratique, cela ne peut guère se produire, car, en général, les provinces détachées ne sont pas assez fortes pour se défendre.

Cette réunion doit résulter soit d'une conquête, soit d'une cession volontaire par un traité intervenu entre deux états. Le Code ne s'est pas occupé de cette hypothèse ; aussi s'est-il élevé sur ce point de grandes difficultés. Cette matière étant essentiellement liée au droit politique et au droit public, c'est aux principes du droit des gens que l'on doit s'en rapporter. En général, les conventions diplomatiques relatives à l'incorporation du territoire acquis ou cédé, détermineront la condition de ses habitants. Mais, dans le cas où cela n'aurait pas été prévu, on ne pourra invoquer que le droit des gens (1).

Une première difficulté se présente lorsqu'il s'agit de déterminer à partir de quel moment cette réunion entraînera la concession de la qualité de Français. Dans le cas où les deux nations sanctionnent la réunion par un traité, la difficulté s'évanouit, car les habitants obtiennent la qualité de Français à partir du jour de la signature du traité. Mais, dans le cas de conquête, il est très difficile d'en préciser le point de départ. Ainsi, par exemple, l'Algérie a été conquise par nos armées, mais il n'existe pas de traités prouvant qu'elle a été réunie à la France. Les peuples qui l'habitaient au moment de la conquête doivent-ils être considérés comme Français? Cette question ne fait plus de doute depuis le traité de la Tafna, intervenu le 30 mai 1837, entre la France et l'émir, d'après lequel le roi Louis-Philippe accordait à ce dernier la souveraineté sur certaines parties conquises. Du reste, quelques années après, en 1841, le roi déclarait solennellement que cette colonie était désormais et pour toujours française (2). De ces deux faits, il résultait que la France avait un entier pouvoir sur ces pays. La jurisprudence, par de nombreux arrêts, avait confirmé cette doctrine. Déjà, dans un arrêt du 2 février 1839, la Cour de Paris avait reconnu que les Algériens ne devaient pas, en France, être tenus de la caution *judicatum solvi*, parce qu'on ne pouvait les assimiler à des étrangers. Mais, ce premier point résolu, il reste encore à

(1) Traité de Campo-Formio, art. 9. — Traités de 1814, art. 3. — Traités de 1815, art. 2 et 7.

(2) *Moniteur* du 28 décembre 1841.

déterminer à quel moment cette naturalisation a lieu. Je crois, en m'en rapportant à l'opinion d'un éminent professeur, que l'on doit déclarer que chaque partie du territoire est devenue française à mesure que, par suite de la conquête, l'autorité française s'établissait (1). Il résulte donc de ce qui précède, que, par suite de la réunion d'un territoire, ses habitants deviennent de plein droit citoyens de la nation au profit de laquelle l'annexion s'opère. Cependant les habitants conserveront leur position vis-à-vis du nouveau gouvernement dont ils dépendent : ainsi les étrangers, les indigènes, les étrangers naturalisés, conserveront leur titre et leur qualité. Par conséquent, on peut dire que les effets de l'annexion sont identiques à ceux de la naturalisation proprement dite.

57. On comprend que les rédacteurs du Code ne s'étant pas préoccupés de l'acquisition de la qualité de Français par la réunion d'un territoire quelconque à la France, n'aient pas prévu le cas où la France viendrait à être démembrée. Cette hypothèse s'est cependant réalisée en 1814, puisqu'à cette époque les provinces réunies depuis 1791 en ont été séparées. Il était, du reste, peu naturel de se préoccuper d'avance du sort des provinces qui pouvaient être enlevées à notre patrie. On ne doit pas prévoir de pareils cas ; aussi pensons-nous que de telles règles ne peuvent intervenir qu'après le fait accompli ; et c'est ce qui arriva en effet en 1814. La loi du 14 octobre 1814 vint donc régler le sort des

---

(1) Rodière, *Revue de législation*, t. I, p. 306 et suiv.

habitants des contrées qui avaient été réunies à la France en 1791.

Dans le cas de démembrement, c'est le sol qui est dénationalisé ; les habitants ne perdent leur naturalité que par suite de la séparation territoriale qui fait passer le pays dont ils dépendent sous la puissance d'une nouvelle nation. Dès lors on ne doit appliquer cet effet qu'à ceux qui y avaient leur domicile. De ce principe, il devait découler trois conséquences : 1° les habitants des états annexés, qui avaient conservé leur domicile sur la partie séparée, devaient changer de nationalité et devenir étrangers ; 2° il devait en être de même des Français qui avaient établi leur domicile dans les provinces réunies depuis leur annexion ; 3° les habitants des provinces réunies qui s'étaient établis dans d'autres parties de la France, devaient conserver la qualité de Français. La loi du 14 octobre 1814 méconnut ces principes et considéra comme n'ayant jamais été Français, tous les habitants des provinces réunies, sans aucune exception, aussi bien ceux qui avaient continué de résider dans la province annexée, que ceux qui, ayant abandonné leur domicile, s'étaient établis au sein même de la France. Seulement, cette loi leur accordait une faveur, la dispense d'une partie des conditions nécessaires à l'étranger pour acquérir la qualité de Français, dispense variant suivant le plus ou moins d'intérêt qu'inspirait le demandeur. Sous ce point de vue, cette loi divisait les habitants des provinces séparées en trois catégories :

1° Ceux qui en vertu de la réunion à la France se sont établis sur le territoire actuel de la France et y ont résidé sans interruption depuis l'âge de vingt et un ans, pendant dix ans. — Il parut injuste aux rédacteurs de cette loi, ainsi que cela ressort du préambule, d'exiger d'eux la déclaration préalable de domicile et dix années de stage ; l'art. 1 ne leur impose donc que l'obligation de déclarer dans un délai de trois mois qu'ils persistent dans la volonté de se fixer en France.

2º Ceux qui n'avaient pas encore dix années de résidence dans l'intérieur de la France. — L'article 2 de la loi exige de ceux-ci, non-seulement qu'ils fassent la déclaration imposée aux premiers, mais encore qu'ils achèvent les dix années de résidence.

3º Ceux qui ont continué de résider dans les provinces détachées de la France. Pour ces derniers , la loi de 1814 était très rigoureuse, car elle les assimilait à des étrangers proprement dits, et, ne leur reconnaissant aucune espèce de droits, les obligeait à remplir les conditions imposées par la Constitution du 22 frimaire an VIII.

Tel était le système qu'innova la loi du 14 octobre 1814. Je me range à l'opinion de quelques auteurs qui déclarent que ce système, tout en n'étant pas favorable pour la France, était rigoureux pour ceux qui y étaient directement soumis (1). M. Coin-Delisle a défendu le système de la loi en se basant sur une distinction. Il faut, d'après lui, ne pas confondre les cas dans lesquels le territoire, qui se sépare de la France, avait été annexé, par suite d'une convention intervenue de puissance à puissance avec les cas dans lesquels le territoire avait

(1) Valette sur Proudhon, t. I, p. 129. — Demolombe, t. I, nº 178.

été réuni par la conquête. Dans cette dernière hypothèse, il résulte de la séparation que l'état qui restitue le territoire n'a jamais eu de souveraineté réelle sur ce territoire, et que, dès lors, les effets de l'annexion sont résolus rétroactivement *quasi jure postliminii* (1). Je ne crois pas que l'on doive admettre cette distinction ; Pothier la rejette formellement (2), et les principes du droit aussi bien que les intérêts politiques repoussent ces changements fréquents de nationalité, qui n'ont d'autre résultat que de jeter le trouble dans l'état et la ruine dans les familles. L'effet de la loi de 1814 est radical : elle a considéré comme réellement étrangers tous les habitants des provinces réunies à la France depuis 1791. Mais n'est-il pas impolitique et injuste en même temps d'enlever la qualité de Français à des hommes à qui on l'avait primitivement accordée, et qui, établis au sein de notre patrie, s'y étaient peut-être mariés, avaient créé des établissements de commerce ou même avaient accepté des fonctions publiques. Mais, si l'on recherche les conséquences de cette loi, on en arrive à des résultats extrêmes. L'habitant des provinces séparées en 1814, étant réputé n'avoir jamais été Français s'il ne remplit pas les formalités édictées par cette loi, les enfants nés depuis la réunion, nés, par conséquent, en France, doivent devenir étrangers par le fait de la séparation, que leur père ait continué d'habiter la partie annexée ou qu'il se soit établi sur le sol véritablement Français.

(1) Coin-Delisle, art. 8, n° 9.
(2) Pothier, *Traité des personnes*, 1re partie, tit. II, sect. I.

La jurisprudence avait d'abord refusé d'admettre cette conséquence extrême (Douai, 28 mars 1831), mais elle a dû l'admettre bientôt et de nombreux arrêts l'ont sanctionnée (1). La Cour de Cassation, dans son arrêt du 18 juillet 1834, a même approuvé le système de la loi de 1814, en se basant sur ce que : « 1° il est naturel » que les mêmes événements militaires et politiques, » qui avaient réuni les choses et les hommes, séparent » ensuite les hommes et les choses ; 2° qu'il n'y a pas » en cela d'effet rétroactif, attendu que tout ce qui, » comme l'état des personnes et la nationalité, a un » trait successif et continue à s'exercer dans les temps à » venir, demeure toujours sous l'empire des événe- » ments et des lois futures. » Ces deux considérants de la Cour suprême sont faciles à réfuter. Au premier, l'on peut répondre que les événements politiques et militaires agissent généralement sur des masses d'hommes, sur des nations prises en corps, et qu'il n'est pas de leur nature de rechercher des individus isolés n'ayant plus de rapports avec la partie du territoire séparée de la nation à laquelle elle a été, en principe, annexée ; au second, qu'il est peu exact d'admettre que l'état et la nationalité des personnes peuvent être soumis aux lois à venir, car ces lois pourraient avoir pour effet de détruire rétroactivement l'état et la nationalité déjà acquis.

Du reste, cette loi de 1814 n'a plus, de nos jours, qu'une application fort restreinte, puisqu'elle ne s'applique qu'aux naturalisations survenues de 1814 à 1849,

(1) Cass. 9 juillet 1844. — Cass. 7 mai 1849.

la loi du 3 décembre 1849 en ayant prononcé l'abrogation complète.

58. Tels sont les cinq cas dans lesquels seuls peut être invoquée la naturalisation par bienfait de la loi ; dans tous les autres cas, on ne rencontre pas un droit acquis, mais une faveur concédée ; on ne rencontre plus nulle part les lettres de naturalité ou de déclaration, contenant la preuve d'un droit actuel, mais des lettres de naturalisation, créant un droit à partir du moment où le chef de l'État les accorde. J'en arrive donc à traiter de la naturalisation proprement dite, c'est ce qui va faire le sujet du chapitre suivant.

CHAPITRE III.

DE LA NATURALISATION PROPREMENT DITE.

59. La naturalisation proprement dite constitue un mode d'assimilation de l'étranger au national, concédé indistinctement à toute personne étrangère, et nécessitant l'intervention du pouvoir gracieux. Mais à qui appartient le droit de l'accorder, sera-ce le pouvoir législatif ou le pouvoir exécutif? L'histoire nous montre que les législations ont varié sur ce point. Tantôt on a exigé l'intervention directe et nécessaire des deux pouvoirs, tantôt on a donné ce droit exclusivement au pouvoir législatif, tantôt au pouvoir exécutif, comme nous le verrons bientôt. Sous la législation qui nous régit actuellement, la naturalisation se présente à nous sous deux points de vue différents comme un acte administratif ou

comme un acte législatif. D'un côté, dit-on, elle constitue un privilége personnel, et dès lors elle dépend du
pouvoir exécutif, car la loi, ne s'occupant que des intérêts
généraux, ne s'applique pas à ce cas; d'un autre côté,
elle a pour but d'entraîner une modification dans le corps
politique, elle constitue ainsi un acte de souveraineté qui
ne peut dépendre que du pouvoir législatif. Aussi, sous
le régime actuel, les effets de la naturalisation ressortent
les uns de ce pouvoir, les autres du pouvoir exécutif.
Mais avant d'étudier les effets et les caractères de la
naturalisation à notre époque, il faut rechercher ce
qu'elle était sous les diverses législations qui ont régi la
France jusqu'à ce jour.

SECTION PREMIÈRE.

DE LA NATURALISATION PROPREMENT DITE JUSQU'A LA LOI DU 3 DÉCEMBRE 1849.

60. A Athènes, la naturalisation n'était accordée que
difficilement, et sa concession s'entourait de formes nombreuses. Le motif qui la rendait si difficile à obtenir, se
comprend facilement ; dans cette cité, le titre de citoyen
constituait une fonction publique; tout citoyen avait part
au gouvernement ; aussi, le peuple seul pouvait accorder
à l'étranger la qualité de citoyen et l'exercice des droits
en dépendant. Les historiens nous ont transmis les formalités que devait remplir l'étranger avant d'arriver à
être assimilé. Il devait, en premier lieu, faire sa demande ;
elle était déférée au peuple qui, par un vote au scrutin
secret, admettait ou rejetait sa candidature. Un second

vote, fait dans les mêmes conditions, devait valider sa présentation. Mais on ne s'en tenait pas à cela, car ces deux décisions du peuple déférées à un tribunal supérieur pouvaient être rejetées. De plus, pour obtenir la naturalisation, l'étranger devait satisfaire à l'une des deux conditions suivantes : ou avoir été banni à tout jamais de sa patrie, ou s'être établi à Athènes et avoir un intérêt à y demeurer. Ces deux conditions étaient rigoureusement exigées, et sur ce point on se montrait si sévère qu'on n'en accorda pas l'exemption aux soldats étrangers qui avaient combattu à Marathon. Mais la décision du peuple ne suffisait pas pour assimiler complètement l'étranger; il devait, en quelque sorte, l'acquérir par une résidence dont la durée était déterminée par la loi. Jusqu'à ce moment, il ne jouissait pas de l'exercice de certains droits politiques. Et même encore la méfiance qu'inspirait son ancienne qualité d'étranger était si grande, qu'on lui refusait certains honneurs qui auraient pu lui permettre de prendre une part trop directe à la direction des affaires de l'état; ainsi, on n'accordait les titres de grand-prêtre et de magistrat qu'aux citoyens descendants d'étrangers naturalisés à la troisième génération au moins.

61. On ne retrouve pas une pareille sévérité dans la législation romaine. Dans les premiers temps, on ne reconnaissait à Rome que deux classes de personnes, le *civis romanus* et l'*hostis*. Celui-ci recevait-il la qualité de citoyen romain, il était admis immédiatement à jouir de tous les droits et de tous les priviléges inhérents à ce titre. Pendant longtemps, la naturalisation individuelle

n'eut pas d'application dans la république ; les naturalisations en masse étaient seules consacrées par la législation, ainsi que cela résulte du texte suivant de Cicéron : « *Vetant duodecim Tabulæ leges privis hon ribus irrogare.* » Ce fut Marius qui, le premier, dérogea à cette coutume en accordant la naturalisation à quelques habitants des tribus qu'il avait fondées (1). Avant cette époque, le roi seul pouvait accorder la naturalisation avec la sanction du peuple ; mais à partir de ce moment cela change, et l'on peut arriver à être naturalisé par un sénatusconsulte, une loi ou un plébiscite (2). Le sénatusconsulte ne conférait que le *jus latii ;* pour que le *jus Quiritium* fût acquis à l'étranger, il fallait l'intervention d'un plébiscite ou d'une loi. Une troisième condition était nécessaire pour que l'acquisition du titre de citoyen fût complète ; il fallait être inscrit sur les registres du censeur, formalité souvent difficile à accomplir, car les censeurs, pris en général dans les familles patriciennes, détestaient les étrangers et leur refusaient souvent l'inscription (3).

Cependant, à mesure que les armées romaines poursuivaient le cours de leurs conquêtes, l'empire prenait une telle étendue, que l'on ne put plus porter devant l'assemblée du peuple toutes les demandes en naturalisation qui furent faites dans les provinces les plus reculées ; le peuple perdit donc le droit de concéder le titre de citoyen, et ce furent les généraux et les magis

(1) Cicéron, *pro Balbo,* cap. 21.
(2) Gaïus, I, § 26.
(3) Tite-Live, lib. XXXVIII, § 36 ; lib. XXXIX, § 39.

trats délégués de Rome qui en bénéficièrent. Marius
avait déjà par exception obtenu ce droit ; cette coutume
se généralisa, et bientôt après Pompée fut investi par la
loi Gellia Cornellia du droit de naturaliser en Espagne les
étrangers qui avaient pris parti pour Rome dans la
guerre de Sertorius. Ce fut sur cette loi que Cicéron se
basa pour faire obtenir à Balbus le titre de citoyen
romain (1). Jusqu'ici, on peut dire que si les magistrats
et les généraux de Rome furent investis d'un droit si
important, c'était en vertu d'une délégation du peuple.
Mais l'ambition personnelle des consuls devait leur faire
élever leurs prétentions ; et, en effet, César se fit accorder le droit de naturaliser par le pouvoir législatif.
Jusqu'à la période impériale, on voit le pouvoir exécutif
et le pouvoir législatif jouir dès lors l'un et l'autre de
cette prérogative. L'empire vint modifier cet état de
choses; l'empereur seul eut le droit d'accorder le droit
de cité. A partir de ce moment, la naturalisation fut
accordée à tout étranger qui la demandait ; après l'avoir
considérée comme un privilége, dont l'application eût dû
être restreinte dans les limites les plus étroites, on arriva
à la considérer comme un droit pour l'étranger. Tel fut
le but souverainement impolitique auquel devait en
arriver la constitution de Caracalla.

Si l'on recherche les conditions que devait remplir
l'étranger pour arriver à la cité romaine, on n'en rencontre aucune. Les pouvoirs, qui eurent successivement
le droit d'accorder la naturalisation, ne pouvaient subir

---

(1) Cicéron, *pro Balbo*, c. XIV.

aucune entrave dans l'expression de leur volonté. Le peuple, comme plus tard les consuls et les empereurs, accordaient ou rejetaient la demande, et rien ne pouvait arrêter l'effet de leur décision. Cependant, pendant les conquêtes, on en rencontre une, imposée indistinctement à tous les peuples qui voulaient faire partie de la grande famille romaine ; on exigeait qu'ils abjurassent la religion de leurs pères pour adorer les dieux des vainqueurs (1). Enfin, dans la première période, alors que le peuple assemblé gouvernait l'état, l'étranger qui ne pouvait se présenter devant les comices se faisait représenter par un citoyen désigné sous le nom de *civitatis assertor* (2), qui lui constituait pour ainsi dire un patron. Mais sous la période impériale, on ne retrouve pas de traces de cette formalité.

62. La législation romaine ne consacra jamais la distinction qui a existé sous l'empire de nos lois modernes entre la naturalisation simple et la grande naturalisation. On la trouve, au contraire, parfaitement consacrée en Germanie. Nous avons vu, en effet, que l'étranger, qui a donné des répondants, acquiert par cela seul l'inviolabilité et une partie des droits dont jouit le national. Mais cela ne lui concède que la protection de la famille qui l'admet dans son sein ; son droit, purement relatif, peut lui être toujours dénié par celui qui le lui a accordé. S'il veut acquérir un droit personnel et qui

(1) Giraud, *Histoire du droit français au moyen-âge*, t. I, p. 55.
(2) Walter. *Geschichte des Römischen Rechts bis auf Justinian.*, t. II, § 714.

l'assimile complètement au citoyen, il doit avoir recours
à la naturalisation. Par elle, il passe sous le patronage de
la tribu, qui le considère comme sien et l'englobe dans
le système de protection, qui est la base de la société
germaine. Les formalités à remplir sont les mêmes que
celles auxquelles il a dû se soumettre pour entrer dans
la famille de son patron. La loi Salique est expresse sur
ce point : « Si quis super alterum in villam migrare
» voluerit, et aliqui de his qui in villa consistunt eum
» suscipere voluerint, et vel unus ex his exstiterit qui
» contradicat, migrandi licentiam ibidem non habeat. —
» Si autem quis migraverit in villam alienam, et ei ali-
» quid infrà duodecim menses secundum leges contes-
» tatum non fuerit, *securus ibi consistat sicut alii*
» *vicini* (1). » Une fois reçu dans la tribu, l'étranger est
assimilé au Germain ; il est inviolable, il jouit des droits
de vengeance privée, de partage des terres, de wehr-
geld. Ce résultat dépend pour lui d'une résidence de
douze mois, à moins qu'il ne s'élève d'opposition de la
part des membres de la tribu. —Cependant cette admission ne lui faisait pas avoir une assimilation complète ;
on lui refusait encore certains priviléges dont étaient
seuls investis les nationaux ; ainsi, le droit de porter les
armes, le droit de se rendre au mallum et d'y donner son
avis et son vote. Tacite nous apprend que l'assimilation
peut devenir entière et l'étranger acquérir ces priviléges,
si l'assemblée des guerriers veut les lui confier (2). Dès

(1) *Lex salica*, tit. LXVII, nos 1 et 4.
(2) Tacite, *de moribus Germaniæ*, § 13 : « Arma sumere
» non ante cuiquam moris, quam civitas suffecturum proba-
» verit. »

lors, deux espèces de naturalisation se présentent en Germanie. L'étranger devient Germain par décision de la tribu; il devient guerrier, il acquiert une liberté entière par décision des membres du mallum. Par la première, il jouit seulement de quelques droits; par la seconde, tous les droits, tous les priviléges dont jouit le citoyen Germain lui sont acquis. Nous verrons plus loin les ressemblances intimes qui existent entre ces deux modes d'assimilation de l'étranger au Germain, et les deux modes de naturalisation qui avaient été consacrés par la loi du 3 décembre 1849.

Pendant la période mérovingienne, on ne trouve que peu de traces de la naturalisation. Au milieu des secousses qui ébranlèrent la société franque à cette époque, au milieu des luttes qui s'élevèrent sur tous les points de la Gaule, cette institution paraissait s'être perdue. Tantôt nous voyons les idées romaines prédominer et être mises en application, tantôt nous voyons, au contraire, triompher le principe germain. Après les troubles occasionnés par les invasions, les rois n'avaient qu'un but, rendre leurs tribus sédentaires; mais on sait qu'ils n'y purent parvenir, et que lorsque les carlovingiens s'emparèrent du pouvoir suprême, le principe de la solidarité germanique existait encore. La législation romaine un moment victorieuse avait disparu devant les institutions nationales des anciens Germains. Engagés dans cette voie, les peuples ne s'arrêtèrent pas au but qu'ils s'étaient proposés, et entraînés, pour ainsi dire, plus loin que leur volonté, ils consacrèrent, après bien des épreuves de tous genres, le principe de la féodalité.

Au milieu de la confusion politique qu'entraîna le régime féodal, il ne pouvait plus être question de naturalisation. Comment, en effet, concéder des droits civils au sein d'un peuple d'esclaves, obéissant au moindre signe d'un maître, dont toutes les volontés étaient des ordres, et qui était assez puissant ou assez redouté pour se faire obéir par la force. Personne n'ignore, qu'à cette époque d'oppression, le vassal qui voulait fuir la domination de son seigneur était considéré comme un criminel et devenait serf. L'étranger qui *diocœsim mutavit* ne peut plus se faire naturaliser, mais invoquer la protection de son nouveau seigneur dont il devient serf. Nous avons vu dans le chapitre précédent que l'étranger qui *diocœsim mutavit* en implorant la protection du seigneur était considéré comme inviolable; à cette époque l'avouerie change de caractère et l'étranger est traité comme le dernier des hommes. Les textes sont formels sur ce point; je n'en citerai qu'un tiré de la coutume de Châtillon : « Ceulx sont hommes et femmes liges à mon-
» sieur l'abbé, qui sont originelment nés de l'homme
» et femme lige dudit monsieur l'abbé et qui viennent
» de quelque part que ce soit faire mansion en ladite
» ville de Chastillon; s'ils veullent advouer ledit abbé,
» ils sont ses hommes et femmes taillables hault et bas,
» et de mainmorte et justiciables sur la protection,
» truicion et saulve-garde dudit monseigneur le duc. »
La coutume de Châteauneuf nous montre quel sort leur est réservé s'ils tentent de vouloir ne pas se placer sous la protection du seigneur : « Si aucun aubain, dit-elle,
» autrement appelé un avenu est demeurant par an et

» jour dans ladite chastellenie sans faire aveu de bour-
» geoisie, il est acquis serf audit seigneur. »

Considérée en elle-même, la féodalité ne pouvait être
qu'une période de transition, et les mesures violentes
qu'elle avait employées ne devaient pas subsister longtemps. Les peuples étaient déjà devenus sédentaires dès
le milieu du x° siècle ; la féodalité avait atteint le but de
localisation qu'elle se proposait. Elle devait s'arrêter à
ce moment, mais elle le dépassa et nous avons déjà vu
que, pour la détruire, les rois se livrèrent à une politique de centralisation qui devait l'emporter à la longue.
Cependant, dans la période féodale, la naturalisation fut
connue et souvent appliquée. Nous savons, qu'à cette
époque, la France était divisée en provinces et que les
seigneurs, tout en reconnaissant la suprématie du roi, se
considéraient comme les seuls souverains de leurs domaines. On ne pouvait guère se déplacer sans sortir de la
seigneurie où l'on habitait ; aussi, pour faciliter les
transactions, les seigneurs furent-ils obligés de faire
entre eux des traités de *parcours et entre cours*. Mais
pour les personnes qui changeaient de résidence et qui
venaient s'établir sur les domaines d'un autre seigneur,
le servage ne fut plus leur sort comme sous les premiers
rois. Elles pouvaient acquérir la bourgeoisie dans le lieu
où elles s'établissaient en y résidant un an et un jour,
ou en déclarant leur intention d'y fixer leur domicile (1).
On en revenait aux principes de la loi Salique qui,
comme nous l'avons vu plus haut, accordait le titre de

(1) Loysel, *Institutes coutumières*, liv. I, tit. I, règ. 21.

citoyen par suite d'une résidence de douze mois. L'aveu,
tout en produisant les mêmes résultats, ne pouvait être
fait que par des hommes libres ; les serfs ne pouvaient
s'en prévaloir pour se soustraire à leur état, pour acquérir, en un mot, dans la nouvelle seigneurie où ils s'établissaient, les droits qu'ils avaient dans celle qu'ils abandonnaient. Cette institution prit une telle extension que
les seigneurs firent entre eux des traités de *parcours*,
qui permettaient à tout homme libre, noble ou non
noble, selon l'expression des anciens auteurs, de voyager
sur les états liés par la convention sans perdre sa liberté
et ses droits. L'aveu fut remplacé par ces conventions
entre les seigneurs, et bientôt l'usage se généralisa à
tel point que presque toutes les seigneuries furent liées
entre elles. L'homme qui changeait de seigneurie acquérait, *ipso jure*, le titre de bourgeois du seigneur, sur le
territoire duquel il établissait son nouveau domicile et
prenait le nom de *bourgeois de parcours*.

Après l'établissement des communes , la bourgeoisie
continua à subsister ; il en parut même un nouveau
genre ; sous la période féodale on pouvait se faire déclarer
bourgeois du roi ou bourgeois d'un seigneur ; on pourra
après la révolution communale devenir bourgeois d'une
ville (1). A cette époque, les villes se divisaient en trois
classes, selon la législation à laquelle elles étaient sou-

(1) Ce titre fut tellement recherché que, pour se rendre
agréable au peuple , les princes eux-mêmes ne dédaignèrent
pas de le demander. L'histoire nous cite un roi de Navarre,
demandant le titre de bourgeois de la ville d'Amiens ; et l'on
pourrait multiplier de tels exemples à l'infini.

mises : au nord les communes régies par les chartes
communales, au midi les municipes qui avaient conservé
le droit romain, au centre enfin les villes de bourgeoisie
obéissant au régime féodal, sauf quelques légères modifications. Il est évident que l'acquisition de la bourgeoisie
dans ces trois classes de villes devait, quant à ses formes,
varier suivant les règles spéciales qui les régissaient.
Dans les municipes, la naturalisation se faisait suivant
les règles du droit romain (1). Dans les villes de bourgeoisie, l'aveu et la résidence d'an et jour prévalurent.
En 1287, une ordonnance fut promulguée, ayant pour
but de déterminer le mode d'acquisition de la bourgeoisie
et régla comment quiconque voudra s'établir dans une
ville pourra en devenir bourgeois, quelles formalités il
aura à remplir, quelles relations subsisteront entre lui et
le seigneur dont il quitte le domaine ou celui sur le
domaine duquel il s'établit. L'étranger doit se rendre
devant le prévôt du lieu et s'exprimer, d'après l'ordonnance, en ces termes : « Sire, je vous requiert la bour-
» geoisie de cette ville et suis apparellez de faire ce que
» j'en dois faire. » Le prévôt assisté de quelques bourgeois de la ville recevra, dit encore l'ordonnance,
« seureté de l'entrée de la bourgeoisie. » Et si dans l'an
et jour suivants l'étranger a fait bâtir ou a acheté une
maison de la valeur de 60 sols parisis au moins, on fera
savoir au seigneur dont il a quitté le domaine qu'il est
devenu bourgeois d'une autre ville. A ce moment le titre

(1) « *Municipem*, aut nativitas facit, aut manumissio, aut
adoptio. » F. I. D. *ad municipalem et de incolis*. 60, 1).

de bourgeois lui est acquis (1). Dans les villes de commune, il en fut autrement. La commune n'était, en réalité, qu'une association formée par les citoyens d'une ville pour résister à l'oppression du roi ou des seigneurs. Les membres se liaient entre eux par un serment et prenaient le nom de jurés ; pour eux, ce titre de *jurés*, renfermait les idées de devoir, de fidélité et de dévouement réciproque, exprimées dans l'antiquité par le nom de citoyens. Dès lors, pour être admis à devenir membre de la commune, celui qui sollicitait ce titre devait se lier avec les jurés par le serment qu'ils avaient eux-mêmes prêté (2).

Cet état de choses persista en France jusqu'en 1302 ; mais, à cette époque, il était déjà survenu de grands changements ; la royauté avait triomphé des seigneurs et leur avait enlevé de nombreux avantages dont ils jouissaient, entre autres le droit d'accorder la naturalisation. La règle générale fut dès lors que tout homme né et résidant en France était Français, où qu'il transportât son domicile ; on n'appela plus étrangers que ceux qui venaient du sein d'une nation véritablement étrangère s'établir sur le territoire de la France. Mais le droit d'aubaine vint changer le caractère essentiel, fondamental de la naturalisation. On sait que par la naturalisation l'étranger était dispensé de payer ce droit onéreux ; mais comme le fisc ne pouvait pas perdre de pareils

(1) Guizot, *Histoire de la civilisation en France depuis la chute de l'empire romain jusqu'en 1791*, t. V, leçon XV, p. 82.

(2) Augustin Thierry, *Considérations sur l'hist. de France*, ch. V, p. 221 et suiv.

revenus, la naturalisation ne put s'acquérir qu'à prix d'argent ; dès lors le principe sur lequel s'était toujours basée cette institution, principe essentiellement national, disparut pour faire place à un principe fiscal. L'ordonnance du 23 mars 1302 fut le commencement de cette nouvelle période. Sous prétexte de protéger l'étranger contre les vexations des seigneurs, le roi s'attribua le droit exclusif de prononcer la naturalisation. Par conséquent, les villes ni les seigneurs n'ont plus le droit d'accorder des lettres de bourgeoisie ; le roi seul peut conférer la qualité de Français par des lettres de naturalité.

Mais les seigneurs résistèrent contre cette prétention de la couronne, et s'il est vrai, en droit, que les rois seuls avaient le pouvoir de naturaliser, en fait, les seigneurs se l'arrogèrent souvent. L'ordonnance de Blois, du mois de mars 1498, nous montre que ceux-ci, malgré les prétentions du roi, s'attribuèrent souvent le droit de bâtardise, et, par suite, le droit de légitimation, qui n'était que la conséquence du premier (1). Or, il est

(1) Voici en quels termes s'exprimait à ce sujet la célèbre ordonnance de 1498, art. 70 : « Combien que, à nous seul et » à noz successeurs Rois de France appartienne de donner » grâces, pardons et rémissions, et avec ce que nous avons » plusieurs droictz singuliers et priviléges qui sont à nous et » à noz successeurs Rois de France, réservez en signe de » souveraineté ; néanmoins aucuns noz lieutenants, et gou- » verneurs, et aussi leurs lieutenants par nous establiz en » plusieurs contrées de nostre royaulme ont entrepris et » s'efforcent soubz couleur d'aucun pouvoir qu'ils disent avoir » obtenu de nous ou de noz prédécesseurs donner grâces, » rémissions..... anoblissemens et légitimations. »

constant que le droit de bâtardise et le droit d'aubaine étaient toujours liés l'un à l'autre, et que toute personne jouissant du premier jouissait également du second avec toutes ses conséquences. Dès lors, le droit d'aubaine appartenant aux seigneurs, ils avaient le droit de faire des naturalisations (1). Mais, lorsque le roi se fut attribué tous les droits d'aubaine, après la période féodale, le droit de naturaliser lui appartint en propre et personne ne put le revendiquer. On peut dire qu'à partir du onzième siècle, ce fut le roi qui eut seul le droit de naturalisation.

Quant aux formes que revêtaient de pareils actes avant l'ordonnance du 23 mars 1302, elles ne furent pas établies d'une manière certaine ; elles dépendaient de la volonté du roi. A partir de cette époque, on exigea de la part de l'étranger un fait prouvant son intention de s'établir en France. Le roi délivrait alors des lettres de naturalité. Cette concession fut longtemps laissée à l'arbitraire du roi ; cependant, une condition était exigée du demandeur : il fallait qu'il eût résidé en France pendant un certain temps. La résidence sur le territoire français avait généralement toujours été exigée ; l'ordonnance de 1287 déclare déjà que, pour l'acquisition de la bourgeoisie, l'étranger devait avoir résidé dans la cité depuis la Toussaint jusqu'à la S. Rémy. L'ordonnance de 1499 consacra ce principe en déterminant la durée de séjour à un an et un jour. Plus tard, à cette condition vinrent s'en ajouter quelques autres ; les lettres de naturalité ne

---

(1) Loysel, *Institutes coutumières*, liv. I, tit. 1, règ. 42 et suiv. ; règ. 49 et suiv.

purent être accordées qu'après qu'on eut établi que l'étranger était un homme de bonnes mœurs et qu'il était catholique. Cette dernière condition reçut cependant plus tard quelques exceptions ; ainsi, au XVIIe siècle, le maréchal de Saxe reçut des lettres de naturalité, quoiqu'appartenant à la religion réformée ; on pourrait citer encore parmi les hommes qui ont joué un rôle dans notre histoire, Law et Necker. Mais on peut dire que de tous temps la naturalisation a été accordée à tous ceux qui pouvaient en payer la concession. L'étranger devait, en effet, payer au roi une compensation à titre de dédommagements des droits d'aubaine, de formariage, etc., qu'il aurait perçus si l'étranger avait conservé cette qualité (1). Dès lors, la naturalisation put être considérée comme un moyen d'enrichir le fisc ; et l'histoire, malgré les assertions de Bacquet, nous prouve que l'on n'en usa que trop largement (2). On en arriva

(1) Bacquet, *Droit d'aubaine*, 3e partie, chap. XXIII, nos 1, 2 et 3.

(2) Bacquet s'exprime en ces termes : « La finance que le » roi reçoit à cause des lettres de naturalité est si petite, qu'elle » n'est aucunement considérable, et ne tourne au profit du » roi en augmentation de son domaine, mais est appliquée » par MM. des comptes à œuvres pitoyables » (*Droit d'aubaine*, 4e partie, chap. XXXIV, no 13). — A l'encontre de cette doctrine, on pourrait citer de nombreux édits. Le plus remarquable est celui de septembre 1587. Dans le préambule de cet édit, Henri III déclare que les étrangers, qui se sont établis en France, ont ajouté par leur industrie à la richesse nationale et à la grandeur du royaume ; puis, après leur en avoir témoigné toute sa reconnaissance, il déclare que tous les commerçants étrangers, qui n'ont pas été naturalisés, doivent obtenir des lettres de naturalité, et il ajoute : « Voulons estre compris dans

jusqu'à imposer des lettres de naturalité à certaines classes de personnes, à en annuler même qui avaient été accordées pour obliger les concessionnaires à payer un nouveau droit au fisc

Les lettres de naturalité, comme tous les actes émanant de l'autorité royale, étaient expédiées par le chancelier du royaume. Cet usage fut constamment suivi, quoiqu'il ne constituât pas une nécessité. Il ne fut formellement consacré que par l'ordonnance du 22 mai 1723. — Une fois les lettres de naturalité concédées, elles devaient être, en premier lieu, enregistrées par la Chambre des comptes, qui fixait la composition à payer en compensation des droits d'aubaine auxquels renonçait le roi. Par cet enregistrement, l'étranger était relevé de ses incapacités vis-à-vis de l'état ; mais il avait encore des incapacités vis-à-vis des simples particuliers, et il en était relevé par l'enregistrement des lettres par le Parlement (1). Enfin, il devait encore les faire enre-

» ladite taxe tous ceux desdits étrangers qui font ledit com-
» merce des marchandises, banque ou courtage, encore qu'ils
» aient pris des lettres de naturalité, car tel est nostre plaisir,
» nonobstant tous statuts, ordonnances, privilèges auxquels
» pour les considérations susdites et autres à nous mouvant,
» nous avons de nostre grâce spéciale, pleine puissance et
» autorité royale, dérogé et dérogeons par ces présentes. » —
Un passage de Coquille nous montre encore que la composition à payer était laissée à l'arbitraire du roi : « Lettres de
» naturalité, dit-il, payent vingt livres huit sols parisis, — Et
» doivent, telles lettres, estre vérifiées ès cours souveraines,
» selon le sujet, même en la Chambre des comptes, quand il
» y a finances de composition à payer, comme ez naturalisa-
» tions » (Loysel, *Institutes coutumières*, tit. I).

(1) Arrêt du 4 septembre 1738. — Paris, 3 juillet 1833.

gistrer au greffe de la Chambre du trésor. Ces trois formalités furent toujours en usage, mais elles ne furent
légalement consacrées que par la déclaration de Saint-
Maur-les-Fossés, le 17 septembre 1682. — Plus tard,
on ajouta à ces enregistrements, l'insinuation au greffe
du tribunal de la situation des immeubles appartenant
à l'étranger ou au greffe du lieu de sa résidence. Un
arrêt du 18 mars 1747 déclare que cette formalité
n'était pas rigoureusement nécessaire, et que l'enregistrement des lettres suffisait pour donner droit de recueillir les successions ouvertes avant l'insinuation.

Ces lettres accordées et ainsi enregistrées concé-
daient le titre de Français à l'étranger, mais il était,
néanmoins, certains priviléges qui ne lui étaient pas
acquis. Ainsi, l'étranger naturalisé ne pouvait pas être
investi de bénéfices ecclésiastiques ou laïques. Un capitulaire de Charlemagne de l'année 806 avait, pour la
première fois, établi ce principe; nous le trouvons consacré par l'ordonnance du 10 mars 1431 et par celle du
13 juin 1409 (1). Depuis, d'autres ordonnances ont éta-

(1) Les raisons qui firent refuser ces avantages aux étrangers sont faciles à comprendre. Elles sont, du reste, exposées
fort clairement dans ces deux ordonnances. Celle de 1431,
relative aux bénéfices ecclésiastiques, s'exprime en ces termes : « Comme jà pieçà nos Prédécesseurs considérans que
» celui nostre Royaume avait esté de tout temps et estait
» garni de notables hommes, natifs d'icelui, Nobles, Clercs et
» autres gens de grand mérite, et désirans que de telles gens
» fust pourveu aux Prélatures, Dignitez et autres Bénéfices
» d'iceluy nostre Royaume, afin que les places, dont il y en
» a plusieurs appartenans à l'Eglise, fussent gouvernées et
» habitées par gens à eux féaux, et non autres, pour obvier

bli cette prohibition, ainsi celle de Blois, de 1759 (art. 4),
celle de Moulins (art. 76), enfin, celle d'Orléans (art. 17).
Le Français d'origine est, seul, apte à obtenir un bénéfice

> » aux grands inconvénients qui pourraient advenir, et dont
> » estait vraysemblablement à douter, si les dits Bénéfices,
> » venaient ès mains des estrangers..... pour ce que, par expé-
> » rience de fait, voisnes qu'iceluy feu Pape Martin continuait
> » de donner et conférer mesmement les Prélatures et autres
> » notables bénéfices d'iceluy nostre royaume à plusieurs étran-
> » gors et autres tenans le parti de nos ennemis, et qu'il était
> » nécessité très grande d'y pourvoir, afin d'obvier aux incon-
> » véniens, qui Nous en pourraient venir..... Nous, voulant
> » obvier aux inconvéniens devant dits, avons par grande et
> » meure délibération de nostre Grand Conseil, de nostre cer-
> » taine science et authorité royale, ordonné, et encore de
> » rechef ordonnons par ces présentes, que dores en avant de
> » quelqu'estat, dignité, prérogative, prééminence ou authorité
> » qu'il soit, ne sera reçeu à tenir et avoir le gouvernement ou
> » administration d'aucun Archevesché, Evesché, Abbaye, Di-
> » gnité, Prieuré et autre Bénéfice ecclésiastique quelconque
> » en nostre dit Royaume et Seigneurie, s'il n'est natif d'iceluy
> » nostre Royaume et Seigneurie et féal et bienveillant de
> » Nous. » — L'ordonnance de 1499, relative au contraire aux
> bénéfices laïques n'est pas moins explicite : « Et pour ce que
> » avons esté avertis que du vivant de nostre dit feu seigneur
> » et cousin le roy Charles VIII et dernier, a esté par lui donné,
> » baillé et octroyé par importunité ou autrement à plusieurs
> » et diverses personnes estrangères et non natifs de nostre
> » royaume, plusieurs lettres de naturalité pour tenir béné-
> » fices et offices en nostre dit royaume..... nous voulans à ce
> » donner provision, attendu que telles lettres et octrois sont
> » grandement préjudiciables à nos ordonnances sur ce faites,
> » toutes les dites lettres..... avons révoquées, cassées et annu-
> » lées, révoquons, cassons et annulons, et ne s'en pourront
> » ayder les partis qui les ont impétrées pour l'avenir en
> » aucune manière, les ordonnances de nos prédéscesseurs
> » Rois faites en cette matière, touchant les étrangers, demeu-
> » rans en leur force et vertu. »

quelconque; toutefois, quelques peuples avaient, à cet égard, été l'objet d'une exception ; les Savoyards, entre autres, pouvaient même, sans être naturalisés, devenir concessionnaires de bénéfices en France (Edit de septembre 1669).

63. Telle fut la législation qui régit la France, en matière de naturalisation, jusqu'à la période révolutionnaire. La loi du 30 avril 1790 l'abrogea complètement, et nous avons vu qu'à cette époque ce fut l'assimilation par bienfait de la loi qui constitua le droit commun. On sait combien ce système était vicieux et combien de modifications se succédèrent jusqu'en 1840. Tout d'abord nous avons rencontré la loi de 1790, déclarant que tout étranger, remplissant les conditions par elle imposées, acquiert de plein droit la qualité de Français. La Constitution de 1791, tout en respectant ce principe, investit le pouvoir législatif du droit de concéder directement la naturalisation ; la Constitution de 1793 n'apporte aucun changement à cette disposition. Cet état de choses ne dure pas longtemps, car la Constitution de l'an III et celle du 22 frimaire an VIII l'abrogent complètement. Cette dernière, en effet, dans son art. 3, déclarait que, « un étranger devient Français lorsque après avoir atteint » l'âge de vingt-un ans accomplis et avoir déclaré l'in- » tention de se fixer en France, il y a résidé pendant » dix années consécutives. » Le Code en revient aux anciens principes, et il exige que l'étranger demande une autorisation de domicile pour pouvoir obtenir la naturalisation. Un pas de plus et le pouvoir exécutif sera investi du droit de l'accorder ; le décret du 17 mai

1809 lui donne ce pouvoir. Le sénatusconsulte du 19 février 1808 débarrassait le gouvernement du contrôle gênant de la loi; le pouvoir exécutif seul pouvait pro-noncer la naturalisation. Mais la loi de 1790, en abro-geant les ordonnances relatives à notre matière, avait complètement assimilé l'étranger naturalisé au Français, de sorte qu'il pouvait participer au pouvoir souverain. Cette innovation, introduite par la Révolution, devait disparaître bientôt; l'ordonnance du 4 juin 1814 déclara que l'étranger naturalisé ne pourrait plus siéger à compter de ce jour, ni à la Chambre des Pairs, ni à la Chambre des Députés, à moins que pour d'importants services rendus à l'état, il n'eût obtenu des lettres de natura-lisation, vérifiées par les deux Chambres. De là deux conséquences : 1º la concession des lettres de natura-lisation n'était pas subordonnée à une année de domicile en France, et 2º l'étranger ne pouvait jamais être appelé à siéger dans l'une des deux Chambres, qu'après avoir obtenu des lettres de naturalisation du roi et les avoir fait vérifier par les Chambres.

SECTION II.

DE LA NATURALISATION, SOUS LE RÉGIME DE LA LOI DU 3 DÉCEMBRE 1849.

64. On a vu combien de variations a subi, depuis la période féodale jusqu'en 1814, la législation en matière de naturalisation. L'ordonnance du 4 juin 1814 régla la matière jusqu'en 1848. Mais, à cette époque, la réaction politique qui s'opéra, entraîna dans nos lois de profondes

modifications; l'ordonnance de 1814 fut abrogée, et le 28 mars 1848 un décret vint à nouveau régler la matière.

La Révolution de 1848 eut pour prétexte le désir d'une réforme électorale. Le gouvernement crut devoir l'accorder, et un décret, à la date du 5 mars, déclara que tout Français âgé de vingt-un ans était électeur, que tout électeur âgé de vingt-cinq ans était éligible (1). De ce que la qualité d'électeur entraînait le droit d'éligibilité, il en résultait qu'on ne pouvait plus faire de distinction entre la grande naturalisation et la naturalisation simple ; dès lors, par suite de cette dernière, l'étranger obtenait les deux qualités d'électeur et d'éligible. La Constitution du 4 novembre 1848 confirma ce principe (art. 25 et 26). Mais le gouvernement provisoire fut obligé après ce changement d'en opérer un autre relatif aux conditions nécessaires pour obtenir la naturalisation et aux formalités à remplir. Cette loi investit le ministre de la justice du droit d'accorder provisoirement la naturalisation. Les seules conditions imposées à l'étranger furent de justifier par actes authentiques ou officiels qu'il résidait en France depuis cinq ans au moins, et de produire à l'appui de sa demande l'attestation par le maire de Paris ou le préfet de police pour le département de la Seine, et par les commissaires du gouvernement pour les autres départements, qu'ils étaient dignes, sous tous les rapports, d'être admis à jouir des droits de citoyen Français. Mais on comprend facilement que cette loi ne pût pas fonctionner longtemps. Dans un laps de trois

(1) Voir l'instruction du 8 mars 1848, art. 3 et 5.

mois qu'elle resta en vigueur, il fut accordé 2,800 naturalisations environ. Un pareil état de choses ne pouvait
durer longtemps ; aussi, un décret ministériel du 29
juin 1848 en prononça-t-il l'abrogation. On en revint
donc purement à la législation qui avait précédé la loi
de 1848.

Cette loi produisait des effets entièrement radicaux.
Tout individu naturalisé devenant électeur était, par
conséquent, éligible, et ce principe s'étendait non
seulement à ceux qui reçurent la qualité de Français en
1848, mais encore à ceux qui l'avaient reçue auparavant.
C'était consacrer formellement l'abrogation de l'ordonnance de 1814. Dès lors, même après le décret du 29
juin 1848, tous les étrangers naturalisés, de quelque
manière que ce soit, jouissent des mêmes droits que les
nationaux Français ; la distinction entre les grandes
naturalisations et les naturalisations simples accordées
jusqu'alors, disparaît. Tous les naturalisés ont un droit
acquis qu'on ne peut leur dénier. Aussi, dans la discussion de la loi de 1849 sur la naturalisation, M. Valette
s'exprimait-il en ces termes : « Les naturalisés ont eu la
» plénitude des droits de citoyen, et, ce qui le prouve,
» c'est que ceux d'entre eux qui ont été élus ont été
» simplement vérifiés comme députés nommés ; on ne
» leur a pas accordé de lettres de grande naturalisation.
» Puis est venue la Constitution, qui les a saisis, et qui
» a dit : Sont éligibles, sans condition de cens et de
» domicile, tous les électeurs âgés de vingt-cinq ans. —
» On ne niera pas qu'ils ne fussent électeurs. Ils ont été
» éligibles en vertu de la Constitution ; ils ont acquis le

» droit ; et ce droit une fois acquis, vous ne pouvez pas
» l'enlever. Vous pouvez bien réglementer comment et
» dans quelle proportion vous accorderez ce droit à ceux
» que vous agréerez à l'avenir ; mais quant à faire un
» demi-citoyen de celui qui est citoyen complet, c'est ce
» que vous ne ferez jamais sans violer la règle de l'effet
» rétroactif (1). » Ces quelques mots résument le système admis à ce moment, et l'on en a conclu que,
depuis le décret du 28 mars 1848 jusqu'à la loi du 3
décembre 1849, il n'exista qu'une seule espèce de naturalisation, que par elle les étrangers obtenaient à la fois
et la jouissance des droits civils et la jouissance des
droits politiques ; enfin, que les lois postérieures ont
étendu ces dispositions aux étrangers naturalisés sous
l'ordonnance de 1814. — Ces conclusions ne me semblent pas néanmoins d'une rigoureuse exactitude, et je
partage les doutes que l'on a soulevés à cet égard. Il est
incontestable, et je suis sur ce point de l'avis de
M. Valette, qu'un droit acquis ne peut jamais être enlevé
à celui qui en jouit par une loi ; mais dans notre cas, y
a-t-il réellement un droit acquis ? On l'a contesté, et à
juste raison à mon avis. D'abord, rien ne prouve que la
grande naturalisation ait été supprimée, aucun texte ne
prononce l'abrogation rétroactive des effets de l'ordonnance de 1814. De plus, si l'on réfléchit sur le raisonnement que font les défenseurs du premier système, on
s'aperçoit facilement combien il est peu rigoureux.
D'après eux, tout Français est électeur et tout électeur

(1) *Moniteur* du 1er décembre 1849.

éligible ; donc la naturalisation simple conférant les droits d'électeur, confère par voie dé conséquence le droit d'être éligible. Mais il ne faut pas donner à la loi une portée qu'elle n'a pas ; lorsqu'elle a déclaré que tout Français étant électeur pourrait être éligible, elle n'a voulu parler que des Français étant capables par eux-mêmes d'exercer les droits d'électorat et d'éligibilité, que de ceux que l'on venait d'investir de ce droit par l'abrogation des lois qui les leur déniaient. A entendre la loi dans un sens aussi étendu, on devrait également l'appliquer à l'interdit, aux femmes, en un mot à tous les incapables. On voit que l'on en arriverait à une grave inconséquence. Je crois donc que l'on doit assimiler complètement l'étranger naturalisé à l'interdit et dire que, comme celui-ci ne jouira des droits politiques qu'après que l'interdiction aura été levée, de même l'étranger n'en jouira qu'après qu'il aura obtenu la grande naturalisa- tion. Du reste, à l'époque où la nouvelle loi fut promul- guée, ce que l'on demandait, ce qui entraîna la révolution de 1848, c'était la réforme électorale ; dès lors peut-on dire qu'au milieu de préoccupations aussi graves que celles qui assaillent l'esprit du législateur dans des mo- ments de trouble et de réaction, il ait pu se préoccuper de personnes autres que les Français d'origine ? A mon sens, ce fut sur eux seuls que se porta son attention, parce que c'étaient eux seuls qui réclamaient la réforme. Je déclare donc que de février 1848 jusqu'au 3 décem- bre, la grande naturalisation continua d'exister concur remment avec la naturalisation simple.

Mais le système que je combats va plus loin ; on sou-

tient que le décret du 5 mars 1848 et la Constitution
de la même année, ayant rendu tout électeur éligible, les
étrangers naturalisés, qui ne puisent pas en eux-mêmes
le droit d'électeur, mais qui l'ont acquis par suite de la
naturalisation, sont néanmoins toujours éligibles. — Ce
système me paraît inadmissible, et je déclare que lorsqu'une loi aura abrogé cette déduction du droit d'éligibilité de la qualité d'électeur, personne ne pourra plus
s'en prévaloir. Les lois électorales, de l'avis de tous les
jurisconsultes, n'ont pour but que de réglementer une
capacité, capacité susceptible d'être modifiée par des lois
postérieures. Ainsi, pour me servir d'un exemple qui fut
présenté dans la discussion de la loi du 3 décembre 1849,
supposons une loi électorale aux termes de laquelle tout
Français jouit des droits électoraux ; pourra-t-on dire
que le principe de la non-rétroactivité sera violé si cette
loi enlève les droits électoraux à des personnes qui
en étaient investies sous la législation antérieure?
Evidemment personne ne le soutiendra, car la loi
n'atteint pas un droit acquis, elle modifie seulement
une capacité. Toutefois, dans la discussion du nouveau projet de loi, ces principes furent méconnus; on
déclara que les étrangers naturalisés en vertu du décret
du 28 mars 1848, jouissaient des droits politiques, dès
lors qu'ils étaient électeurs, et qu'aux termes de la
Constitution ils étaient également éligibles; on déclara
même que les étrangers qui avaient acquis la naturalisation simple sous le régime antérieur à ce décret, avaient
été appelés par cette disposition à jouir des droits qui ne
leur avaient pas été directement accordés, à savoir, le

droit d'éligibilité. Cela résulte de la discussion que souleva cette question dans le sein de l'Assemblée nationale. M. Joly avait présenté un amendement formulé en ces termes : « Les dispositions qui précèdent ne portent » aucune atteinte au droit d'éligibilité à l'Assemblée » nationale acquis aux étrangers naturalisés avant la » promulgation de la nouvelle loi. » En présence des objections faites par divers membres, l'amendement fut retiré ; mais M. Victor Lefranc le reprit et, après une vive discussion, il fut adopté. On doit donc en conclure que tous les naturalisés avant la Constitution de 1848 furent assimilés à de grands naturalisés, qu'ils jouissent de tous les droits politiques ; qu'on ne peut plus, dès lors, considérer comme des naturalisations simples que celles qui sont postérieures à la loi du 3 décembre 1849.

Telle était l'opinion admise lorsque le projet de loi sur la naturalisation vint, en 1849, soulever de nouveau ces difficultés. Deux questions se posèrent : 1° le droit de naturalisation appartiendra-t-il au pouvoir exécutif, ou au pouvoir législatif, ou consacrera-t-on comme droit commun la naturalisation sous conditions potestatives ; 2° en reviendra-t-on aux principes établis par l'ordonnance de 1814, et rétablira-t-on les deux naturalisations ? — Le projet proposait d'investir le pouvoir exécutif de ce droit, et, en même temps, de n'admettre qu'une seule naturalisation conférant les droits civils et les droits politiques (1). Il se basait sur ce que la nature d'un pareil acte, comme les formes dont on devait le revêtir, donnaient

(1) *Moniteur du* 22 novembre 1849.

à la naturalisation le caractère d'un acte administratif plutôt que d'un acte du pouvoir exécutif. Un membre de l'Assemblée, M. Chamiot, fit remarquer que cela serait parfait si l'on consacrait en principe la naturalisation par bienfait de loi ; le pouvoir administratif n'aurait alors qu'à s'assurer que les conditions fixées par la loi ont été remplies par l'étranger. Mais d'après lui, le gouvernement devait rester investi du droit de conférer la naturalisation, car on doit la considérer comme une faveur, comme un privilége, que le pouvoir exécutif seul a le droit d'accorder. Bien plus, l'orateur ajoutait que c'était un acte de souveraineté par excellence, en ce sens qu'il tendait à augmenter la famille politique. Tels étaient les deux systèmes qui se produisirent au début de la discussion. Un troisième fut présenté par M. Mauguin ; dans son amendement, ce dernier proposait le rétablissement de deux naturalisations ; le pouvoir législatif conservait le droit de prononcer la grande naturalisation, conférant à l'étranger tous les droits politiques et lui permettant de siéger à la Chambre ; le pouvoir exécutif prononcera sur les naturalisations simples (1). Cette proposition fut adoptée ; c'était en revenir simplement au système des décrets de 1808 et de 1809, modifiés par l'ordonnance de 1814.

Ces questions préliminaires établies, je vais successivement m'occuper de la naturalisation simple et de la grande naturalisation ; et rechercher : 1° quelles conditions doit remplir l'étranger, 2° quelles formes elles revêtent, 3° quels effets elles produisent.

(1) *Moniteur* du 22 novembre et du 1er décembre 1849.

§ 1.

De la naturalisation simple.

65. La loi de 1849 a imposé à l'étranger qui demande à être naturalisé, trois conditions indispensables : 1° l'étranger ne peut faire sa demande qu'après avoir atteint sa vingt-unième année ; 2° il devra préalablement avoir obtenu du gouvernement l'autorisation d'établir son domicile en France, conformément à l'art. 13 Cod. Nap., et 3° avoir, après cette autorisation, résidé dix ans en France. L'art. 1 de la nouvelle loi apportait une modification importante à la Constitution de l'an VIII. D'après cette constitution, l'étranger devenait Français lorsqu'après avoir atteint sa majorité et avoir déclaré l'intention de se fixer en France, il y avait résidé dix ans (art. 3). Le stage qui lui était imposé courait donc du moment où il avait déclaré vouloir établir son domicile dans notre patrie. Le législateur de 1849 s'est montré plus rigoureux, et il a décidé que le stage ne courrait qu'à partir de l'autorisation de domicile accordée par le gouvernement.

Cependant, il est des circonstances dans lesquelles il serait rigoureux d'exiger, d'une manière formelle, l'accomplissement de ces conditions ; aussi la loi de 1849, en consacrant cette disposition, crut, à côté de ces prescriptions, devoir déclarer que, dans certains cas, l'étranger pourrait être dispensé de quelques-unes d'entre elles. L'art. 2 de cette loi déclare, en effet, que, par une faveur spéciale, le stage de dix ans pourra être réduit à

une année à l'égard des étrangers qui auraient rendu
des services importants à la France, ou qui y auraient
apporté une industrie, des inventions, des talents distingués ou qui y auraient créé de grands établissements.
Cette disposition a pour elle la sanction de l'histoire. La
Constitution du 14 septembre 1791 avait innové ce principe : « Le pouvoir législatif pourra, pour des considé-
» rations importantes, donner à l'étranger acte de natu-
» ralisation sans autre condition que de fixer son domi-
» cile en France (tit. 2, art. 4). » Nous le retrouvons
formulé dans la constitution de 1793. On ne peut que
louer une si heureuse innovation, dont les résultats
auraient pu être si favorables à notre patrie. Cependant,
dans la période de crise où l'on se trouvait, le pouvoir
législatif ne pouvait guère agir que par tâtonnements;
aussi voit-on ce principe rejeté par les Constitutions de
l'an III et du 22 frimaire an VIII. Cela souleva de vives
critiques, et l'on comprend très bien combien étaient
sages les paroles que Rœderer prononçait le 4 fructidor
an IX, alors que, blâmant sur ce point la Constitution
de l'an VIII, il disait : « Il en résultera que des hommes
» d'un rare mérite, tels que Francklin, par exemple, ne
» pourront jamais devenir Français, parce qu'ils seront
» d'un âge trop avancé pour espérer d'accomplir le stage
» politique (1). » Cet état de choses ne pouvait pas
exister longtemps. Trois ans après, en effet, un sénatusconsulte rendit au gouvernement le droit de dispenser du
stage imposé par la Constitution, les étrangers qui au-

(1) Fenet, *Recueil des travaux préparatoires du code civil,*
t. VII, p. 127.

17

raient rendu des services signalés à la France, après,
toutefois, avoir pris préalablement l'avis du Conseil
d'État (1). Le sénatusconsulte organique du 19 février
1808 maintint cette disposition, qui a été formellement
consacrée par la loi de 1849.

De ce que j'ai dit que les conditions exigées par l'art. 1
de cette loi étaient nécessaires pour obtenir la naturalisation, il ne s'ensuit pas que, malgré leur existence, le
gouvernement soit tenu de la concéder. Cela dépendra
de sa seule volonté, ainsi que cela découle des art. 3 et
suivants (2).

66. La loi de 1849 ne détermine pas les formalités
que devra remplir l'étranger pour faire sa demande ; on
doit donc sur ce point s'en référer au décret du 17 mars
1809. Aux termes de ce décret, lorsque l'étranger aura
terminé le stage légal, il déposera sa demande en naturalisation entre les mains du maire de la commune où
est fixé son domicile ; celui-ci la transmettra au préfet,
qui les adressera, avec son avis, au ministre de la justice. Cette formalité remplie, le gouvernement pouvait
prononcer la naturalisation. La loi de 1849 a introduit
deux innovations en cette matière ; elle exige, en premier lieu, qu'une enquête soit faite par le gouvernement
relativement à la moralité de l'étranger ; mais, comme
elle n'a pas réglé les formes de cette enquête, le gouvernement, sur ce point, agira à sa guise, s'adressant
généralement aux personnes les plus aptes à lui fournir
les renseignements exigés. En second lieu, elle a déclaré

(1) Sénatusconsulte organique du 26 vendémiaire, an XI.
(2) Dalloz, *Répertoire*, au mot *Droits civils*, n° 100.

que la naturalisation ne pourra être accordée que sur l'avis favorable du Conseil d'Etat. Faisons remarquer que cet avis favorable du Conseil d'Etat ne lie pas le pouvoir exécutif, qui peut de son chef la refuser. La naturalisation ne peut être accordée que par un décret. L'étranger peut-il invoquer en sa faveur une prescription ? Quelques auteurs l'ont soutenu, et la Cour d'Agen, embrassant leur opinion, l'a formellement décidé (1). Telle n'est pas mon opinion, et je me base pour la réfuter sur ce que l'étranger établi en France ne pouvait rien prescrire, puisqu'il ne jouissait que d'une tolérance de la part du gouvernement. Il est, du reste, un principe général en matière de prescription, contenu dans l'art. 2226 Cod. Nap. : « On ne peut prescrire le domaine des choses qui » ne sont point dans le commerce. » Or, l'état des personnes rentre dans la catégorie des choses qui ne sont pas dans le commerce, et ne peut dès lors être l'objet d'une prescription. Cette opinion s'appuie sur des textes dont l'application n'est pas contestable, puisqu'aucun monument législatif n'en a prononcé l'abrogation : ce sont l'avis du Conseil d'Etat du 22 prairial an XI, le sénatusconsulte du 19 février 1808 et le décret du 17 mars 1809. Du reste, ce qui prouve que l'on ne peut pas admettre qu'un étranger puisse être naturalisé par prescription, c'est que la loi du 22 mars 1849 et celle du 7 février 1851, faisant une dérogation aux principes généraux, en accordant le titre de Français aux enfants d'étrangers nés eux-mêmes en France, et aux étrangers

(1) Agen, 30 mai 1834.

qui, ayant servi dans nos armées, font les déclarations exigées par l'art. 9 Cod. Nap., n'étendent pas cette faveur à ceux qui ont résidé pendant plus de trente ans sur le territoire français.

67. Après avoir vu quelles sont les formes à remplir pour obtenir la naturalisation simple et les conditions que doit accomplir l'étranger, il nous reste à étudier les effets qu'elle produira. — L'étranger naturalisé acquerra la jouissance des mêmes droits civils que le Français d'origine ; il deviendra entièrement national, et par conséquent il sera soumis aux lois personnelles françaises. Mais s'il est soumis aux mêmes obligations que les Français, il jouit des mêmes priviléges ; le titre qui vient de lui être concédé ne pourra être perdu pour lui que par suite d'une des causes mentionnées dans l'art. 17 Cod. Nap., et, s'il vient à le perdre, il pourra invoquer en sa faveur le privilége des art. 10 et 18. Au point de vue de notre législation, il est devenu citoyen Français ; au point de vue de la législation de la nation dont il se sépare, il peut arriver que l'on ne reconnaisse pas comme légitime l'application des lois personnelles françaises à son égard. Mais je laisse ce point de côté et je ne recherche que les droits que la naturalisation simple lui fera obtenir en France.

L'étranger naturalisé acquiert également les droits politiques à l'exception du droit d'éligibilité. Le projet de loi relatif à la naturalisation assimilait entièrement l'étranger naturalisé au Français ; s'il avait été adopté purement et simplement, par le fait de la naturalisation simple, l'étranger aurait été investi de tous les droits

civils et politiques ; dès lors il n'y aurait eu qu'une seule
espèce de naturalisation. Mais il n'en fut pas ainsi ;
l'art. 1 du projet vivement discuté reçut une modification, qui, décidant que l'étranger naturalisé, ne pourrait
jouir du droit d'éligibilité qu'en vertu d'une loi, consacrait l'existence des deux naturalisations.

68. Tels sont les effets produits par la naturalisation
simple. Il me reste maintenant à rechercher à quel moment elle commence à produire ces effets et vis-à-vis
de qui elle les produit. Il est incontestable qu'elle ne
peut pas rétroagir, que, dès lors, l'étranger conserve
tous les droits qu'il avait avant ce moment. Il reste soumis aux lois de sa patrie jusqu'au décret de naturalisation ; à partir de ce décret, il ne doit plus obéissance
qu'à la législation de sa patrie d'adoption. Cependant je
crois que si, antérieurement à la naturalisation, l'étranger a acquis un droit, dont la législation française interdit l'exercice, il ne pourra plus s'en prévaloir. Ainsi, par
exemple, un étranger divorcé, d'après la loi de son
pays, se remarie ; plus tard il se fait naturaliser Français. Son second mariage sera considéré comme valable,
parce qu'avant la naturalisation l'étranger avait un droit
acquis d'après la législation à laquelle il était soumis.
Supposons, au contraire, que l'étranger divorcé se fasse
naturaliser et veuille ensuite se remarier. Dans ce cas,
tant que son conjoint vivra, la loi française lui interdira
un second mariage, parce qu'il ne jouit plus d'un droit,
mais seulement d'une aptitude qu'il perd par suite de la
naturalisation. — Sur le second point que je me suis proposé de rechercher, je crois que l'on doit admettre que

les effets de la naturalisation sont personnels au naturalisé, que sa famille n'en bénéficiera pas. Quant à l'enfant
qui, à l'époque de la naturalisation du père, a atteint sa
majorité, le principe est incontestable. On a élevé des
doutes relativement au mineur, et l'on a soutenu que la
naturalisation du père produirait ses effets à son égard (1).
Il me semble extraordinaire que l'on puisse faire résulter une nationalité du fait d'un tiers. Il est de principe
certain que la naturalisation concède, à celui qui l'obtient, un titre, mais un titre qui lui est personnel (2).
C'est, du reste, la théorie admise par le Code ; en effet,
dans l'art. 10, il déclare que les enfants du Français
expatrié, nés à l'étranger, pourront recouvrer la qualité
de Français, en remplissant certaines formalités ; mais
il ne parle pas des enfants nés avant l'expatriation du
père, ce qui prouve bien qu'il les considère comme des
Français. L'art. 2 de la loi du 7 février 1851 consacre
le même principe d'une manière irrécusable, lorsqu'il
institue en faveur des enfants du naturalisé, sans s'informer s'ils sont en état de minorité ou non, un mode de
naturalisation spécial. C'est bien reconnaître implicitement que l'enfant mineur du naturalisé, comme l'enfant
majeur, doit être considéré comme étranger, et que, dès
lors, les effets de la naturalisation de son père ne l'atteignent pas (3).

(1) Duvergier, *Collection des Lois*, t. III, p. 241.
(2) Gaïus, I, § 93. — Pothier, *Traité des personnes*, 1re part.
tit. II, sect. III. — Merlin, *Répert.*, au mot *Légitimité*, sect. III.
(3) Cass. 13 janvier 1845.

§ 2.

De la grande naturalisation.

69. La grande naturalisation est le mode le plus complet d'assimilation de l'étranger au national ; elle lui confère tous les droits résultant de la naturalisation simple, et de plus, le droit d'éligibilité, à la concession duquel la loi de 1849 avait mis une importante condition. Cette loi s'exprime ainsi : « L'étranger naturalisé » ne jouira des droits d'éligibilité à l'Assemblée natio- » nale qu'en vertu d'une loi » (art. 1 *in fine*). A la lecture de ce texte, on s'étonne que la grande naturalisation étant formellement consacrée, on n'ait pas eu le soin d'en fixer les conditions et les formes. Sur ce point, l'on ne peut pas s'en rapporter à la tradition historique, car l'ordonnance du 4 juin 1814 n'a eu garde de les mentionner. L'art. 1 est, en effet, formulé en ces termes : « Conformément aux anciennes Constitutions françaises, » aucun étranger ne pourra siéger, à compter de ce » jour, ni dans la Chambre des pairs, ni dans celle des » députés, à moins que, par d'importants services ren- » dus à l'État, il n'ait obtenu de nous des lettres de » naturalisation vérifiées par les deux Chambres, » Doit-on dire, avec quelques auteurs, que l'étranger qui recevra de telles lettres, n'aura pas besoin d'avoir résidé en France pour être éligible, mais qu'il lui suffira de la vérification exigée par l'ordonnance ? Je ne pense pas que telle soit la portée de ce texte. Il contient deux prescrip-

tions formelles, à mon sens : 1º la délivrance des lettres de naturalisation, 2º leur vérification. Mais la délivrance des lettres de grande naturalisation ne pouvait se faire que conformément aux dispositions du sénatusconsulte organique du 19 février 1808, qui exigeait de la part de l'étranger une résidence plus ou moins longue en France. Dès lors, à cette époque, la grande naturalisation était soumise aux mêmes formalités que la naturalisation simple, et de plus, à la vérification des lettres par les Chambres. — Il faut remarquer que la grande naturalisation émane du gouvernement et que les Chambres ne font qu'en constater l'existence. Mais cette opinion n'a pas triomphé en pratique, car la jurisprudence a toujours décidé que, sous le régime de cette ordonnance, la grande naturalisation n'était soumise à aucune condition. — La loi de 1849 reste, ainsi que nous l'avons vu, muette sur ce point. Quelques auteurs ont induit de son silence que le gouvernement ne peut pas, en concédant la naturalisation, donner à l'étranger le droit d'éligibilité ; l'Assemblée a seule le droit de le concéder ; mais elle est investie à ce sujet d'un tel pouvoir qu'elle peut conférer ce droit soit à un étranger naturalisé par le gouvernement, soit à un étranger qu'elle naturalise implicitement en l'appelant à jouir de la plus haute des prérogatives attachées à la qualité de citoyen Français. Or, il est facile de se convaincre de l'inexactitude de ce raisonnement. Le projet de loi nous montre, en effet, quel pouvoir on a voulu donner à l'Assemblée : « L'Assemblée, disait M. de « Vatimesnil, ne sera appelée, d'après le système de la » commission, qu'à donner le complément de la qualité

» de Français, c'est-à-dire le droit d'éligibilité (1). » Le
système de la commission ayant été admis, on ne peut
conclure des paroles du rapporteur qu'une seule chose,
à savoir, que l'étranger ne pourra recevoir le droit d'éligibilité que lorsqu'il aura reçu la qualité de citoyen
Français, résultant de la naturalisation simple.

70. Considérée en elle-même, la grande naturalisation n'est donc que le complément nécessaire à la naturalisation simple pour revêtir le naturalisé de tous les
droits civils et politiques sans exception, complément
qui ne peut être concédé que par une loi spéciale.
Quel sera le rôle que sera donc appelée à remplir la
Chambre, sinon à discuter la loi qui lui est proposée, à
la voter ou à la rejeter. Et, ici, comme en matière de
naturalisation simple, l'on ne peut pas dire que la grande
naturalisation puisse s'acquérir par prescription. La
Chambre, appelée à discuter cette question en 1839,
admit cette solution en cassant l'élection de M. Emile de
Girardin, qui ne pouvait prouver sa capacité que par une
possession d'état (2). Ce motif ne fut pas jugé suffisant par
la Chambre, et de la discussion qui s'éleva à ce sujet, il résulte qu'aux yeux des membres de cette assemblée, il était
absolument nécessaire, pour pouvoir être éligible, d'être
Français d'origine ou d'avoir obtenu des lettres de grande
naturalisation. Je pousserai même les conséquences de
ce principe jusqu'à dire que si dans une vérification de
pouvoirs la Chambre admettait dans son sein un individu
prouvant sa capacité par une possession d'état, elle

(1) *Moniteur* du 1er décembre 1848.
(2) *Moniteur* du 14 avril 1839.

dépasserait ses pouvoirs, et l'étranger, ainsi admis à faire partie des représentants de la nation, ne recevrait pas par ce fait la qualité de citoyen français; car si la Chambre est appelée à statuer sur la concession des lettres de naturalisation, elle ne peut pas seule les conférer, elle doit être appelée à voter par le pouvoir exécutif. On se trouve, pour l'accord de la grande naturalisation, en présence de deux pouvoirs qui ne peuvent rien l'un sans l'autre : le pouvoir exécutif qui propose la concession, et le pouvoir législatif qui doit vérifier les motifs qui lui sont présentés, et les admettre ou les rejeter selon qu'ils lui semblent suffisants ou non pour accorder à l'étranger le titre et la qualité de citoyen français.

71. De ce qui précède, on peut conclure que la grande naturalisation ne produit qu'un seul effet, donner au naturalisé le droit d'éligibilité qu'il ne peut obtenir d'aucune autre manière. Il est regrettable que la loi de 1849 ait sur ce point consacré les principes de l'ordonnance de 1814. On sait qu'en Germanie, comme sous la législation coutumière et féodale, le droit d'électorat entraînait le droit d'éligibilité. Ces deux droits se confondant pour ainsi dire en un seul, ne furent nettement distingués l'un de l'autre qu'à l'époque de la révolution ; mais cependant on admit en principe que tout électeur était éligible, et l'on ne faisait aucune différence entre les naturalisés et les citoyens d'origine. L'ordonnance de 1814 rejeta ce principe et déclara que les naturalisés simples seraient électeurs mais non éligibles; tandis que le droit d'électorat et le droit d'éligibilité appartiendraient au contraire au grand naturalisé. Cette théorie a

été adoptée par la loi du 3 décembre 1849. On se demande sur quelles raisons se basa l'Assemblée nationale
pour admettre ce système. On aurait compris qu'elle
eût adopté un amendement qui lui fut proposé et qui
tendait à accorder les droits d'électorat et d'éligibilité aux
grands naturalisés seuls (1). Les deux naturalisations
auraient existé : la naturalisation simple, conférant les
droits civils et le titre de Français à l'étranger ; la grande
naturalisation, l'assimilant complètement au citoyen en
l'investissant des droits politiques. Dans la discussion,
on prétendit que l'on ne devait concéder à des étrangers
le droit de siéger à l'Assemblée qu'avec beaucoup de
réserve et de prudence, parce que, disait-on : « à cha-
» que instant on peut avoir avec les pays auxquels ils
» doivent le jour, des difficultés telles qu'il faille déli-
» bérer sérieusement et qu'une voix dans la balance
» puisse emporter une grave décision, parce qu'il s'agit
» là d'un sentiment national qu'on ne prend bien que
» dans le pays où l'on est né. » — Cette raison n'est
pas sérieuse ; on craindrait l'influence d'un membre de
la Chambre, alors que cette influence peut être combattue et rendue vaine par les autres représentants, et c'est
pour éviter cet inconvénient qu'on exige une loi pour
lui permettre d'en faire partie. Mais l'étranger peut, en
France, remplir des fonctions publiques autrement importantes et pour lesquelles on n'exige pas qu'il ait
obtenu la grande naturalisation. Il peut, en effet, être
agent diplomatique, général, ministre, etc., et il ne

(1) *Moniteur* du 29 novembre 1848.

semble qu'un homme investi de ces fonctions peut exercer une action plus directe sur le sort de la France. On voit par là combien est dépourvue de fondement la disposition finale de l'art. 1 de la loi de 1849.

72. Les dispositions de cette loi sont, d'après ce que nous venons de voir, assez simples. Cependant il s'est élevé une grave difficulté pendant la vérification des pouvoirs faite au Corps législatif en 1863, relativement à l'application du dernier paragraphe de l'art. 1. — Il s'agissait d'un député qui, nommé le 31 mai par le département de la Dordogne, ne tenait la qualité de Français que d'un décret impérial rendu le 16 du même mois. Ce fut le 19 novembre suivant que fut présenté le rapport sur cette élection et il souleva une vive discussion (1). Dans le sens de la validité, on prétendit que l'esprit des institutions nouvelles et le décret organique du 2 février 1852 avaient abrogé la réserve consacrée en faveur du pouvoir législatif par la loi de 1849 ; l'on se basait encore sur un précédent, sur l'admission en 1854, au Sénat, d'un Polonais qui n'avait pas obtenu les lettres de grande naturalisation exigées par l'ordonnance de 1814, et à l'égard duquel n'était pas intervenue une loi spéciale, ainsi que l'ordonne la loi de 1849.

En 1849, dit-on, on comprenait fort bien que l'Assemblée nationale, qui tenait la souveraineté entre ses mains, se fût réservé le droit de permettre à l'étranger de venir siéger dans son sein ; mais aujourd'hui la situation a changé ; c'est le Souverain qui a seul le droit

(1) *Moniteur* du 20 novembre 1863.

de proposer, de sanctionner et de promulguer les lois ;
on ne peut lui dénier le droit, incontestablement moindre, de conférer à un étranger le droit d'être élu
L'art. 52 du décret organique du 2 février 1852, base
du système électoral encore en vigueur, abroge du reste
toutes les dispositions antérieures et règle de nouveau
les conditions requises pour être éligible. Or, d'après les
art. 12 et 20 de ce décret, tout électeur, à part deux
différences qui n'ont pas trait à la question qui nous
occupe, est éligible. Donc l'étranger naturalisé, auquel
on ne peut contester son droit à être électeur, est en
même temps éligible.

Tels furent, en résumé, les arguments présentés pour
faire valider l'élection. Ils sont faciles à réfuter. D'abord
quant à celui que l'on emprunte aux précédents du
Sénat, il faut remarquer que les membres de ce corps
politique ne représentent pas la nation ; c'est le Souverain qui les nomme et ils ne tiennent leur aptitude que
de sa volonté, ainsi que cela résulte clairement de
l'art. 20 de la Constitution du 14 janvier 1852. Mais
au contraire, d'après les principes du droit public, tels
qu'ils sont attestés par le préambule de l'ordonnance de
1814 et que la loi de 1849 a confirmés, les étrangers
naturalisés ne peuvent devenir mandataires de la nation
et siéger comme tels à la Chambre, qu'après avoir obtenu
des lettres de grande naturalisation, vérifiées par elle.
Or, il est certain que ni le décret du 2 février 1852, ni
l'esprit des nouvelles institutions n'ont rien de contra-
dictoire à ces principes consacrés par les termes formels
de la loi du 3 décembre 1849. — En effet, l'art. 52 du

décret de 1852 n'a pas eu pour effet d'abroger l'art. 1
de cette loi. Les articles invoqués de ce décret ont été,
sinon copiés textuellement, du moins empruntés quant
à leur esprit à la loi électorale de novembre 1848,
qui probablement n'avait pas pour but d'abroger d'a-
vance la loi de 1849. Or, si l'on a reproduit ces dispositions dans le décret de 1852, il est évident qu'on leur a
conservé le sens qu'on leur avait attribué à l'origine.
Qu'on ne vienne donc pas parler de textes contradictoires
entre eux ; ils ont coexisté dans un temps et sous un
régime où l'on ne voyait aucune difficulté à les appliquer
chacun dans l'ordre d'idées et de faits qu'ils concernaient.
Donc, on ne doit pas en conclure que le décret de 1852 ait
abrogé l'art. 1 de la loi de 1849. — Pour ce qui est de
l'abrogation par l'esprit des institutions, rien n'est plus
dangereux que ce mode d'argumentation ; aussi les tribunaux l'ont toujours rejeté en se basant sur le droit public
et sur le décret du 21 septembre 1792. La Cour de Cassation a confirmé cette jurisprudence par son arrêt du
29 avril 1848. Il n'en est pas, du reste, de moins concluant en notre matière, car si nos institutions actuelles
comportent un pouvoir législatif véritable, il faut lui
reconnaître les attributions essentielles d'un tel pouvoir.
L'une de ces attributions est certainement le droit de
juger des cas où l'éligibilité peut être conférée à un
étranger (1).

(1) Voir le *Dictionnaire général de la politique* de Maurice
Block, aux mots *Naturalisation* et *Étranger*.

SECTION III.

LÉGISLATION ACTUELLE.

73. De ce qui précède, il résulte que, malgré le décret et la Constitution de 1852, les dispositions de la loi de 1849 restèrent en vigueur, jusqu'au jour où un projet, qui devint la loi du 29 juin 1867 fut présenté au Corps Législatif. — Le rapport nous apprend quels motifs déterminèrent le gouvernement à modifier la loi du 3 décembre 1849. De nombreux étrangers hésitaient à demander la naturalisation, effrayés de la longueur du stage de dix ans que leur imposait la loi. Quelques-uns même réclamèrent auprès du pouvoir qui comprit que l'on devait leur accorder plus de facilités pour arriver à l'assimilation complète. Le projet de loi était rédigé dans un sens libéral; il souleva, néanmoins, quelques discussions. Certains députés proposèrent d'en revenir à la naturalisation par bienfait de la loi, de remplacer la disposition de l'art. 13, Cod. Nap., par la simple déclaration de domicile exigée par la Constitution du 22 frimaire an VIII; d'autres membres, comprenant la nécessité d'un contrôle en cette matière, voulaient investir le Corps Législatif du droit d'accorder la naturalisation. Cependant, il n'était pas possible de répudier le principe établi par le décret du 17 mars 1809, qui donnait au chef du pouvoir exécutif le droit de la conférer; et bien que le décret du 28 mars 1848 l'eût pour peu de temps à la vérité abrogé, l'on ne pouvait s'en écarter. Toutefois, tout en consacrant ce principe, il était des conditions graves, ainsi que nous l'avons vu, qui, au moment où elles furent établies, pouvaient être utiles, mais dont la nécessité avait disparu à notre époque, dont l'existence même pouvait être nuisible au développement des affaires. Le but du gouvernement fut évidemment de les faire disparaître, en rendant à l'étranger les conditions nécessaires à l'acquisition de la naturalisation plus simples à remplir, tout en conservant, néanmoins, les garanties nécessaires à la sûreté de l'état. Tel était le résultat que se proposait le projet de loi; nous allons voir s'il l'a atteint, en étudiant les modifications qu'il a faites au système alors en vigueur.

74. Une des critiques le plus souvent dirigées contre la loi de 1849 était la longueur exagérée du stage exigé de l'étranger. On sait que c'était la Constitution de l'an VIII qui l'avait établi pour la première fois, et l'on en comprend toute la nécessité sous le premier Empire. L'exposé des motifs du nouveau projet s'exprime à ce sujet en ces termes : « L'état des relations de la France » avec l'Europe devait inspirer de légitimes défiances » envers celui qui, pour devenir Français, se séparait » d'une nation en armes contre la France. Aussi la » législation de cette époque semble-t-elle attester de la » part des pouvoirs publics une préoccupation plus vive » de garder nos frontières que d'élargir notre hos- » pitalité. » On sait que pour divers motifs, que j'ai déjà indiqués, tous les gouvernements crurent devoir maintenir les dix années de stage, et si le décret éphémère de 1848 le réduisit à cinq, on devait revenir bientôt à la législation antérieure. Mais, de nos jours, ces raisons

de défiance n'existent plus contre l'étranger ; aussi le projet de loi proposa-t-il de le réduire. L'exposé des motifs est fort explicite sur ce point : « Les mêmes
» défiances n'existent plus, les communications sont
» devenues plus rapides, les relations plus fréquentes
» et plus suivies. Le délai de dix ans est excessif; cette
» longue attente est un empêchement aux demandes
» en naturalisation. Les étrangers se contentent d'une
» autorisation de domicile ; aussi les décrets d'adm··· sion
» à domicile sont-ils bien plus nombreux que les décrets
» de naturalisation. Les premiers donnent la jouissance
» de tous les droits civils (art. 13 Cod. Nap.), et ceux
» qui les ont obtenus possèdent les avantages des
» régnicoles sans en supporter les charges. » Si nous continuons l'analyse de cet exposé, nous voyons le rapporteur déclarer formellement que ce stage n'est pas une garantie absolument nécessaire, et qu'il est d'autres moyens de contrôle, tels que l'autorisation de domicile, l'enquête préalable, l'avis du Conseil d'État, suffisants pour se renseigner sur les qualités de l'étranger. Le Corps législatif, touché de ces raisons, décida donc que le stage serait réduit à trois ans, décision qui forme l'art. 1 de la nouvelle loi.

Mais on souleva une question non moins importante, celle de savoir à partir de quel moment commencerait le stage. Le projet de loi proposait de consacrer sur ce point le principe de la loi de 1849, et de ne le faire commencer que du jour où l'étranger aurait obtenu l'autorisation de résider en France. Cette rédaction fut vivement combattue, et un amendement fut présenté tendant à fixer ce point de départ au jour de la déclaration faite par l'étranger à la municipalité, de son intention de fixer son domicile en France. L'article fut renvoyé à la commission. Celle-ci présenta un nouveau projet ainsi conçu : « Les trois années courront à partir du jour où la demande » d'autorisation aura été enregistrée au ministère de la » justice, » modification qui fut adoptée et qui devint le § 2 de l'art. 1.

75. Quant aux autres formes et aux autres conditions relatives à la naturalisation que les lois antérieures avaient consacrées, la loi de 1867 les a conservées ; par conséquent, dès qu'elle sera accordée, elle produira les mêmes effets, à une exception près, que je mentionnerai plus bas.

76. La loi de 1849 consacrant les décisions du sénatusconsulte du 26 vendémiaire an XI, et du sénatus-consulte organique du 16 février 1808, avait établi que le délai de dix ans pourrait être réduit à une année en faveur des étrangers qui auraient rendu à la France des services importants, ou qui y auraient apporté soit une industrie, soit des inventions utiles, soit des talents distingués, ou qui auraient formé de grands établissements. La loi de 1867, comprenant l'utilité d'une pareille mesure, l'a rapportée en y faisant une addition importante, en étendant ce privilége à l'étranger qui aurait créé en France de grandes exploitations agricoles.

77. Mais la modification la plus importante introduite par cette loi, est sans contredit l'abrogation de la grande naturalisation formellement édictée par l'art. 1. Il est ainsi rédigé : « L'étranger qui, après l'âge de vingt et

» un ans accomplis, a, conformément à l'art. 13 du
» Cod. Nap., obtenu l'autorisation d'établir son domicile
» en France et y a résidé pendant trois années, peut être
» admis à jouir de tous les droits de citoyen français. »
Il n'y a pas de doute possible en présence de ce texte ;
et, du reste, telle était bien la volonté du législateur sur
ce point, ainsi qu'on la trouve exprimée dans le rapport : « Contraire à la liberté du suffrage universel, à
» l'esprit de la Constitution, au texte du décret organi-
» que du 2 février 1852 sur les élections, reconnue
» enfin par un vote récent du Corps législatif n'être plus
» en vigueur, cette disposition (la grande naturalisation)
» ne pouvait, à aucun titre, être maintenue dans la loi
» nouvelle. Le gouvernement, en vous proposant d'en
» consacrer l'abrogation, donne satisfaction à un prin-
» cipe constitutionnel, en même temps qu'il se conforme
» à un précédent créé par la Chambre. » Sans approu-
ver les motifs sur lesquels se fondait le rapporteur pour
demander cette abrogation, motifs sur lesquels je me
suis suffisamment étendu précisément au sujet du précédent admis par le Corps Législatif en 1863, je n'hésite pas à reconnaître que le Corps législatif eut raison
d'entrer dans la voie libérale qu'on lui ouvrait, en rayant
de nos codes une disposition contraire à tous les principes. Cependant il s'éleva, à ce sujet, une grave discussion qu'il est intéressant d'analyser. Déjà, en 1863,
quelques députés, ainsi que nous l'avons vu, avaient, à
juste raison, à mon sens, essayé de contester la validité
de l'élection d'un député naturalisé par un simple décret
impérial, et déclarant qu'on était régi par la loi du 3 dé-

cembre 1849, soutenaient que ce naturalisé ne pouvait être appelé à siéger à la Chambre qu'en vertu d'une loi. Lorsque le nouveau projet fut présenté, on n'avait plus à revenir sur l'incident qui s'était produit précédemment ; les membres de la Chambre se trouvaient en présence d'une grave mesure à faire passer dans la législation ; ils n'avaient qu'à juger si elle était opportune ou non. Aussi, je comprends fort bien l'opposition qui fut faite à un projet, qui, réduisant le stage de dix années à trois, permettait à l'étranger de venir immédiatement prendre place dans un des grands corps de l'état. Un membre du Corps législatif fit remarquer, pour étouffer ces scrupules, que l'introduction immédiate des étrangers à la Chambre n'impressionnerait plus personne, qu'on rencontrerait dans son sein peu de naturalisés, que s'il s'y en introduisait, ils le devraient à leur mérite, à leurs qualités personnelles. Du reste, les électeurs qui sont les mieux à même de veiller à leurs intérêts, nomment les candidats qui leur sont connus depuis longtemps, qui ont déjà défendu leurs intérêts. On ne doit pas craindre, dès lors, qu'ils donnent leurs suffrages à des hommes qui ne se seront pas signalés par un dévouement ancien et éprouvé. Malgré cela, quelques députés voulaient maintenir la disposition de la loi de 1849, et on discuta même un amendement, d'après lequel le système de naturalisation aurait été entièrement modifié. Il était ainsi rédigé : « Un étranger devient citoyen Fran » çais lorsque, après avoir atteint l'âge de vingt et un » ans accomplis et après avoir déclaré l'intention de se » fixer en France, il y a résidé pendant deux années

» consécutives. — Sa demande, adressée à M. le Ministre
» de la justice, est accueillie de plein droit, pourvu qu'elle
» soit accompagnée d'un avis conforme donné par le
» Conseil municipal du lieu de sa résidence. — L'exercice
» des droits politiques ne peut être accordé qu'après
» cinq ans de résidence. » — Cet amendement ne fut
pas pris en considération, et par suite, il n'existe plus
qu'une seule espèce de naturalisation, conférant l'exercice de tous les droits tant civils que politiques.

78. Enfin, la loi de 1867 a consacré une innovation
relative aux étrangers exerçant, en pays étranger, une
fonction conférée par le gouvernement français, tels que
les agents consulaires et les employés étrangers des légations françaises. Jusqu'à nos jours la résidence sur le territoire était obligatoire, à ce point qu'un étranger, employé
au service de la France dans un autre pays, ne pouvait
arriver à être naturalisé. La loi nouvelle a décidé qu'une
pareille rigueur n'était pas opportune, et dès lors, elle a
établi que l'on assimilerait à la résidence en France le
séjour en pays étranger, exigé pour l'exercice d'une
fonction publique conférée par le gouvernement.

79. Telles sont les dispositions de la loi qui nous régit actuellement en matière de naturalisation ; on ne peut
contester que le but qu'elle se propose d'atteindre, ne soit
excellent. D'un côté, nous voyons, en effet, les délais auxquels était soumis autrefois l'étranger considérablement
diminués par la réduction du stage et par la fixation du
point de départ de ce stage au jour où la demande à fin
d'autorisation de domicile est enregistrée au ministère de
la justice. D'un autre côté, elle conserve toutes les

garanties nécessaires pour que le gouvernement puisse s'assurer de la moralité de l'étranger. Mais résultat bien autrement important, tout en facilitant l'accès de la naturalisation, elle investit par le même acte le naturalisé des droits civils et des droits politiques. Par ces modifications, cette institution doit prendre tous les jours dans notre patrie un développement pratique plus grand. Si l'on consulte l'histoire, il est facile de se convaincre que, sous aucune des législations antérieures, l'étranger n'a été plus favorablement traité, et l'assimilation de l'étranger au national si facile et si complète. Si nous jetons les yeux autour de nous sur les divers peuples de l'Europe, nous voyons la France accorder plus que toute autre son hospitalité avec largesse, et conférer aux étrangers des droits que les autres nations ne concèdent qu'à leurs nationaux et auxquels les étrangers ne peuvent participer qu'après avoir accompli de nombreuses et pénibles conditions. On ne peut que féliciter le législateur de 1867, d'avoir fait un pas en avant dans la voie de progrès, dans laquelle avait en vain voulu s'engager le législateur de la période révolutionnaire. Si celui-ci ne put arriver à son but, c'est que la France, agitée par de terribles luttes intérieures, et peu secondée par les nations étrangères, qui ne voulurent pas entendre son appel à la fraternité, dut revenir en arrière pour défendre sa sécurité menacée. Espérons que maintenant les autres peuples de l'Europe entreront dans la nouvelle voie qui s'ouvre devant eux, et que la loi de 1867 ne sera que le premier pas de toutes les nations du monde pour en arriver à l'union la plus noble et la plus sainte.

POSITIONS.

DROIT ROMAIN.

I. L'accession n'est pas un mode d'acquérir la propriété.

II. Le *possessor bonæ fidei* ne devait pas rendre les fruits perçus et non consommés au moment de la *litis contestatio*.

III. La liberté ne pouvait pas être donnée à un esclave par un legs *per damnationem*.

IV. La *litiscontatio*, sous la période du régime formulaire, n'emporte pas novation.

V. Sous Justinien, les servitudes peuvent être établies par un pacte suivi d'une stipulation.

DROIT COUTUMIER.

I. Le retrait successoral a son origine dans le retrait litigieux.

II. L'origine du statut réel et du statut personnel est dans ce principe, que la justice étant patrimoniale, le seigneur peut revendiquer la juridiction sur son vassal pour les droits autres que ceux inhérents au sol.

DROIT FRANÇAIS.

I. L'enfant naturel ne peut être adopté par son père ou sa mère qui l'a reconnu.

II. L'acceptation pure et simple d'une succession n'oblige pas l'héritier à payer les legs *ultrà vires*.

III. On ne peut provoquer soi-même sa propre interdiction.

IV. Les enfants, nés d'un commerce incestueux entre personnes ne pouvant contracter mariage qu'avec l'autorisation du chef de l'État, ne sont pas légitimés par le mariage ultérieur de leurs père et mère.

V. Sous le régime dotal, le mari ne peut pas exercer les actions en partage du chef de sa femme.

VI. L'art. 1141 n'est qu'un cas d'application de l'art. 2279.

VII. La femme, séparée de corps pour cause d'adultère, ne peut établir son domicile chez celui-là même qui a été condamné comme son complice.

VIII. La vente de la chose d'autrui n'est pas nulle, mais seulement annulable.

DROIT CRIMINEL.

I. L'avocat peut lire aux jurés le texte de la loi pénale, et baser sur la gravité de la peine la demande des circonstances atténuantes.

II. La Cour est toujours liée par la déclaration des circonstances atténuantes, même pour les délits correctionnels.

III. L'inculpé acquitté par le jury ne peut pas être poursuivi à raison du même fait, qualifié d'une autre manière, devant la juridiction correctionnelle.

IV. L'art. 274 Cod. pén., en réprimant la mendicité, n'entend punir que l'habitude de mendier et non une simple demande de secours.

V. La mort du mari arrête les poursuites commencées pour cause d'adultère.

PROCÉDURE CIVILE.

I. L'étranger peut être arbitre.

II. La demande reconventionnelle en séparation de corps n'est pas soumise au préliminaire de conciliation devant le président du tribunal.

III. La condamnation aux dépens ne peut être prononcée contre la partie qui succombe qu'autant que la partie gagnante y a formellement conclu.

DROIT COMMERCIAL.

I. Le gérant d'affaires peut faire assurer en cette qualité la chose d'autrui.

II. Pour qu'une personne puisse être poursuivie pour banqueroute frauduleuse, il faut que la faillite ait été d'abord déclarée par le tribunal de commerce.

III. Une société ayant pour objet l'achat, l'échange, la construction, l'exploitation et la vente de terrains et bâtiments, doit être considérée comme une société civile, et non justiciable des tribunaux de commerce, quoiqu'elle ait emprunté la forme des sociétés commerciales et qu'elle se soit constituée en commandite par actions (*Sic*, Paris, 26 août 1867 ; 20 mars 1865. — *Contrà*, Tribunal de commerce de la Seine, 10 octobre 1867).

DROIT ADMINISTRATIF.

I. Le maire ne peut intenter une action concernant la commune, quand le conseil municipal délibère qu'il n'y a pas lieu de plaider.

II. L'art. 4 de la loi du 28 pluviôse an VIII, qui attribue à la juridiction administrative la connaissance des torts et dommages procédant soit du fait des entrepreneurs, soit du fait de l'administration dans l'exécution des travaux publics, ne s'applique pas aux actions qui ont pour objet la réparation des blessures ou accidents arrivés aux personnes.

III. L'insertion au *Bulletin des Lois* d'un décret, qui touche aux droits d'un individu, ne peut pas tenir lieu d'une modification régulière.

Vu par le président de la thèse,
Gustave BRESSOLLES.

Vu par le Doyen,
CHAUVEAU ADOLPHE

Vu et permis d'imprimer :
Le Recteur,
ROUSTAN.

» Les visas exigés par les règlements sont une garantie des
» principes et des opinions relatifs à la religion, à l'ordre
» public et aux bonnes mœurs (statut du 9 avril 1825, art. 41),
» mais non des opinions purement juridiques, dont la res-
» ponsabilité est laissée aux candidats.
» Le candidat répondra, en outre, aux questions qui lui
» seront faites sur les autres matières de l'enseignement. »

TABLE DES MATIÈRES.

———

DROIT ROMAIN.

Etude sur les Latins Juniens.

DROIT FRANÇAIS.

De la Naturalisation.

FIN DE LA TABLE.

Toulouse. — Typ. de Bonnal et Gibrac.

Toulouse. — Impr. de BONNAL & GIBRAC.

www.ingramcontent.com/pod-product-compliance
Lightning Source LLC
Chambersburg PA
CBHW070252200326
41518CB00010B/1761